小场地足球教程

XIAOCHANGDI ZUQIU JIAOCHENG

主　编◎景志辉　李　敬
副主编◎陈李容　王文忠
编　委◎侯乔禹　汪瑶琪

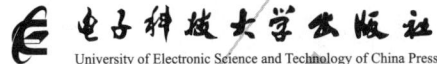

电子科技大学出版社
University of Electronic Science and Technology of China Press

·成都·

图书在版编目（CIP）数据

小场地足球教程 / 景志辉，李敬主编. —成都：电子科技大学出版社，2022.12
ISBN 978-7-5647-9962-5

Ⅰ. ①小… Ⅱ. ①景… ②李… Ⅲ. ①足球运动—教材 Ⅳ. ①G843

中国版本图书馆 CIP 数据核字（2022）第 220530 号

小场地足球教程

景志辉　李　敬　主编

策划编辑	曾　艺
责任编辑	杨梦婷

出版发行	电子科技大学出版社 成都市一环路东一段 159 号电子信息产业大厦九楼　邮编　610051
主　　页	www.uestcp.com.cn
服务电话	028-83203399
邮购电话	028-83201495
印　　刷	成都市火炬印务有限公司
成品尺寸	170 mm×240 mm
印　　张	12.25
字　　数	300 千字
版　　次	2022 年 12 月第 1 版
印　　次	2022 年 12 月第 1 次印刷
书　　号	ISBN 978-7-5647-9962-5
定　　价	48.00 元

版权所有　侵权必究

前　　言

本书是编者在 2005 年出版了《少年球星之路》后时隔近 20 年，对足球相关技战术的变革的梳理汇总。《少年球星之路》一书中首次系统地介绍了国际足联推广的五人制足球的技术和简单战术，随着时间的推移和足球职业化程度的提高，同时随着世界各国职业足球教练对小场地足球的技战术的研究和大量运用，使得这项运动得到了极大地丰富，大众对足球的认知也获得了极大地提高。目前，世界足球强国的足球技术和战术飞速发展和小场地足球训练法不无关系。也就是说，小场地足球有效地推动了足球技战术的发展。因此，我们跟随时代变化和足球运动的发展趋势特编写了本书。本书主要介绍的是小场地足球的特点、技战术以及和十一人制足球的联系。

在近 20 年的时间里，我们始终如一地坚持对小场地足球的研究、训练和举办多种比赛，并与世界五人制足球领域保持紧密联系。我们课程组成员还积极参与中国足协国家队层面的工作，从十一人制中国国家男子足球队到中国国家青年男子足球队，从中国国家男子室内五人制足球队到中国国家男子沙滩足球队，这些工作经历都为本书的编写提供了生动的内容。

在本书中，我们介绍了小场地足球的起源、发展历程、它在全球范围内的普及情况、小场地足球的技战术等。从历史的角度出发，探讨这项运动是如何从简单的娱乐活动演变为一项竞技性极强的体育项目的。同时，我们还分析了小场地足球在各个国家的发展状况，以及它对全球足球运动的影响。小场地足球，包括五人制足球，是一项极具观赏性和竞技性的运动。它不仅考验球员的技术、速度和灵活性，也要求他们有良好的团队协作和战术执行能力。虽然小场地足球在中国尚未得到广泛普及，但在全球范围内，它已经发展成为一项备受瞩目的体育项目。

本书中，我们重点关注小场地足球的技术特点。将从球员的跑动、传球、射门、防守等方面进行详细讲解，并分析这些技术在比赛中的实际应用；还将介绍一些常见的技术动作和技巧，以帮助读者更好地掌握这项运动的核心技术；此外，还着重介绍和分析了不同战术的优缺点、在比赛中如何根据对手的不同风格进行调整，以及一些成功的战术案例，以帮助读者更好地理解这项运动的战术精髓。无论您是一名热衷于小场地足球的运动员，还是一位对此感兴趣的球迷，或者只是想要了解这项运动的人，我们都希望这本书能为您提供有价值的信息和启示。同时，我们也期待您的反馈和建议，以帮助我们不断改进和完善。

本书能够顺利出版首先要感谢电子科技大学出版社，在时隔近 20 年后，约稿并出版这本全新的小场地足球教程；其次，感谢电子科技大学校领导和体育部对小场地足球的支持；最后，感谢读者对小场地足球的热爱和支持。我们希望这本书能够激发更多人对这项运动的热情和兴趣，并为他们提供一些有用的参考和指导。

愿我们的共同努力能让更多人了解并爱上这项充满激情和智慧的运动！

谨以此书献给所有热爱小场地足球的人们。

编　者

2022 年 11 月

目 录

第一章 足球的发展历程 1
　第一节 小场地足球概述 2
　第二节 小场地足球和十一人制足球的关系 4

第二章 小场地足球技术和技能 10
　第一节 球感球性的技术 10
　第二节 接球技术 13
　第三节 运球跑技术 23
　第四节 小场地足球技能 1V1 32
　第五节 小场地足球技能 2V2 42
　第六节 小场地足球技能 3V3 62
　第七节 小场地足球技能 4V4 71
　第八节 小场地足球技能 8V8 80

第三章 小场地足球战术 85
　第一节 集体防守 85
　第二节 集体进攻 105
　第三节 定位球的攻防原则 146

第四章 体能训练 160
　第一节 体能训练的基础知识 160
　第二节 体能训练的六个原则 163
　第三节 运动损伤预防计划 166

第五章 守门员 171
　第一节 守门员的基本素质 171
　第二节 守门员的职责 173
　第三节 守门员的技战练习 178

参考文献 188

第一章 足球的发展历程

体育如同一个透镜，能够折射出社会更深层次的结构和形态。现代社会，体育占据了重要的位置并极富影响力，它不仅是人们获得快乐的基本方式之一，也成为人们认识和看待自身的一种方式。现代各种媒体用大量时间和篇幅来报道体育有关赛事和有关人物，这些报道的广度、深度以及强度超过了以往，我们的上一代人也许难以想象，体育的氛围感染了如此多的人。

其他体育赛事，都难以像足球世界杯那样吸引如此巨大的观众群体。足球运动的语言，普通人的足球回忆，精彩的赛事瞬间，众多的足球明星，都成了世界性的一股巨大力量，它在刹那间就能聚合上亿人的注意力。虽然世界各国人民千差万别，但在关注足球赛事上却惊人的一致，因此，现代足球具有高度的世界性。现代足球起源于英国，并与其历史息息相关，形成了现代足球的特性和样式，并被赋予了明确的目的。足球运动可以看作人类社会在工业文明不断发展的背景下，在体育方面的显著折射，是人类在社会文明发展中，不断规范和重建自身行为的一个典型范例，也是了解和认识近代西方社会历史的一个很好途径。

原始足球起源于中国春秋战国时期的齐国，距今2300多年。2004年国际足联主席布拉特在北京向全世界宣布：蹴鞠是世界足球的起源，起源于中国淄博临淄。但从世界范围来看，原始足球形式存在于人类历史的各个时期。欧洲中世纪的后期，就有文献记载原始足球的活动，那时的足球比赛参赛人数不限，时间不定，通常是狂热激情地开始，然后以悲剧般伤亡而结束。年轻人利用强壮的身体，手脚并用，狂暴般的身体接触随处可见，暴力也就在所难免，并对比赛场地周围的设施也有很大的破坏性。这种狂暴的群众性体育活动与那些有着军事目的的体育活动有着很大的差别，因此也被当时的政府认为是"无用"的锻炼。当时在伦敦和英格兰其他的城市，政府都曾试图禁止这样的体育活动，因为这种没有时间限制的破坏力极大的赛事对于当时的治安管理简直就是一种破坏。

但是，即便在这样的环境下，这种原始的足球赛事形式也一直被保留了下来。尤其是在英格兰各种公立学校内，各种不同的原始足球形式都被师生们所保留。由于历史原因，各校的足球比赛形式都完全不同。除了用脚踢球外，在

19世纪初，欧洲有的学生开始用手抱着球来护球，也就衍生出现代的橄榄球运动。随着19世纪中期学校改革的开始，新的校长们开始改革课程，吸纳中产阶级子女，使得学校有了新面貌。但是，欧洲公立学校崇尚男子汉气概的风气却依然存在，并且主要在足球运动中得到发展。因为在这个运动里面可以反射出当时学校改革对学生的品格要求——勇敢、独立、协作、身体强健。越来越多的学校把足球当作冬天运动，板球在那时是当之无愧的夏天运动，于是这两项运动渐渐成了学校课程中不可分割的部分。

1848年，十几名在剑桥学习的学生聚在一起共同草拟出第一份现代足球的规则。在往后的十年间，剑桥所有的足球比赛几乎都按照这个规则执行，告别了用手抱着足球跑的形式，确认了足球只能用脚运球跑的基础。1862年，随着足球俱乐部的发展，足球比赛在剑桥地区越来越多，新的剑桥规则更符合比赛的要求，慢慢成了大部分足球比赛所公认的比赛规则。1863年，伦敦的几个俱乐部的队长和代表共同成立了足球协会。该足协在剑桥规则基础上制定了新规则，共14条，该规则成了现代足球规则的基础。由此，现代足球正式诞生。从19世纪末到20世纪初，随着工业革命的深入，足球从英国传播到西方各国以及美洲、亚洲和非洲。1900年开始，足球成为奥运会的正式项目。1904年，英国、法国、荷兰、比利时、西班牙、瑞典和瑞士七个国家的足球协会在法国成立了国际足球联合会（简称"国际足联"）。1930年，在乌拉圭举办了第一次足球世界杯，以后每四年举办一次。1989年国际足联正式把小场地足球纳入管理范围之内。

第一节　小场地足球概述

FUTSAL是西班牙和葡萄牙语中足球"futbol""futebol"和法语和西班牙语中室内"salon""sala"的结合，意思就是在室内踢的足球。1989年，国际足联把FUTSAL一词认定为所有的室内小场地足球和小场地足球活动。它是国际足联认定的唯一的"室内小场地足球的官方用语"。虽然这个词里面包含室内的意思，但是在国际足联室内小场地足球的规则里，并没有规定小场地足球必须在室内进行，同时也没有对地面做出明确的要求，除了避免在水泥地面举行正规的比赛外。

关于现代小场地足球的起源，有一个版本是来自乌拉圭首都蒙得维的亚。1930年，乌拉圭举办了第一届足球世界杯并夺得冠军后，为了保持乌拉圭在足球方面的优势，且能在天气恶劣的情况下坚持训练，胡安·卡洛斯·塞力安尼教授利用室内场地发明了小场地足球比赛，比赛在约一个篮球场地大小的区域内进行。后来，足球比赛既可以在室内，又可以在室外进行，并迅速在南美地区流行起来。直到1936年，一本巴西的体育杂志上首次发表了小场地足球的比赛规则，从此，这项运动得到了显著发展，并由此向世界传播。

小场地足球的规则几经修改，直到1989年，才在大多数国家的同意下，由国际足联把所有的小场地足球形式结合起来，人数由原来的每队六人或七人规定为每队五人，球的重量从1千克改为390～430克左右，球门由4 m×4 m改为3 m×3 m。并在1990年取消了越位的限制，也取消了球员不能在禁区内射门的规定。为了使这项运动全球化，比赛更加精彩，在1994年国际足联将手掷边线球改为脚踢边线球，禁区也由4米弧改为6米弧，守门员也允许在禁区外踢球。

小场地足球是国际足联所确认的小场地足球比赛形式，在小场地专用场地里进行比赛和训练，采用较小规格和弹性较低的足球。这项运动要求球员熟练掌握球性和控制脚下球，比赛节奏和速度极高，是一项快速、准确传球和快速移动相结合的运动。国际足联在1989年正式接管这项运动后，开展了正式的洲际联赛、锦标赛和世界杯比赛。目前有100多个国家，三千多万球员从事这项运动。目前世界杯夺冠次数最多的国家是巴西，许多国家把发展小场地足球作为青少年足球训练的最好手段，希望通过小场地足球的训练培养大批优秀的足球人才。有专业的书籍探讨了小场地足球在培养足球人才上的优势，指出小场地足球是一种深度练习，作为巴萨俱乐部的主力球员哈维·埃斯皮诺萨也说过："通过小场地足球，可以很容易地观察球员是否有踢足球的天赋，而在传统的十一人制足球中则很难判断。因为十一人制足球过于注重身体力量，而小场地足球可以轻易观察到球员的技术细节、水平和战术理解能力。"

根据研究统计，小场地球员在每一分钟里触球的次数是十一人制球员的6倍。由于小场地足球比赛的特性，促进了球员熟练掌握球性，使比赛节奏非常迅速，同时比赛强度也非常大，球员在有限的时间内必须做出决策；由于身体角度和场地空间是该运动的重要影响因素，因此球员的创造力和视野的观察能力得到提高，同时团队的传球和移动能力也得到提升，从而提高了比赛的智慧。哈维所说的"技术细节、水平和战术理解能力"就集中反映在球员的球性掌握和比赛智慧上面。

小场地足球提高了球员对球性的掌握以及创造性地控制球，从而培养了球员的足球智慧，使他们善于思考，变得聪明。因此，可以这样认为，小场地足球能够产生深度练习，深度练习可以培养足球人才。曾经的巴萨著名球星梅西也说："我小的时候在阿根廷，是在街上踢小场地足球，后来在俱乐部也踢小

场地足球，确实非常好玩，小场地足球成全了现在的我。"

小场地足球所有的技战术都可以转化为十一人制足球的技战术，因此起到推动和提高十一人制足球的作用。在巴西，小场地足球是十一人制足球球员的基础，例如，罗纳尔多、罗比尼奥、罗纳尔迪尼奥、内马尔等优秀球员都是通过小场地足球的磨炼成为足球运动领域的杰出人才，在他们的个人技术和创造性方面都明显有着小场地足球的痕迹，他们的成功离不开小场地足球深度练习的环境。

通常在巴西的足球学校里，每周有3天都用来进行小场地足球训练。甚至在巴西和西班牙，小场地足球也已经成了小学教育的一门课程。因此，在中国，我们也推行小场地足球训练，以期培养具有创造性和艺术性的球员。也就是说，小场地足球能够为培养这样的球员提供很好的平台。

小场地足球也可以看成是培养十一人制足球运动员的工具，小场地足球的特性能够培养有自信，技术卓越，有智慧的足球运动员。对于喜爱并参与这项运动的球员和那些想通过这项运动提高自己潜力的球员，小场地足球就是他们实现梦想的基础。因此，教授小场地足球可以为球员实现两种目的，即球员既可以单纯享受小场地足球的乐趣，也可以通过小场地足球来追求十一人制足球上更高的目标。

第二节　小场地足球和十一人制足球的关系

约翰·梅纳德·凯恩斯曾经说"挖掘新思想比摒弃旧观点更困难"，因为人们在新思想面前往往总是怀疑。2011年，英足总青训计划的撰稿人在计划稿中强烈建议针对各年龄段儿童使用新的足球训练内容，即运用小场地足球和小场地足球的训练方式。可以看出，小场地足球和小场地足球训练法在不同年龄段的运用在当时是一种崭新的新思想，而思想犹如一张降落伞，只有充分打开以后才会发挥作用。

通过十多年来在小场地足球方面的推广和教学，从小学到大学，从小场地足球职业联赛到国家队层面的训练和比赛，以及对中国俱乐部梯队的了解和考察，中国足协深刻认识到中国青训体系必须解放思想，充分吸收小场地足球的特点，发掘小场地足球训练的优势，改变旧观念，掌握新内容，才能真正发展中国足球，提高球员对足球的认识水平。

运用小场地足球的一些特有的训练方式和训练内容，可以提高十一人制足球的技战术水平。巴西足协在10多年前就宣布，巴西所有球星都得益于青少年

第一章　足球的发展历程

时期参与小场地足球训练，小场地足球是磨炼职业足球运动员技术的最好手段；巴西很多足球学校每周都有小场地足球训练。在欧洲，很多教练员也通过小场地足球寻找新的训练方法，尤其在荷兰，推行小场地足球多年以后，突然发现了小场地足球和十一人制足球的一种特殊关系，一举创造出"小场地足球训练法"，使得荷兰十一人制足球的技战术得到飞跃性的提高；近年德国足球的锐意变革也沿用了这个思路；同样在西班牙，巴塞罗那俱乐部的比赛被国际足联有关技术官员称为"在十一人场地里面的小场地足球"。日本足球的显著进步，尤其是日本女足的进步也证明了小场地足球和十一人制足球的特殊关系。在俄罗斯，结合当地的气候环境，所有中小学的足球运动已经全部改为了室内小场地足球。

　　那么，什么是小场地足球和十一人制足球的关系呢？简要的回答就是：小场地足球所有的技战术都可以转化为十一人制足球的技战术，起到推动和提高十一人制足球技战术的作用。但是反过来却不行。也就是说，十一人制足球的一些东西在小场地足球里面没有起到促进作用，两者并非是互补关系，即一方（小场地足球）完全是另外一方（十一人制足球）的基础。目前国际上对小场地足球的定义如下：小场地足球是提高球员技术和战术，提高踢足球的敏捷力的完美方法；比十一人制足球有更多的触球次数，使球员的速度更快、脚法更精，其特有的技术、战术都已经成功转化到十一人制足球当中；合乎现代足球的最新要求，球员都要参与进攻和防守，包含更多的战术决策，更集中的观察力，更快的攻防转换速度和传球速度，更快的脚下技术，更强的自信心，更快更正确的个人和小组决策能力，以及更多的趣味性；同时也给守门员技术带来了革命性突破。

　　由此可见，在这个由小场地足球到十一人制足球的单向发展的关系中，作为青训体系中的各级别教练员，学习和掌握小场地足球的技战术，并合理运用到训练当中，对于培养符合现代足球需要的足球运动员十分重要。如果缺失这样的知识，缺乏在实际训练中的运用，势必在这样的关系中出现错位或者缺失。而这样的认识错位和内容缺失，就是目前中国足球的重要问题之一！

　　小场地足球是学龄儿童特殊的训练工具。但如果只是片面地认识小场地足球在训练当中的好处，而不是真正意义上理解和掌握这项运动的本质，不论在任何年龄段推广这项运动，都是一种新瓶装旧酒，很难实现足球运动技战术的提升与突破。

　　20世纪80年代中后期到90年代前期，英格兰各职业俱乐部的训练方式和训练内容几乎都是通过小场地足球开展的，但是，用历史的眼光来观察，可以看出他们对小场地足球的内涵比较陌生，以及在训练时间上并未达标。通过多年的实践总结，可以发现这样的规律：成人至少花上3年以上才能初步理解和掌握基本的小场地足球技战术，那么对于学龄段儿童来说，要完全掌握至少要8～9年的时间。在此，就给我们的青训体系提出了另外一个严峻的课题，如何分年龄段来从事小场地足球的教练工作，而非敷衍地从事小场地足球的训练或者急于求成地用小场地足球来弥补十一人制足球的训练。

按照国际足联对年龄组的区分，可以把6～18岁的青少年分为四个阶段：学龄儿童阶段，6～12岁；前青春期阶段，12～14岁；后青春期阶段，14～16岁；成熟前期阶段，16～18岁。我国现行的足球青训体系也基本是参照这样的年龄段划分的，然而，当再一次用小场地足球的训练观点来审视的时候，又会发现其中存在的问题。

6～8岁球员训练的基本特点是每人一个球，尽量让这个年龄段的球员接触各种类型的球，来提高他们控球的能力。提高控球能力的关键在于通过运球练习，更多地接触球，使用多球制和减少小组人数来提高接触球的次数。在这个阶段，公认的一个好办法就是使用小场地足球特有的低弹性球，使用低弹性球比普通足球有着很多优点，对于这个年龄段的球员来说，低弹球比普通足球更容易控制，即使技术能力较差的球员也能通过使用这种球迅速取得满意的结果。

8～10岁这个年龄段是儿童学习基本技术的黄金期，随着技术内容的增加，小场地训练的重要性变得尤为突出。运球、运球突破、传球、接控球和射门等技术练习中需要有方向性的小场地比赛。当技术难度开始提高，技能练习难度也在提高的同时，容易控制的低弹球对于球员的各种技术练习起到关键作用。不论是刚开始参与训练的新球员，还是技术能力较差的球员，或者是那些技术能力很好的球员，低弹球都能让他们在练习和比赛中获得满意的结果。假动作的训练和在比赛中的运用，比赛中球员决策能力的锻炼，都和使用低弹球有着直接的联系。10～12岁时期的儿童已经通过低弹球基本掌握了足球的各类技术，此时是训练提高技能的最佳时期。

因此，可以看出，在学龄年龄段期间，小场地足球特有的低弹球对于儿童的足球学习起到了关键的作用。低弹球的特性，使得儿童脚下控制球的时间增多，接触球的时间也增多，脚底技术得到了训练，传球的力量增加，接触球的部位更精确，并且使脚的任何部位都能接触球，包括脚尖。低弹球的使用，使得空中球的数量减少，迫使儿童球员在地面寻找解决问题的办法，为将来的战术训练打下了坚实的基础。

随着年龄的增长，小场地足球在战术上的灵活多样性逐渐增多，从最初的

第一章　足球的发展历程

1V1慢慢开始向2V2，3V3，4V4过渡。小场地足球也从刚开始的运球游戏逐步向传球游戏过渡。

随着球员青春期的来临，他们的身体和思想也开始新的发育和改变。在荷兰、德国以及巴西，体育科研人员把12~14岁年龄段称为前青春期，这一时期随着性激素的增加，人体开始了极其不协调的发育。很多人开始出现暂时的身体不协调。这也是为什么在这些国家里，这个年龄段内，足球训练基本停止了技术训练，也停止了新技术动作的学习。因为技术动作的黄金学习期已经结束，由于之前的动作定型，导致在本时期球员的学习接受能力趋于缓慢。球员间的个体差异逐步明显，身高差异增加，体能和智能之间的差距也开始拉大，有时候仅相差一岁，身高差距也在25~30厘米。教练员角色方面也有着巨大的变化，教练员对球员来说"不再是足球世界的中心"，而是向着朋友转变。对于教练员来说，这是一个极大的挑战。

在荷兰，很多教练在这段时期明确指出训练应该主要抓战术和身体的协调。战术上面，主要是个人和小组战术，当然也要练习小场地的整体战术。在巴西，小场地足球教练更是明确指出，这个年龄段的主要任务是强调战术，理解和运用各种阵形，逐渐加强训练和比赛的强度。

十一人制足球里面的战术概念，是指个人战术、小组战术和整体战术。而在这三者里面，小组战术至关重要，也就是2V2，3V3，4V4的基本能力，因为它起到了承上启下的关键作用。再来看小场地足球，因场地狭小，所有小组战术都为整体战术服务，所以，其小组战术中，强调了2V2和3V3；整体战术中，是4V4和5V4。现在，越来越多的教练把小场地足球的所有阵形统称为"初始站位"。因为，在比赛中，小场地足球所有的阵形都在不断变化中，前一秒钟可能是3-1站位，后一秒钟可能就是2-2或2-1-1站位，也可能是4-0站位，或者形成1-2-1站位。而在每种站位的基础上，通常都有3~4种基本的进攻方法。因为要讲究防守和进攻平衡，所以在小场地足球里就形成了很多轮转跑位的方式，有3人的轮转和4人的轮转。因此，大体上来说，小场地足球的球员基本是在5~6种初始站位的情况下，根据对手的位置，在几十种进攻方法里面做选择。这就是我们所谓的足球运动员的决策能力，决策的正确率越高，速度越快，基本上就决定了本次比赛的胜负关系。

综上所述，在12~14岁年龄段里面，球员必须学习的内容是目前国际足联所倡导的"以传接控球为主导的技术型足球"的基础。

发展小场地足球也可以为十一人制足球提供更多更优秀的后备人才，并不仅仅是为了小场地足球的发展需要。虽然在成人的层面，小场地足球和十一人制足球是两个完全不同的运动，各自有联赛、洲际锦标赛和世界杯赛，但是，这两个运动在最初的阶段里，却是同一种运动。搞清楚这个，对我们的足球青训体系非常重要。

巴西足协以及巴西小场地足球协会对于这两项运动的区分是根据年龄段来做的。在15岁以前，小场地足球和十一人制足球是同一项运动，没有刻意做出区别；在15岁以后，由于很多有天赋的球员要转到职业的十一人制足球，这个时候，就要做出区分，否则，就会搞错小场地足球或者小场地足球训练的目的和意义。目前我国也在开展小场地足球的全国联赛，但是，联赛层面的小场地足球和青训体制下的小场地足球是同一个事物不同的两个方面，有着不同的训练和比赛目的。

既然青训体系下的小场地足球可以为足球运动输送真正的人才，那么，我们就应当在青训体系下把小场地足球的技战术普及给所有的教练员和球员。不仅要在6～8岁年龄段打好运球、射门和传球的基础，还要在8～10岁年龄段练习好运球、运球跑、传控球、射门的技术和技能；不仅要在10～12岁期间改善他们所有的足球基本技术，还要掌握足球的假动作，更需要他们在2V2对抗技术上得到更大改善，在训练中大量使用2V2、3V2、4V2、4V4。12～14年龄段，就是我们目前训练中严重错位和缺失的阶级。针对12～14年龄段的球员，教练员不仅要懂得如何教练2V2和3V3，更要懂得教练4V4情况下出现的所有的初始站位和运用这些战术的决策能力和技术能力，也要懂得根据球员的个体差异来因材施教。除此之外，我们的教练员还应该懂得在这个年龄段以后，即14～16年龄段，随着身高发育趋于稳定，这个年龄段的球员开始横向发育。球员的身体发育开始和谐，协调性问题开始改善，又迎来了另外一个黄金学习时期。这个时期是身体协调性训练和基本技术再深化的绝好时期。球员在高强度下再次磨炼基本技术动作，把过去学习和运用过的基本技术在新强度下再次精进和深化。同时，由于身体发育和谐，在体能上应该有更多的练习。即要加入小场地足球专项的力量练习和速度练习，加速度的训练和各类跳跃练习，小场地比赛和速度耐力训练也应该同时结合。为了获得肌肉力量的平衡，专项的力量训练也是不可或缺的。在重视小场地足球技术的再加工的同时，也要重视十一人制足球的基本技术和战术的导入和教练。当然，在世界范围内也有特例，如俄罗斯，在学校教育这个阶段，他们原则上全部推行小场地足球，而把十一人制足球全部交托给了职业足球俱乐部。也就是说，在学校，教育机构已经把足球全部看成是小场地足球。当然，结合俄罗斯当地的气候等条件来看待这样的方法，也不难理解。

综上所述，小场地足球在青训体系中的合理使用，不仅建立了一套合乎现代足球的理论体系，也就是以传接控球为主的打法体系，而且提供了一个新的角度来认识和看待目前的训练和教学。小场地足球可以帮助识别我国男女足在青训体系中的不足，也可以运用其训练内容和方法来改善和提高我国足球的训练水平。

小场地足球的训练和技术掌握有一定周期。通过教学实践，综合国际小场地足球界教练员们的经验，成人至少花3年以上才能初步理解和掌握基本的小场地足球技战术，那么对于学龄段儿童来说，要完全掌握至少要8~9年的时间。也就是说，从6~8岁开始训练，要到16岁左右关于足球的技战术才能趋于完善。

10多年前澳大利亚国家队访问巴西，与当地一支16岁的高中队比赛。赛后，澳大利亚队领队不得不承认16岁的巴西高中队展现出来的技战术水平远远高于成年的澳大利亚队。笔者曾经随队参加了在伊朗举办的亚洲大学生小场地足球锦标赛，也深切体会到这个问题，没有从小经过8~9年的正确训练，中国球员很难达到伊朗国内球员的水平。这也表明只有长时间系统而且正确的训练，才能真正掌握和熟练使用小场地足球的技战术，这个周期没有捷径。

因此，有必要在我国众多纷繁复杂的训练方式下，确立以小场地足球训练体系为主导地位的青训体系。把小场地足球的理论和训练内容以及方法传递给大量的小学、初中的足球教练员。可以先从校园足球这个方面入手，对校园足球的教练员进行培训，让他们了解小场地足球的特性和训练方法，随后再逐步在我国青训体系中建立小场地足球的训练概念，让这些教练员学会从小场地足球的角度来诊断和解释中国足球的"顽疾"，学会运用小场地足球的手段来教学和教练。

我们相信，通过这样的普及和学习，未来中国足球在踢法上将出现转变，教练员、球员以及足球从业人员，包括足球记者和足球评论员，对足球的认识也将出现变化，看待比赛的方式方法也会与时俱进，更加符合现代足球的发展规律。

把小场地足球看成一个特殊的工具，透过小场地足球，可以把难以解释的中国足球全面落后的原因简单表述出来，也可以找出改变这些落后面貌的方法。所以，我们认为发展小场地足球是改变中国足球落后面貌的必由之路。

第二章 小场地足球技术和技能

小场地足球技术包括哪些具体内容，中外都有自己的理解和排序。中国传统的概念为运球跑、控制球、接球、传球、射门、头顶球、抢球、假动作、边线球和守门员技术等。而目前世界上比较流行的排序分类法为控制球、接球、运球跑、1V1过人、传球和射门。国际足联在2012年的小场地足球教练员手册里，指出小场地足球技术内容为传球、控制球、运球跑，1V1过人和射门。这里的控制球其实主要指接控球的技术。

从上面的介绍可以看出，控制球和运球跑是大家所共同关心的问题。而现代足球强国则在运球跑技术后面增加了1V1过人技术，这里1V1过人技术主要指运球跑球员躲避一个或多个对手的技术，即球员的1V1能力。由此可以看出，接控球、运球跑和1V1过人是足球技术中最基本的东西，没有这些基本技术，球员用脚处理球的能力就不能提高；还可以看出，足球基本技术之间有内在的联系，是有先后顺序可循的。因此，在小学四年级以前，应该主要练习控接运的技术；四年级以后，传球技术要成为训练的中心。

第一节 球感球性的技术

球感球性就是一种控球技术，其基本概念是指球员在充满信心的情况下，能够准确地连续接触球的能力。这种能力使球员有信心拿球，并为他的下一步行动做好准备，同时，这个能力能够帮助球员掌握更多的控球技术。控球的概念比较广泛，球员在不同年龄段的控球技术要求是不一样的。

我国有些老教练提出，足球技术训练应从运球跑开始，这是因为他们观察到运球跑是熟悉球性最直接有效的方法。但从全球现代足球技术训练的大趋势来看，更便于足球技术普及和推广的办法还是先从控球技术开始。尤其是在小学一至三年级期间，对于那些刚接触足球的学生来说，熟悉球性的主要方法还是掌握和处理在静止状态和运动状态的球；掌握处理地面和空中的球；用单脚和双脚来处理静止或运动状态的球；用身体其他部位来处理静止或运动状态的球。头顶球技术尤其要注意，应放在球员身体发育成熟以后来练习。

我们现在探讨的控球技术是为那些刚接触足球训练的球员而设计的，是人球结合的基础，是足球基本技术的基础，也是将来学习和掌握其他足球技术和战术的基础。由于足球运动本身的特点，除守门员外，其他球员只能用脚和身体其他部位（不包括手）驾驭球，难度大，需要长时间练习才能掌握和熟练运用。

因此，技术训练占用了足球训练的大部分时间。将来足球战术的有效运用和球队水平的高低，最后都要归结到球员个人技术水平的高低，而个人技术水平始于球员对球的控制能力。

在长期教学实践中，老一批教练员把控球技术基本归纳为颠球和扣球、拉、拨、踩、跨等技术动作，但在实际练习中，控球技术远远多于这些，尤其是掌握带方向性的控球，可以为以后的停球和运球跑技术打下良好的基础。

在欧洲，控球技术的练习可以细分为在相对静止状态下控球和在移动中控球。在这两种情况下，还可以分为在地面控球和在空中控球，是个人控球还是小组控球，是单脚控球还是双脚控球。由此，我们可以把控球技术分为如下几种。

（1）在相对静止状态下，个人单脚控制地面球。

（2）在相对静止状态下，个人双脚控制地面球。

（3）在移动状态下，个人单脚控制地面球。

（4）在移动状态下，个人双脚控制地面球。

（5）个人控制空中球。

（6）在小组中个人控制空中球。

（7）在移动状态下，个人在小组中控制空中球。

（8）多人同时控制空中球。

（9）在移动状态下，个人在小组中控制地面球。

提高控球技术的训练方法如下。

（1）在相对静止状态下，个人单脚控制地面球：

①脚底踩球，向四个方向揉球；

②脚底踩球，以此为基点或圆心，另外一只脚跳动；

③脚外侧—脚底揉球；

④正脚背—脚底揉球；

⑤脚内侧—脚底揉球；

⑥脚外侧拨球，然后脚内侧回拨；

⑦脚内侧推球变向；

⑧拉球转身（中锋转身）。

（2）在相对静止状态下，个人双脚控制地面球：

①双脚脚内侧来回拨球；

②双脚脚底来回拉球；

③拉球到支撑脚后面，三次触球；

④拉球到支撑脚后面，两次触球；

⑤一只脚做支撑，另外一只脚连续两次触球，脚内侧—脚外侧；

⑥一只脚做支撑，另外一只脚连续两次触球，脚外侧—脚内侧；

⑦一只脚做支撑，另外一只脚连续两次触球，脚后跟—脚内侧。

（3）在移动状态下，个人单脚控制地面球：

①脚底拉球向后移动，然后脚底向前变向；

②脚底拉球向后移动，然后脚底向侧面变向；

③脚底拉球向后移动，然后挑球起来变向；

④依次用脚外侧、脚内侧触球向前运球跑；

⑤依次用脚外侧、脚底触球向前运球跑。

（4）在移动状态下，个人双脚控制地面球：

①依次双脚运球跑，脚外侧—脚内侧—脚外侧；

②依次双脚运球跑，脚外侧—脚底—脚外侧；

③向前运球跑外跨，双脚依次运球跑外跨；

④齐达内转体。

（5）个人控制空中球：

①自由颠球；

②两脚轮流颠球；

③身体十二部位轮流颠球；

④颠球同时转体360°；

⑤颠球一次然后弹地一次。

（6）两人一组控制空中球：

①两人一组自由颠球；

②两人一组颠球，每次颠球两个；

③两人一组颠球，每次颠球数量依次递增；

④两人一组颠球，接同伴空中球，传给同伴时必须弹地一次。

（7）小组控制空中球：

五个球员排成两列相对站立（一列两名球员），中间站一名球员。一列中的一名球员先颠球，然后高球传给中间球员，该球员头顶球给另外一列的第一名球员，这名球员接球后继续颠球。两列的四名球员依次与中间球员交换位置并重复传球和颠球的动作。

（8）多人同时控制空中球：

用标志碟划出一个区域，多人在区域内颠球。听教练哨音，一声哨，把球颠高；两声哨，与同伴换球，不要让球落地。

（9）在移动状态下依次连续控制地面球：

①单脚运球跑，依次脚外侧—脚内侧；

②单脚运球跑，依次脚外侧—脚底；

③双脚运球跑，依次脚外侧—脚内侧—脚外侧；

④双脚运球跑，依次脚外侧—脚底—脚外侧。

第二节　接球技术

接球技术在小场地足球当中非常重要，这是由小场地足球的空间和速度决定的。尤其在接触球前的那一瞬间，眼光在观察接球的同时，还要留心周围的情况。只有通过不断地练习，才能做到观察和行动合一，这是一个认知过程，球员需要经过刻苦练习以达到这个境界。

我们总结的接球技术就是一种能力，即获得对球的拥有权，保护好球，为下一个技术动作做好准备。在小场地足球当中，要根据当时的场地情况（是不是地板）和用球情况（是不是低弹球）来决定用脚的哪个部位来接触球。在硬地小场地足球比赛中，通常使用脚底来接球，因为用脚底接球便于将球向前或向侧面滚动改变方向，有利于做下一个动作，而无须将脚在接球后收回，重新调整身体的位置。当然，常规足球中的接球技术也可以运用到小场地足球当中，如用脚内侧接球、大腿接球、胸部接球等。接球的原理包括放松缓冲、切球、压球改变球的方向。

1. 接球技术的概念

（1）接球是利用放松缓冲，切球、压球改变球的方向的原理来获得对球的拥有权。

（2）利用正确的身体展开角度观察并接球。

（3）接球部位要根据当时的情况来决定。

2. 接球的三个目的

（1）提高进攻移动的速度。

接球时身体展开的角度是关键。接球前一瞬间眼光观察接球的同时，观察周围的情况，做到观察和行动合一；保持类似于篮球中的三威胁站姿，让接球者有多重的选择，提高决策速度。这是一个认知过程，球员只有刻苦练习才能达到这个境界。

（2）迅速为下一个行动做好准备。

接球移动的概念要贯彻始终。由于五人制足球的空间和速度，决定了接球不能停留在原地。无论是使用脚弓接球，还是外脚背接球，或者是脚底接球，都需要在接触球的同时向前、向后移动，或者做 90°变向调整，甚至包含 180°的接球转身。

另外，接高空球的技术动作也要贯彻停球移动的要求。十一人制足球中的接球技术都可以运用过来。身体的所有部位都可以接球，但在硬地场地中，运用脚底接球比较普遍，这是因为脚底接球便于将球向前后或侧面滚动改变方向，同时，又将球控制在自己的双腿之间，有利于护球和做下一个动作。

（3）保护和掩护好球。

保护和掩护好球是小场地足球中锋位置接球的一种特有的技术动作，当中锋背对着对方球门接球时，需要护球并等待分球或者转身的时机。由于五人制足球中位置轮转的特性，要求所有球员都要掌握这个技术。

3. 接球技术总结

要达到接球目的需要注意以下三点。

（1）展开身体观察并接球。

（2）接球移动。

（3）利用身体掩护球。

4. 提高接球技术的训练方法

（1）接球移动 1。

接球移动，为下一个动作做好准备。时间 5~15 分钟，最少 2 名球员。每组球员 1 个球，两人一组（图 2-1）。要求：①外脚背接球移动；②手抛球，正脚背接高空球。

第二章 小场地足球技术和技能

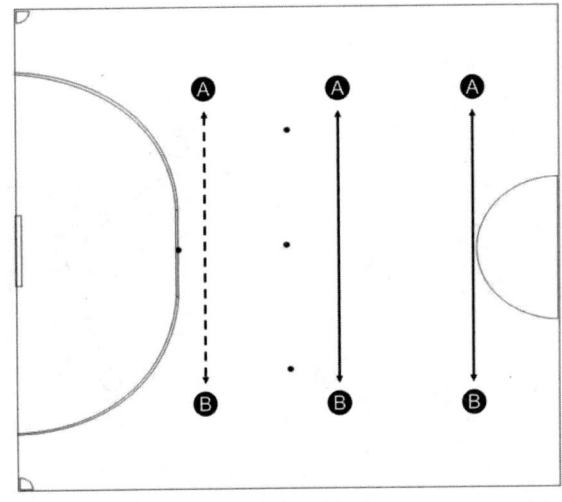

图 2-1 接球移动 1

（2）接球移动 2。

时间 5~15 分钟，4 名球员，1 个球，8 个标志碟。球员传球后跑向无人的点（图 2-2）。要求：①地面球，脚内侧接球；②空中球，脚内侧接球。

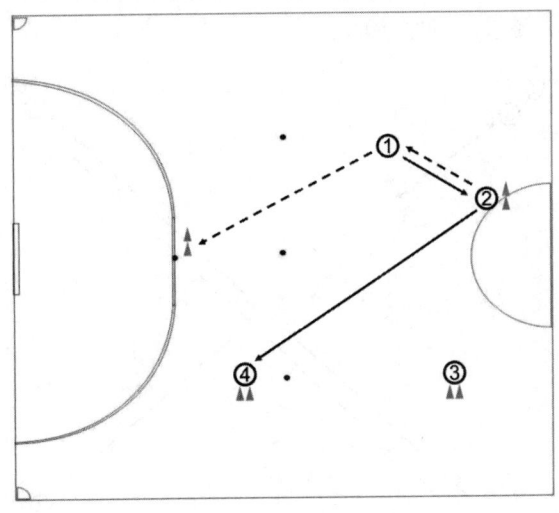

图 2-2 接球移动 2

（3）接球移动 3。

时间 5~15 分钟，4 人一组，1 个球，5 个位点。传球后球员跑向无人的点（图 2-3）。要求：①地面球，脚底接球；②空中球，脚底接球。

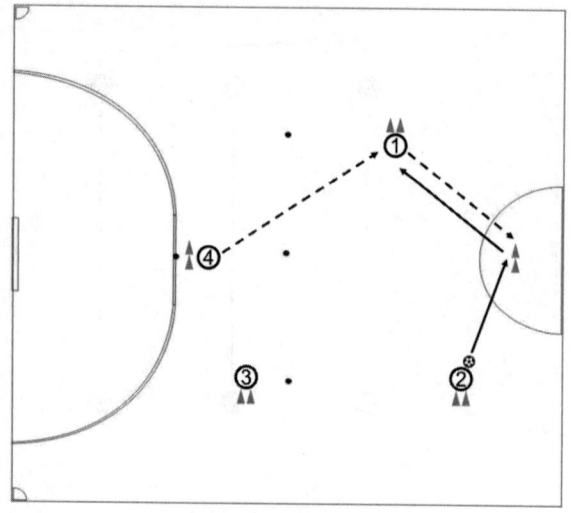

图 2-3　接球移动 3

（4）接球转身。

接球转身，为下一个动作做准备。场地 20 m×20 m，时间 5～15 分钟，最少 6 名球员，分 2 组，每组 1 个球。接球队员到中间接球后，回传，然后跑向对面（图 2-4）。要求：脚底接球。

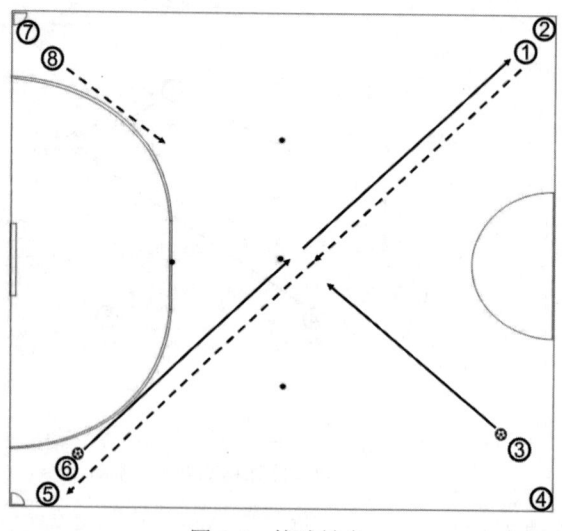

图 2-4　接球转身

（5）向前停球移动 1。

向前停球移动。场地 20 m×20 m，时间 5～15 分钟，最少 3 名球员，每组

1个球。3人一组相对站立。球员在标志碟后接球，第一次触球要越过标志碟，然后传球（两次触球，图 2-5）。要求：①脚内侧接地面球；脚内侧接高空球；②脚外侧接地面球；脚外侧接高空球。

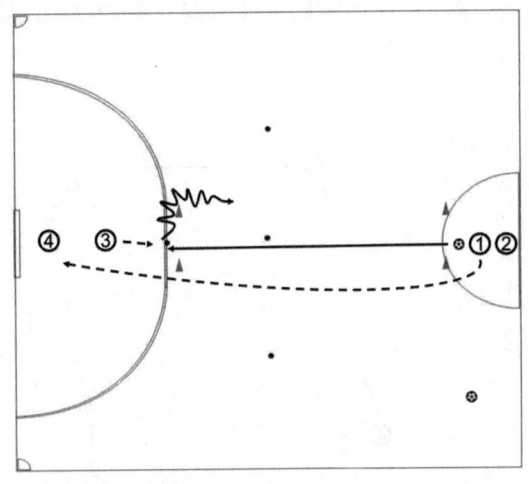

图 2-5　向前停球移动 1

（6）向前停球移动 2。

向前停球移动，用脚底接地面球。场地 20 m×20 m，时间 5～15 分钟，最少 4 人，分两组，两组穿不同颜色背心。球员只能传球给穿不同于自身背心颜色的球员，接球队员必须在标志碟后面接球（图 2-6）。要求：①用脚底；②接球过标志碟；③传球；④两次触球。

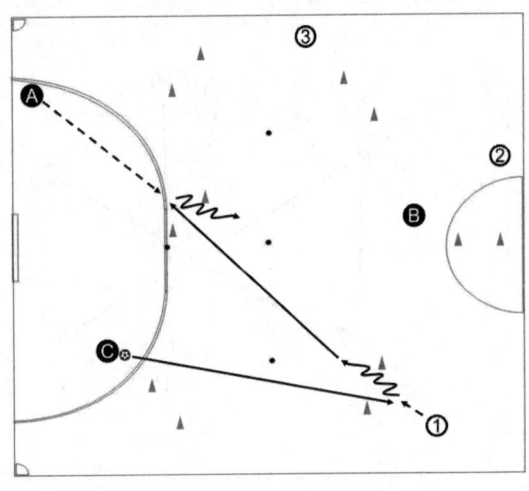

图 2-6　向前停球移动 2

（7）接球移动（调整）。

接球移动（调整）传球，运用脚底接球。场地 20 m×20 m，时间 5~15 分钟，最少 5 人，4 个位点。接球队员沿标志碟接球移动调整，两脚触球，脚底接球后调整，然后传球，传球后跑向传球方向（图 2-7）。要求：①顺时针移动；②逆时针移动。

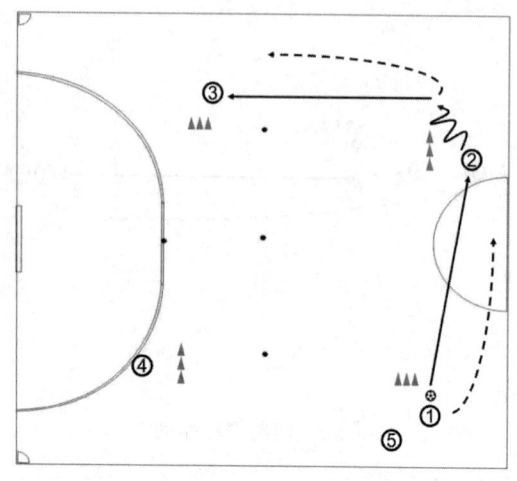

图 2-7　接球移动（调整）

（8）接球移动，横向 90°变向 1。

接球移动，横向 90°变向。场地 20 m×20 m，时间 5~15 分钟，最少 7 名球员，3 个球。球员轮流传球，传球后向右边移动。接球队员接球横向 90°拉球，然后传球（图 2-8）。要求：两脚触球。

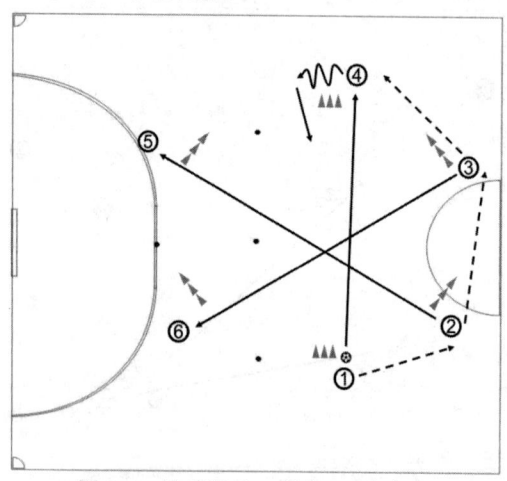

图 2-8　接球移动，横向 90°变向 1

(9) 接球移动，90°变向2。

接球移动，90°变向。场地20 m×20 m，时间5～15分钟，最少5名球员，1个球。球员站成一圈，中间1名球员，接球90°变向，传球给同伴，然后退出，重叠的球员到中间接球（图2-9）。要求：①两脚触球；②用脚内侧接地面球和高空球（可手抛）。

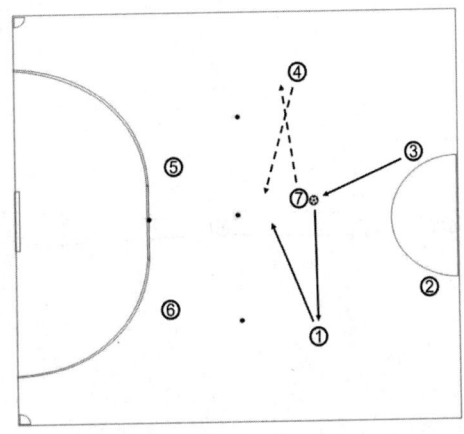

图2-9 接球移动，90°变向2

(10) 接球移动，90°变向3。

接球移动，90°变向。场地20 m×20 m，时间5～15分钟，最少5名球员，1个球。用标志碟摆出4个三角形圈，三角形圈中间1名球员，接球90°变向，传球给同伴，然后跑向传球方向的圈，接球在圈内完成（图2-10）。要求：①两脚触球；②用脚外侧接地面球和高空球（手抛）。

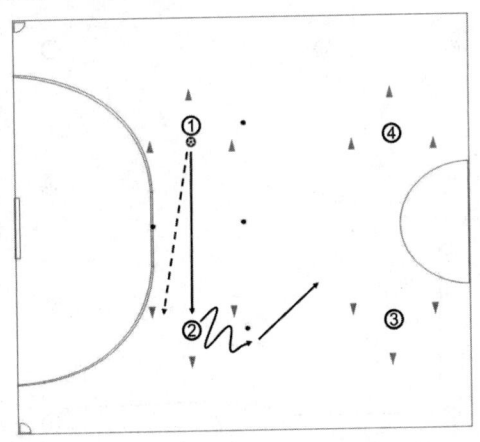

图2-10 接球移动，90°变向3

（11）接球180°转身。

接球180°转身。场地20 m×20 m，时间5～15分钟，最少5名球员。球员相对站立，球员5传给中间球员6，球员6接球转身，传给球员1，然后跑回球员1那一列（图2-11）。要求：①脚内侧接地面球和高球；②脚外侧接地面球和高球。

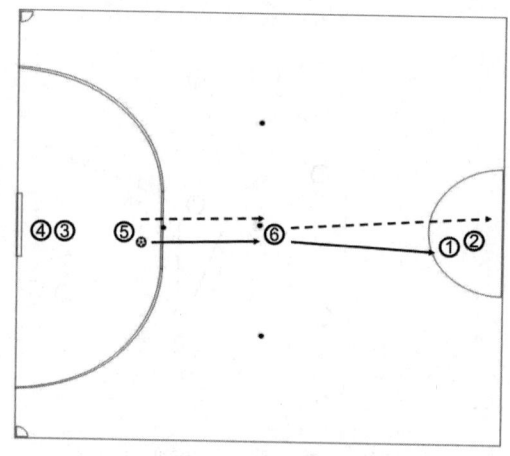

图2-11　接球180°转身

（12）脚底接地面球转身移动。

脚底接地面球，180°转身。场地20 m×20 m，时间5～15分钟，最少9名球员，2个球。球员1传球给球员2后跑向球员2，球员2接球转身传球过标志碟给球员3，然后跑向球员3，以此规律继续传球（图2-12）。要求：①顺时针传球；②逆时针传球。

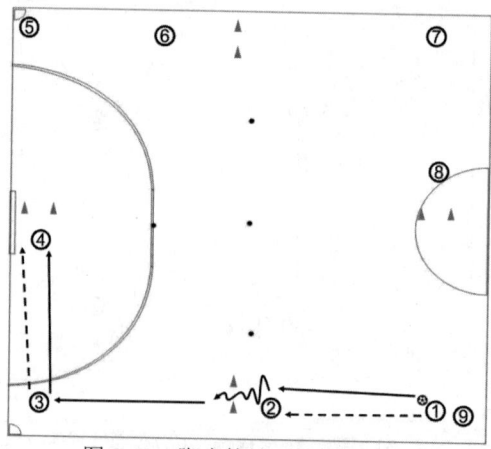

图2-12　脚底接地面球转身移动

（13）接停空中球。

接停空中球。场地 20 m×20 m，时间 5～15 分钟，至少 9 名球员，3 名球员（A、B、C）手持球。其余球员在半场内自由移动。有球队员抛球给无球队员，无球队员用胸、大腿、头接球后回传（图 2-13）。要求：①脚内侧停球；②脚外侧停球；③脚背停球；④大腿停球；⑤胸部停球。

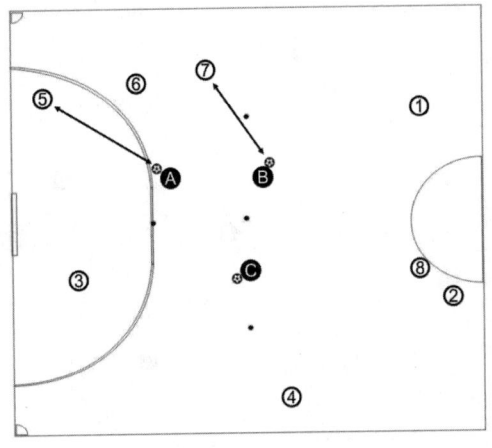

图 2-13　接停空中球

（14）在比赛情景中的接球移动，横向接球。

在比赛情景中的接球移动，横向接球。场地 20 m×20 m，时间 5～15 分钟，7 名球员，分两组采用 3V3+1 的对战模式，中立球员 J 只能两脚球。踢半场球，用标志碟做四个小门，接球球员两脚触球，接球后使球横向穿过小门传球，传给同伴后得一分（图 2-14）。要求：①两脚触球；②接球移动；③横向接球。

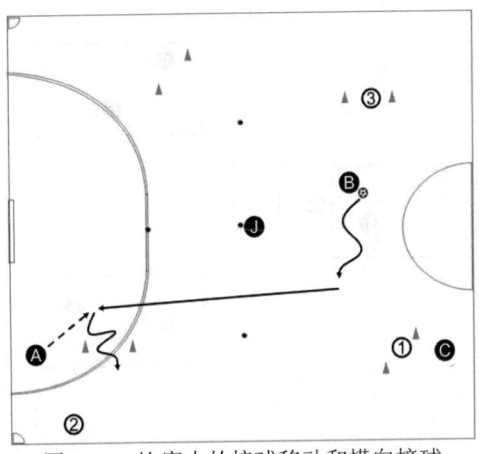

图 2-14　比赛中的接球移动和横向接球

（15）在比赛情景中的接球移动，向前接球。

在比赛情景中的接球移动，向前接球。场地 20 m×20 m，时间 5～15 分钟，7 名球员，分两组采用 3V3+1 的对战模式，中立球员（J）只能两脚球。用标志碟做四个小门，接球球员两脚球，接球后使球向前穿过小门传球，传给同伴后得一分（图 2-15）。要求：①两脚球；②接球移动；③向前接球。

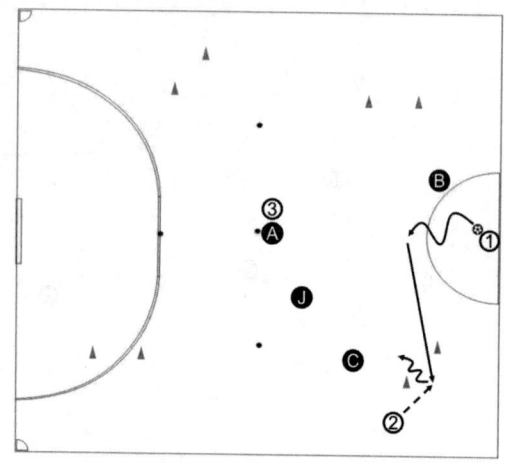

图 2-15　比赛中的接球移动和向前接球

（16）护球练习 1。

场地 20 m×20 m，时间 5～15 分钟，2 人 1 组，每人 1 球。1 人护球，另外 1 人用自己的球撞护球队员的球，成功 1 次得 1 分。要求：每组在一个方框内不能出界（图 2-16）。

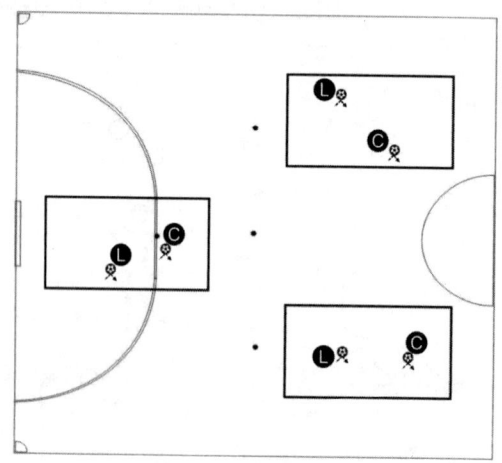

图 2-16　护球练习 1

(17)护球练习2。

场地20 m×20 m,时间5~15分钟,最少6名球员,2人无球,其余人有球。无球队员抢有球队员的球,2名无球队员不能同时抢1名有球队员的球。被抢下球的队员变无球队员参与抢球(图2-17)。要求:①用力护好球;②抢球球员利用脚底抢球。

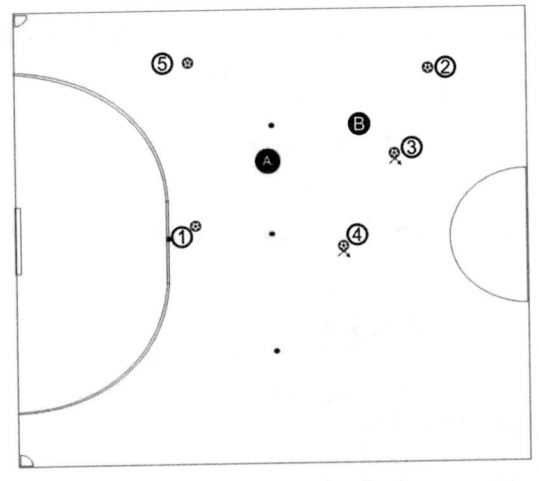

图2-17 护球练习2

第三节 运球跑技术

运球跑技术就是球员把球从场内的一点通过跑动带到另外一点的能力,也就是球员和球一起跑动的技术。有时在球场上为了占据更多的空间,或是为了减慢比赛的节奏,为了维持本方的控球权,球员都需要利用运球跑技术。正确的运球跑技术,为球员提供了观察机会,有利于战术决策。同时,运球跑也是球员熟悉球性最直接最有效的办法,也是控球技术中在移动状态下控制球技术的延续。

由于小场地足球在地面上的要求与十一人制足球略有不同,所以在运球跑技术上也略有一些重点不一样。我们将小场地足球的运球跑技术分为两大类:一类是用脚外侧运球向前推进,另一类是用脚底拉球向侧面推进。第一类运球跑方法可以高速运动,第二类方法便于很好地护球。当然,在练习的时候,脚所有部位的运球跑技术都要涉及。除了传统的扣、拉、拨、踩等运球跑技术以

外,还要练习这些动作后连接运球跑的动作和步伐,以及运球跑技术中针对球的减速和制动动作。

1. 运球跑技术的概念

运球跑是控制球技术(球感球性)的延续,是熟悉球性的最直接有效的方法,是球员和球一起跑动的技术。扣、拉、拨、踩、跨是运球跑的基本技术。正确的运球跑,可为球员提供观察的机会,有利于战术的决策。

2. 运球跑技术的分类

(1)脚外侧为主向前运球:先用脚外侧再结合脚内侧、脚底的运球技术,适用于高速运球。

(2)脚底拉球为主向侧面运球:先用脚底拉球,再结合脚的内侧、外侧的运球技术,便于很好地护球。

3. 运球跑技术的三个基本要点

(1)球员要将球控制在离自己身体最近的范围,尤其在高速运球跑的时候。

球员要练习单脚和双脚的扣、拉、拨、踩、跨等技术,还要练习这些动作后的连接动作和步伐才能将球控制好。

(2)球员必须学会抬头观察,尤其注意与对手的距离,及时传球或变向和变速。

运球跑技术中最关键的要点就是对球的变向、减速和制动动作。要做到这一点,既要反复练习运球变向和变速,又要避免埋头带球,球员随时要观察对手和自己的距离。

(3)当被逼抢时,要用身体掩护球,将身体挡在对方球员和球之间。

用身体护球要成为球员的一种习惯,用自己的身体在对手与球之间形成一个屏障。

在练习运球跑技术时,我们要强调一些基本的要点给球员,因为各类基本技术之间存在内在的联系,既不能忽视任何一种技术,也不能过于拔高任何一种技术。作为球员必须具备对如下各类技术的综合运用能力。

(1)传球的速度总是比运球跑快得多,有机会将球传给位置更好的球员时,不鼓励运球跑。

(2)没有机会传球时,要控制好球,掌握好与对手的距离。

(3)当遭遇两名球员防守时,明智的决定是传球给拉开了距离的同伴。

(4)不要运球跑向本方球员,除非要和他做接力或者做撞墙二过一。

（5）不鼓励球员在本方半场1V1。

4. 提高运球跑技术的训练方法

（1）直线运球跑。

场地 20 m×20 m，时间 5～15 分钟，至少 4 名球员，分两组，每组 1 个球。球员分两列站立，一组中的 1 名球员运球跑到另外一组，另一组中的一各球员接球后运球跑到对面（图 2-18）。要求：①外脚背或正脚背运球跑；②球员脚内侧运球跑；③球员脚底运球跑（正面）；④球员脚底运球跑（侧面）。

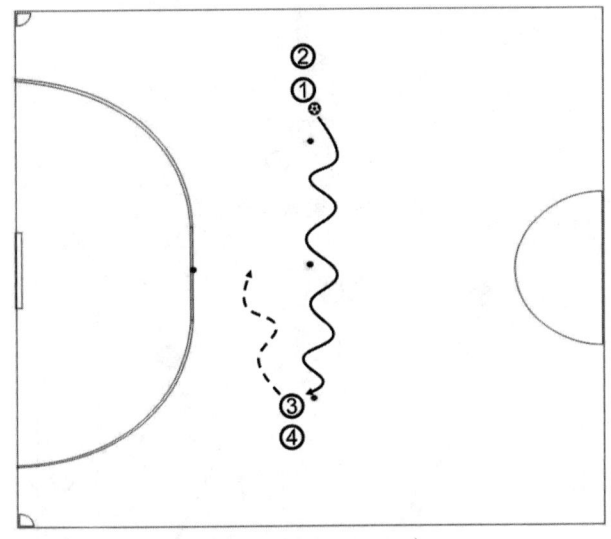

图 2-18　直线运球跑

（2）运球跑变向 1。

用一只脚运球跑变向。场地 20 m×20 m，时间 5～15 分钟，至少 4 名球员，分为两组，每组 1 个球，用标志碟摆出场地。球员 1 用一只脚运球跑绕碟，然后传球给对面球员 2，同样方式依次练习（图 2-19）。

（3）运球跑变向 2。

用两只脚运球跑变向。场地 20 m×20 m，时间 5～15 分钟，至少 6 名队员，分为两组，分队背心（背心颜色不同）区分，1 个球，用标志碟摆出场地球员用双脚运球跑绕碟，然后传球给不同颜色背心的球员（图 2-20）。要求：所有球员都要移动。

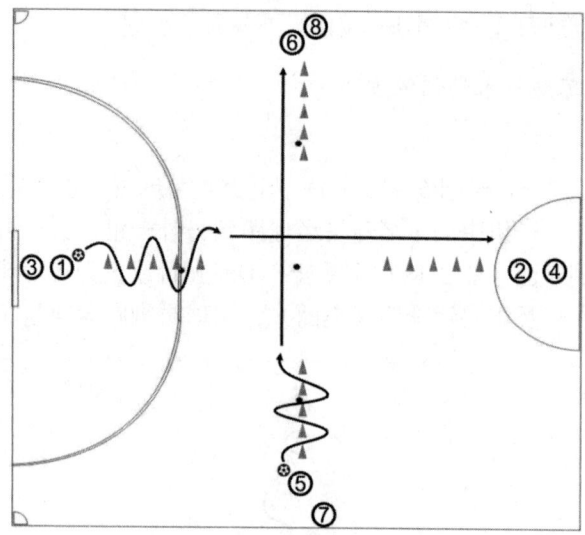

图 2-19 运球跑变向 1

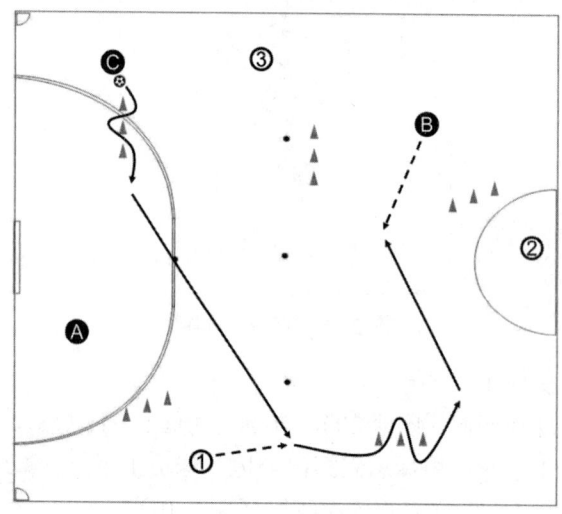

图 2-20 运球跑变向 2

（4）运球跑 90°变向。

运球跑变向 90°。场地 20 m×20 m，时间 5～15 分钟，至少 9 名球员，分为 3 组，每组 3 人，其中 2 人站同一边，另 1 人站对面。每组 1 个球，用标志碟摆出场地，碟之间相隔 2～3 米。3 名球员在不同时间开始运球跑，运球跑到不同的线路里，遇到不同的标志碟都必须做 90°变向，然后把球交到另外一边的队员，接球队员再用同样的方式运球交给对面的队员（图 2-21）。

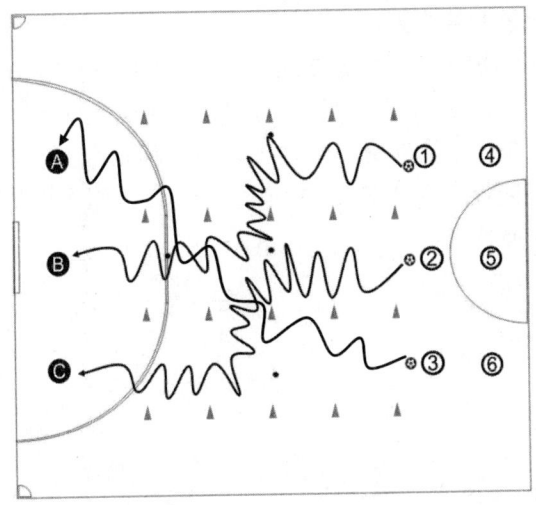

图 2-21　运球跑 90°变向

（5）运球跑 180°变向。

运球跑变向 180°。场地 20 m×20 m，时间 5~15 分钟，至少 7 名球员，分为 3 组，每组 2 人，多出 1 名球员（A）在底端做横向运球跑。1、2、3 号球员每人 1 个球，用标志碟摆出场地，碟之间相隔 2~3 米。当 A 运球经过通道 1 时，1 号球员开始运球跑，当 A 运球到通道 3 时候，1 号球员必须做 180°变向往回运球跑，依次类推（图 2-22）。要求：通道的长度要大于 A 运球跑的距离。

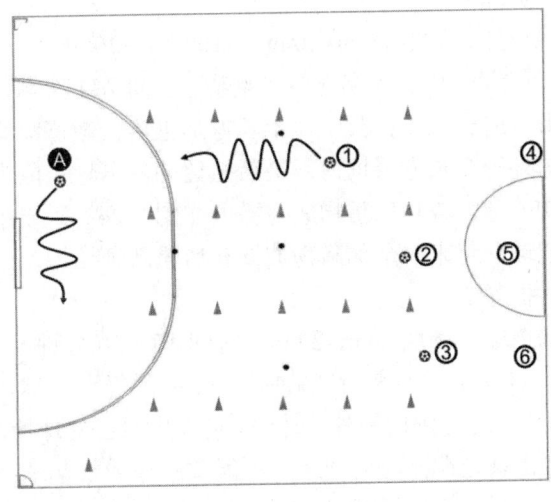

图 2-22　运球跑 180°变向

(6) 运球跑绕圈和绕半圈。

运球跑绕中圈和禁区线。场地 20 m×20 m，时间 5～15 分钟，至少 5 名球员，分为 2 人组（A 和 B），3 人组（①②③和④⑤⑥）运球跑，2 人组相互传球。每组 1 个球，3 人组运球跑，同时 2 人组在其线路上连续传球，运球跑球员要避免被传球组的球击中（图 2-23）。要求：2 人组可以传球干扰运球跑的球员，但不要过于猛踢球。

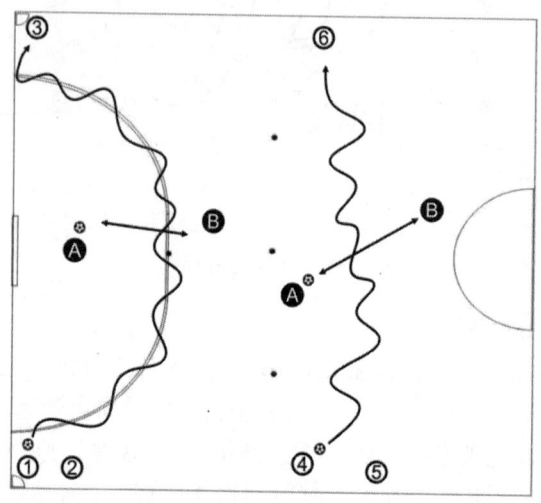

图 2-23　运球跑绕圈和绕半圈

(7) 运球跑并护球 1。

运球跑结合保护球。场地 20 m×20 m，时间 10～20 分钟，至少 6 名球员，2 名充当"猎人"（A 和 B），4 名充当"猎物"。每人 1 个球，标志碟根据人数摆出两个长方形，所有球员在其中一个长方形框内；教练鸣笛后，球员以最大速度运球跑到另外一个长方形框内；最后抵达的两名球员成为猎人，猎人用自己的球打击猎物的球，成功后猎物成为猎人（图 2-24）。要求：猎物不能运球出界，也不能把球拿起来；全部猎物被擒获后重新开始练习。

(8) 运球跑并护球 2。

运球跑结合保护球。场地 20 m×20 m，时间 10～20 分钟，至少 6 名球员，3 名充当"猎人"（C），3 名充当"猎物"（L）。每人 1 球，穿不同背心区分两队。猎物从一边线运球跑向另外一边线，猎人用自己的球撞击猎物的球（图 2-25）。要求：猎物只能在界内运球跑，不能拿起球或挑起球；所有猎物被擒获，练习重新开始。猎人不能踢球过于用力。

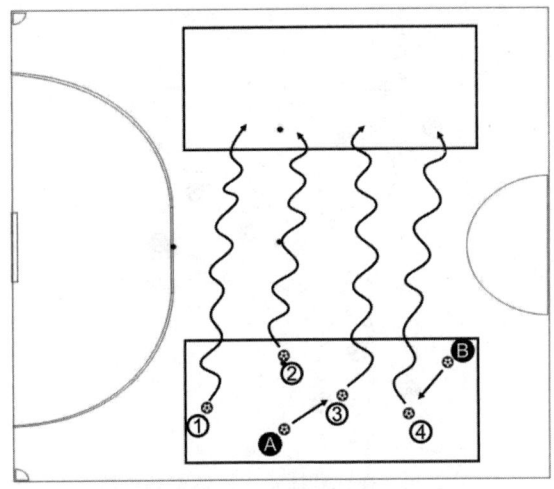

图 2-24 运球跑并护球 1

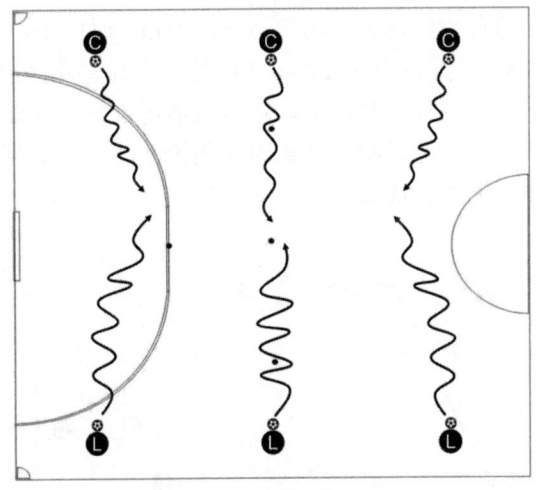

图 2-25 运球跑并护球 2

（9）在比赛情景中运球跑并护球。

在比赛情景中运球跑并护球。场地 20 m×20 m，时间 10～20 分钟，至少 3 名球员，2 名充当"猎人"（C），1 名充当"猎物"（L）。标志碟根据人数限制场地大小，分队以不同背心区分猎人和猎物。每人 1 个球，各组同时开始练习，猎人用自己的球击打猎物的球后得 1 分（图 2-26）。要求：每名球员都要当一段时间猎物；猎物运球离开区域算被擒获；猎物不能离开区域或拿起球；所有猎物被擒获练习结束。

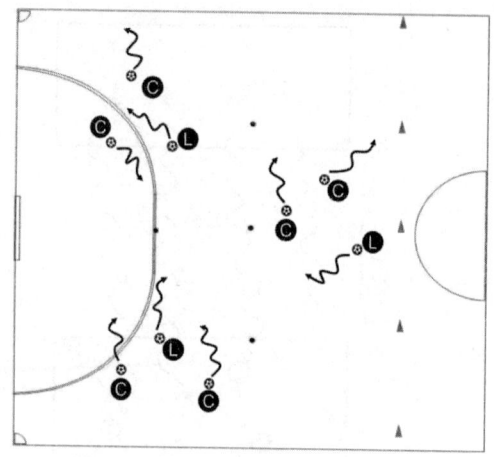

图 2-26 在比赛情景中运球跑并护球

(10) 在比赛情景下的直线运球跑。

在比赛情景下的直线运球跑。场地 20 m×20 m，时间 10~30 分钟，最少 9 名球员，1 名中立球员，平均分成 2 组。1 个球，用标志碟摆出通道，分队以不同背心区分两队。球员进行 4V4，运球跑入通道得 1 分（图 2-27）。要求：不能练习跑入同一个通道；运球跑出通道时不能抢。注意，如果得分少，可增加通道数量，或者加一个中立球员。

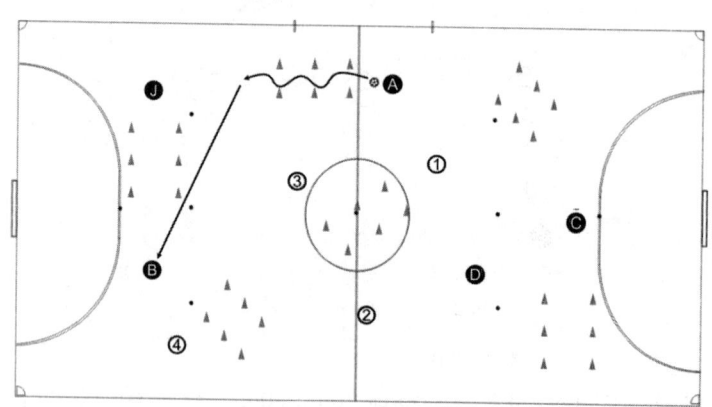

图 2-27 在比赛情景下的直线运球跑

(11) 在比赛情景下的绕圈运球跑。

在比赛情景下的绕圈运球跑。场地 20 m×20 m，时间 10~20 分钟，最少 6 名球员，2 名球员为 1 组，共 3 组。每组 1 名球员充当"猎人"（C），1 名球员充当"猎物"（L）。每人 1 个球，用标志碟摆出三角形，猎人和猎物相距

1.5～2米。分队以不同背心区分猎人和猎物，猎人只能抓自己组内的猎物，猎人每次用自己的球击中猎物的球或是猎物膝盖以下的腿得1分（图2-28）。要求：球不能进三角形区域，猎物可以跑到其他无人的三角形。注意，猎人不能踢球过猛。

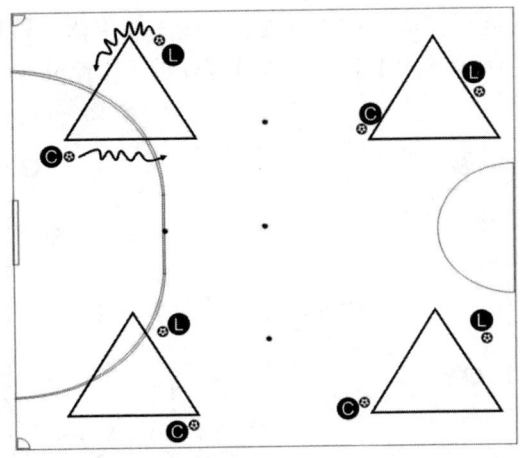

图 2-28　在比赛情景下的绕圈运球跑

（12）在比赛情景中运球跑，射门。

在比赛情景中运球跑，射门加追击跑。场地 20 m×20 m，时间 10～20 分钟，最少 3 名球员，1 名守门员（G）。每（队）由 1 名进攻球员（A）和防守球员（D）组成，1 个球。进攻球员在中线面朝球门，运球跑向球门，射门；防守球员背朝球门，被进攻球员触摸以后转身追击（图2-29）。

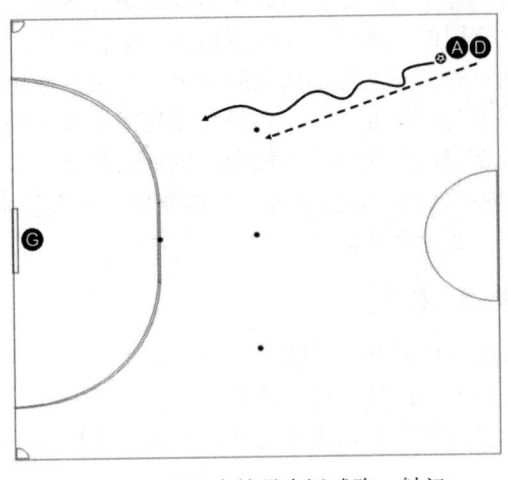

图 2-29　在比赛情景中运球跑，射门

（13）在比赛情景中运球跑，传球。

在比赛情景中运球跑，跑动传球。场地 20 m×20 m，时间 10～20 分钟。10 名球员，分为 2 队各 4 名球员，2 名中立。1 个球，用标志碟摆出限制的区域。在限制区域内 2V2+1 中立，中立 1 脚球；球员运球跑到中圈，然后传球给另外一个限制区域里的同伴；运球跑球员过了中线才能传球；只有运球队员才能进中圈，另外一边限制区域的 1 名防守队员可以进入中圈防守（图 2-30）。

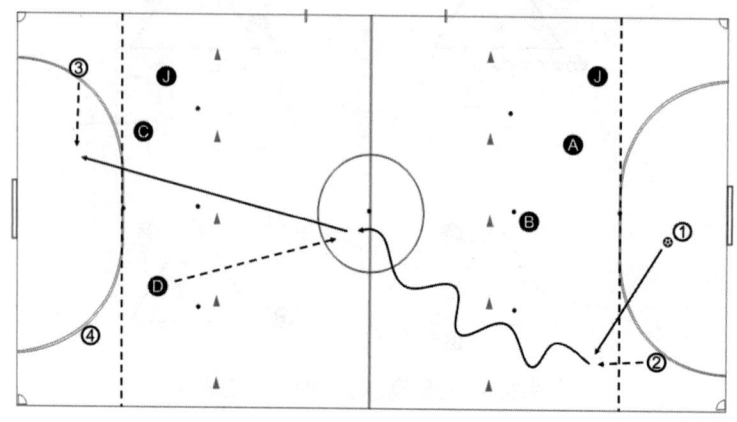

图 2-30　在比赛情景中运球跑，传球

第四节　小场地足球技能 1V1

1V1 过人是有球球员有效避开对方 1 名或者是 2 名球员防守的能力，是小场地足球当中非常有用的技术。如在运球跑技术中使用假动作来迷惑和欺骗对手，误导对方移动重心，再突然加速摆脱对手。在小场地足球中，前锋直接面对对方最后一名后卫的情况非常多，要鼓励球员在对方半场面对防守敢于 1V1 过人突破，从而可以获得直接的射门机会，也可以获得一瞬间的人数优势，可以更好地传球，也能更好地维持控球权。基本的 1V1 过人技术包括运球跑接近、观察距离、假动作、变速和变向摆脱等。

1. 运球过人技术的概念

（1）1V1 过人是一种避开对手防守的能力。

（2）运球过人技术是运球跑技术的延续。

（3）运球过人中可使用假动作来迷惑、欺骗、诱导对手移动重心，再突然加速摆脱对手。

2. 1V1 运球过人技术的四个基本要点

（1）运球跑接近目的地时，要清楚自己在什么地点、什么时间执行。

要了解自己在场地中的位置，一般在后场不鼓励刻意的 1V1；鼓励在前场的两个边路勇敢尝试。要根据不同位置，使用不同的脚，要锻炼两只脚的运球能力。

（2）运球跑接近后，要观察自己与对手的距离，这一点尤其重要。

所谓距离就是球要在对手跨一大步正好不能触及球的距离。以此一大步的后脚为圆心，前脚与圆心距离为半径的一个弧形轨道上，任何一点对于球都是安全距离，一旦球越过了轨道就是不安全的距离（图 2-31）。

（3）做假动作时，观察与对手的角度。

所谓角度就是球在那个特定的轨道上运行时与对手的圆心产生的角度。如果两人面对面站立为 180°，那么平行站立就是 90°，理论上越靠近 90°，就越能过人（图 2-32）。

（4）拨球加速起动摆脱。

在距离和角度达到理想的过人要求后，就可以尝试以速度来取胜。通常情况下，在 135°时，可以尝试；如果对手有速度，不妨等到 110°时再加速。

1V1 过人不仅仅是正面突破，很多时候是横向控球改变方向摆脱对手，球员必须要调整身体重心，双脚脚掌分别使用外侧和内侧蹬地，以及拨球后脚尖要指向变向的方向，这样才能起动更快，变向更易。

图 2-31 球的安全距离

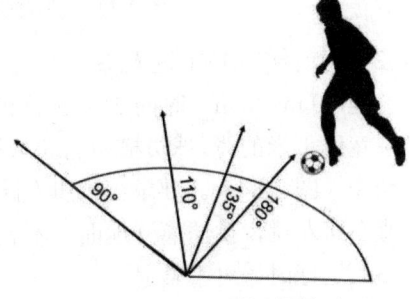

图 2-32 与对手的不同角度

另外，更加重要的是要让球员正确掌握控制自己与对手距离的方法，不同的距离选择不同的动作，距离较远，可以运用正面的扣拨球技术；距离较近，就要将球放在支撑脚后，运用拉、扣、踩等技术；对手贴身逼抢时，要运用背转变向护球。

教练员也可以鼓励球员创造自己特有的方式和技巧,这有利于球员技术的发展。在教练过程中,有意设计在有对手逼抢的情况下进行控制球和运球跑练习,尽量将练习融入比赛的情景中。

3. 提高 1V1 过人技术的训练方法

(1)门前横向 1V1 过人练习 1。

门前横向 1V1 过人。场地 20 m×20 m,时间 5~15 分钟,最少 1 名球员。1 个球,用标志碟摆出一个个方格。球员运球从一个方格运球到另外一个方格,同时模仿 1V1 过人动作(图 2-33)。要求:①脚内侧运球;②脚外侧运球;③脚外侧运球后再假踢一次后再外拨。

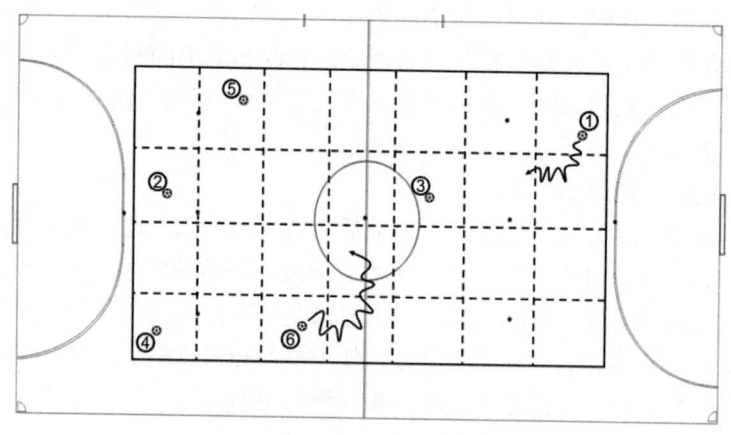

图 2-33　门前横向 1V1 过人练习 1

(2)门前横向 1V1 过人练习 2。

场地 20 m×20 m,时间 5~15 分钟,最少 3 名球员。1 个球,用标志碟摆出几条宽度 1 米的线。球员横向运球从第一条线运球到下一个线,同时模仿 1V1 过人动作(图 2-34)。要求:①脚左跨右拨或右跨左拨,地面拨球;②脚左跨右挑或右跨左挑,挑球离开地面,不宜太高;③左右脚轮流扣球。

(3)运球时遇对手紧逼。

对手紧逼下 1V1 过人。场地 20 m×20 m,时间 5~15 分钟,最少 6 名球员,1 个球。球员 4 传球给同伴 5,然后上前紧逼,接球球员 5 采用 1V1 过人技术移动变向后,再传球给另外同伴 6,然后上前紧逼(图 2-35)。要求:①用脚外侧变向;②用脚内侧变向;③用脚底变向。

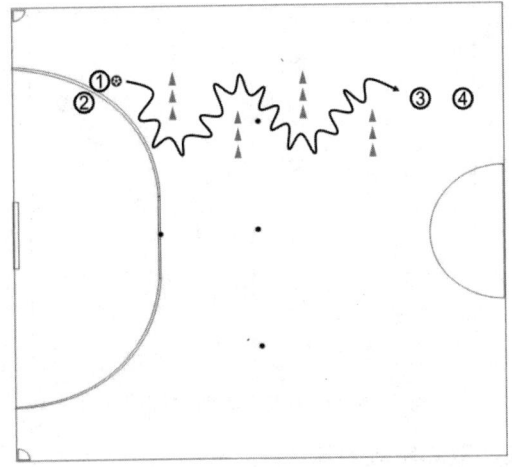

图 2-34 门前横向 1V1 过人练习 2

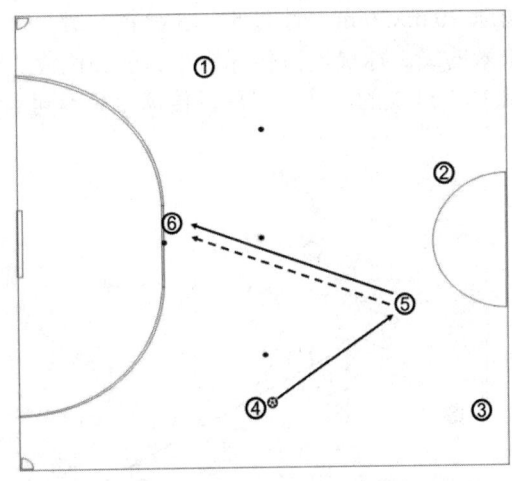

图 2-35 对手紧逼下 1V1 过人

（4）1V1 过人脚两次触球练习。

1V1 过人脚两次触球练习，以及一次跨球过人和两次跨球过人。场地 20 m×20 m，时间 5~15 分钟，最少 6 名球员，每人 1 球。用标志碟摆成网格，每两个标志碟之间相距 2 米或 1.5 米。球员在网格内运球，遇到标志碟就做 1V1 过人的动作（图 2-36）。要求脚连续两次触球：①脚内侧—脚外侧；②脚外侧—脚内侧；③脚跟—脚内侧（牛尾巴）；④脚底拉球—脚内侧；⑤脚底拉球—脚外侧。

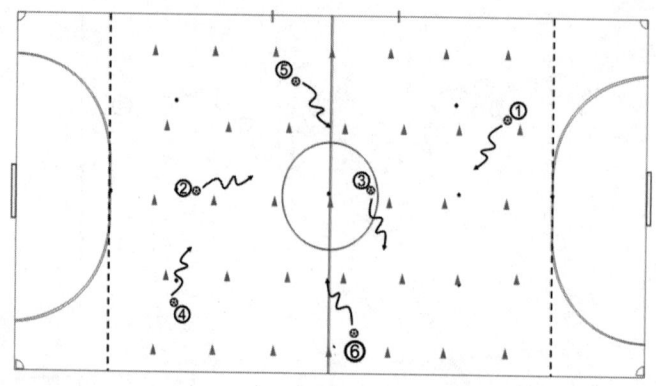

图 2-36　1V1 过人脚两次触球练习

（5）1V1 过人，双脚轮流触球。

1V1 过人，双脚轮流触球，第二脚比第一脚重以迷惑对手，以及拉球到支撑脚后保护球。场地 20 m×20 m，时间 5~15 分钟，最少 6 名球员，1 个球，用标志碟摆成宽 1 米的线。球员轮流传球给穿另外颜色背心的球员，接球球员面对标志碟线时做 1V1 过人的动作，然后再传球给穿不同颜色背心的球员（图 2-37）。

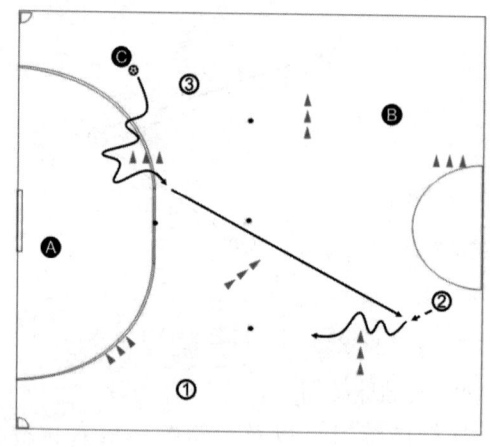

图 2-37　1V1 过人双脚轮流触球

要求双脚轮流触球：①左脚（右脚）脚底向内拉球，右脚（左脚）内侧扣球；②左脚内侧向内拨球，右脚内侧向前推球；③左脚底向内拉球，右脚内侧向前推球；④马赛回旋。

注意，拉球到支撑脚后保护球要求：

①脚底拉球，后跟拨球；②左右脚自由拉球，另外一支脚跨球；③右脚脚

底拉球，后跟拨球，左脚脚底把球从身前拉回（里瓦尔多拉球）；④脚底两次拉球（右脚脚底拉球到左脚后侧，左脚脚底再从身前拉球回来）。

（6）背身向球门时接球转身（中锋转身）1。

背身向球门时接球转身（中锋转身）。场地 20 m×20 m，时间 5～15 分钟，8 名球员分成两组，每组 1 个球。两组轮流开始练习，有球队员传球给跑到中间的球员，接球队员接球运用中锋转身技术，转身后传球给同一边的第一名球员，然后跑回到自己那组（图 2-38）。中锋转身要求：①向内侧挑球转身；②向外侧挑球转身；③接空中球向内侧转身；④接空中球向外侧转身。

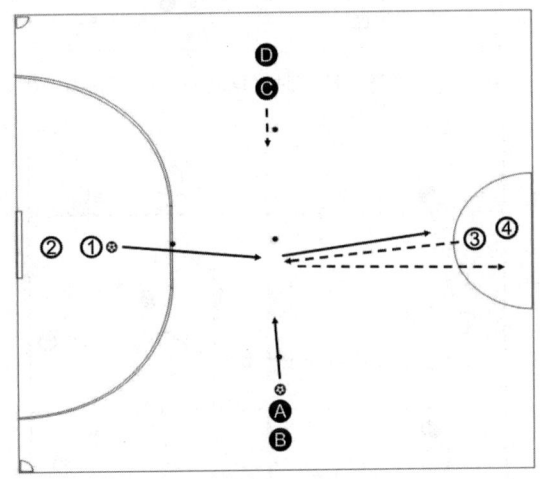

图 2-38　背身向球门时接球转身（中锋转身）1

（7）背身向球门时接球转身（中锋转身）2。

场地 20 m×20 m，时间 5～15 分钟，8 名球员分为 2 组，分别穿两种颜色的背心。用标志碟摆出 2 米宽的方框 4 个。球员轮流传球给穿不同颜色背心的球员，接球队员必须在方框内接球，并模仿中锋转身，然后再传球给穿不同颜色背心的在方框内接球的队员（图 2-39）。中锋转身要求：①向内直接转身；②向外假拉后向内转身；③向外直接转身；④向内假拉后向外转身。

（8）比赛情景中的 1V1 过人+运球跑。

比赛情景中的 1V1 过人+运球跑（1V1+2）。模仿比赛情景中的 1V1 过人+运球跑。场地 20 m×20 m，时间 10～20 分钟，8 名球员，分 2 队，每队 2 人，其余 4 人做中立球员。1 个球，用标志碟摆出场地，在标志碟外区进行 1V1；进攻队员过人后运球跑过中线，然后传球给对面的同伴；中立球员 1 脚球，只能站在外线；进攻球员可以传球给中立球员，防守球员断球后开始进攻（图 2-40）。要求：进攻球员传球给中立球员，赢得时间和空间进行 1V1。

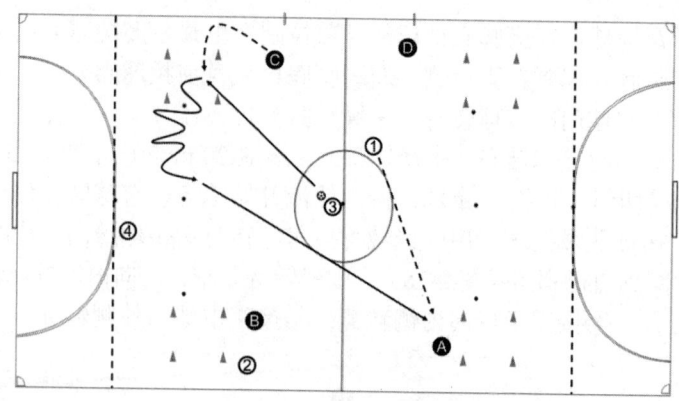

图 2-39　背身向球门时接球转身（中锋转身）2

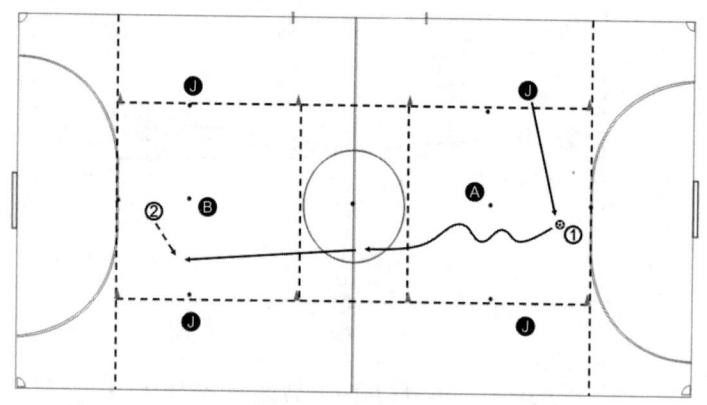

图 2-40　比赛情景中的 1V1 过人+运球跑

（9）比赛情景中的 1V1 过人+传球。

模仿比赛情景中的 1V1 过人+传球。场地 20 m×20 m，时间 10～20 分钟，8 名球员，2 个球，用标志碟摆出两个 9 m×6 m 的方框及两条运球跑变向的路线。在方框内 1V1，队员运球绕标志碟跑，传球给方框内的球员，回传后进行 1V1；进攻球员必须运球跑过防守队员并立即传球给外面的同伴；外面同伴接球后传球给他们这一列最前面的球员（图 2-41）。要求：1V1 过人以传球结束。

（10）比赛情景中的 1V1 过人+射门 1。

模仿比赛情景中的 1V1 过人+射门。场地 20 m×20 m，时间 10～20 分钟，6 名球员，4 名场上球员，2 名守门员。1 个球，用标志碟把半个场地分为两半。分队穿不同颜色背心区分两队。在半场内 1V1，每个球员只能在自己的区域内活动；进攻球员相互间可以传球；没有角球，由防守方开始进攻（图 2-42）。练习可以改变为防守方可以夹抢进攻球员。

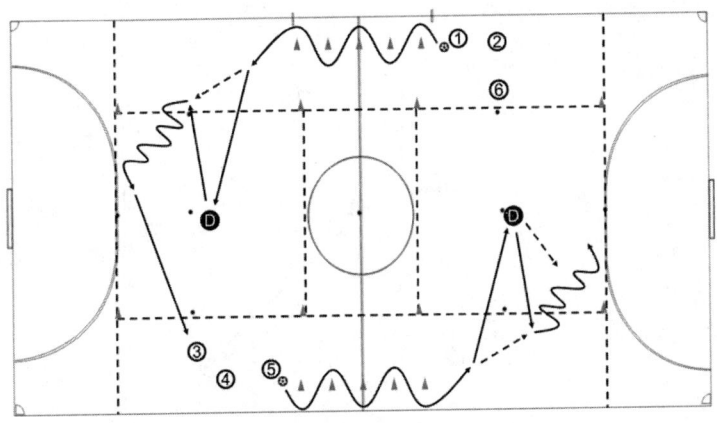

图2-41 比赛情景中的1V1过人+传球

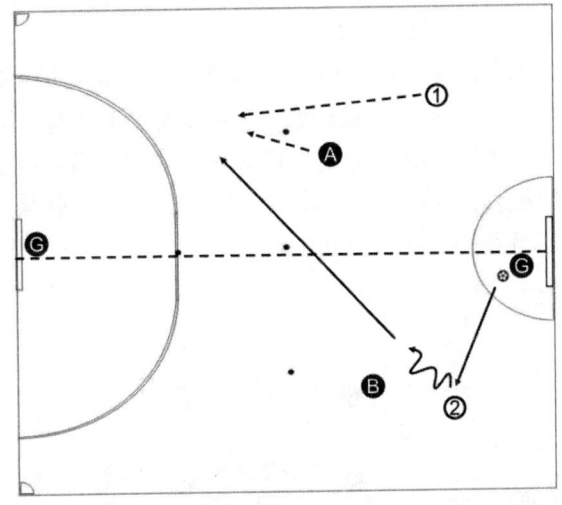

图2-42 比赛情景中的1V1过人+射门1

(11) 比赛情景中1V1过人+射门2。

场地20 m×20 m，时间10～20分钟，7名球员，4名场上球员，2名守门员，1名中立球员。2个球，每队(进攻/防守队员)各1个，用标志碟摆出2 m×2 m方框，分队穿不同颜色背心区分攻防两方。攻防为一队，1个球，攻方球员可以利用中立球员来制造射门机会；中立球员只能1脚球，并只能在方框内；其余球员不能进入方框(图2-43)。要求：利用中立球员从防守球员那里赢得时间和空间。

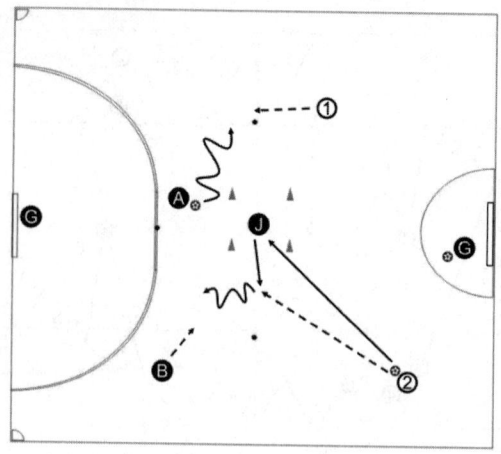

图 2-43　比赛情景中的 1V1 过人+射门 2

（12）比赛情景中 1V1 过人+射门 3。

场地 20 m×20 m，时间 10～20 分钟，9 名球员，6 名场上球员，1 名中立球员，2 名守门员。3 个球，每队球员（进攻/防守）1 个球，分队穿不同颜色背心区分 3 队。每 2 人组一队，分别担任进攻和防守队员；进攻队员可以利用中立球员获得射门机会；中立球员一脚球，没有角球，出界转换进攻（图 2-44）。要求：利用中立球员获得时间和空间来射门。

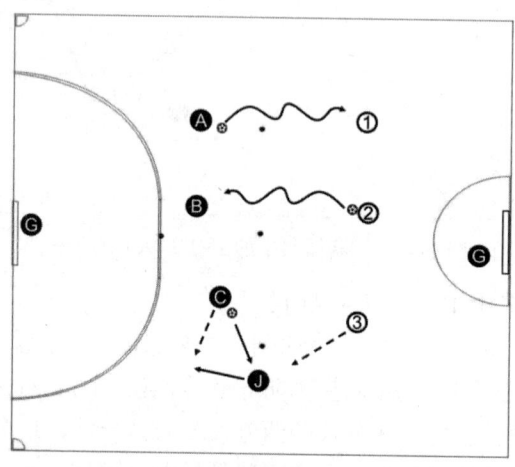

图 2-44　比赛情景中 1V1 过人+射门 3

（13）比赛情景中 1V1 过人+运球跑及射门 1。

模仿比赛情景中的 1V1 过人+运球跑，最后射门。场地 20 m×20 m，时间

10～20分钟，10名球员，8名场上球员，2名守门员。4个球，每队球员（进攻/防守）1个球。分队穿不同颜色背心区分4队球员。每队队员1V1，同时4对球员1V1；没有角球，出界变换防守（图2-45）。注意，本练习中守门员要时刻当心射门，有可能同时有几个球射门。

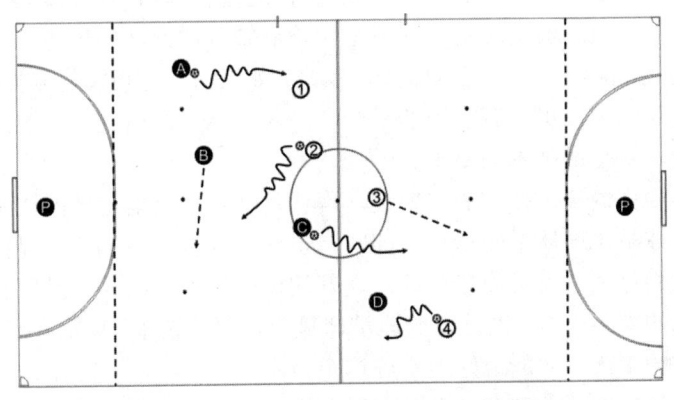

图2-45 比赛情景中1V1过人+运球跑及射门1

（14）比赛情景中1V1过人+运球跑及射门2。

场地20 m×20 m，时间10～20分钟，6名球员，2名场上球员，2名中立球员，2名守门员。1个球，用标志碟划分场地。分队穿不同颜色背心区分进攻与防守球员。每队球员1V1，防守球员只能在划分的防守区域，离球门大约10米；进攻球员必须运球过防守区才能射门；中立球员只能在边线，一脚球；进攻球员可以传球利用中立球员（图2-46）。要求：利用中立球员赢得时间和空间。

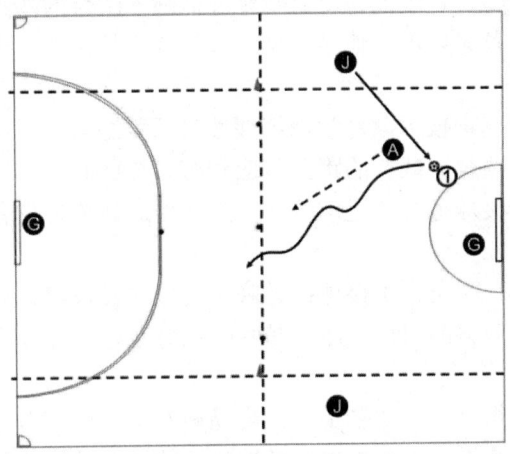

图2-46 比赛情景中1V1过人+运球跑及射门2

第五节 小场地足球技能 2V2

2V2 时最重要的是要考虑如何形成 1V1。通过传球后与对方球员拉开距离，或是传球后做斜向的前交叉跑，亦或是传球后做套边跑，如果防守球员采取人盯人防守模式，就会产生 1V1 的机会。反之，如果防守球员没有采取盯人移动，那么只要传球回去，也会有突破的机会。因此，2V2 的情况下，通过传球，然后无球跑动，就是最基本的要求。

首先，要强调传球技术的重要性。现代足球和小场地足球的比赛结果往往取决于场上球员传球质量的总和。同时，传球技术也为战术移动提供了更多的选择。想要踢足球，就必须会传球，良好的传球技术已经成为足球和小场地足球所有技术的首要因素，也是小场地足球最为重要的技术。球员在观察的同时，配合好身体的平衡，才能很好地实施这个技术。

传球的精确度至关重要，尤其在进攻当中，传球成为最重要的技术。在狭小空间里，尤其在小场地足球比赛中，空间迫使防守日趋紧密，非常类似在篮球比赛中，进攻方不得不通过传球，传球，再传球来寻找机会得分，否则很容易被防守方获得反击的机会。当然，也要结合个人突破，尤其在两个边线的突破。因此，要结合传球以及在边线的突破，这就是小场地足球非常精彩的重要原因。

传球技术不仅需要脚下的功夫，还需要球员具有判断领会和预判其他球员的下一步动作的能力，这个能力就是将来球队战术配合的基础。所以，考察一名球员是否优秀，首先要观察他是否熟练掌握综合的传球、接球和跑动接应的技术。

传球作为一个基本技术，每堂训练课球员都要练习。传球者不仅要练习正确的触球部位，还要观察队友的跑动接应和练习传球时机、传球精确度，所以传球练习通常结合接球练习和运球练习一起。传球教练要点有时机、力量、精确三点。

传球时机过早，队友很难接球；过晚，防守球员很容易关闭传球的角度。因此，要练习抬头观察的习惯，而不是眼睛总盯着球，并且要练习快速决策的能力。

传球的力度也很重要，力量小了，容易被对手拦截；力量太大，则容易传球出界或传到对手那里去了。根据小场地足球的低弹性的特性，传球时的力量一般都比较大。所以，球员也要学会观察球的特性来决定传球力量。

传球不精确会导致很不好的后果，不仅会导致攻防转换过于频繁，也会直接导致失球。传球精确度取决于传球的技术和双脚传球的熟练度。

传球队员有责任将球精确而又安全地传球到具体的区域，有时是传到同伴的脚下，有时是传到同伴马上要抢位的空当。所以，需要球员具有判断和预判的能力，球员之间的目光交流和语言交流是非常重要的。现代小场地足球比赛中，球员基本一直处在快速移动中，这就要求传球队员需要尽快和尽早地传球，从而使这样的移动更有效，而不至于浪费不必要的体力。但是，快速传球的前提是预判和队员相互之间的领会和交流，由于小场地足球场地狭小，两脚传球的概率往往比一脚传球的概率要高。因此，完美的传球可以让同伴获得时间和空间，让对方球队面临更多的防守问题，同时也给战术的实施提供更多可能性。

从传球的距离上，可以把传球分为以下三类。

（1）短距离传球：4米之内的传球。

（2）中距离传球：4~10米之间的传球。

（3）长距离传球：超过10米的传球。

原则上，传球就是用任意一只脚将球推给同伴，球速要与同伴的跑动速度相当，不要让接球队员的速度减慢。传球部位基本与射门时脚的部位相同。即利用脚弓、正脚背、脚趾内侧（外侧）、外脚背、脚尖、脚底、脚后跟、有时还要使用头球，甚至胸部，还包括大腿，肩膀和脚后跟从侧面向前踢空中球，类似于踢毽子的踢法。球员应当练习所有的这些部位，但要着重练习脚弓的传球技术，因为这个部位的传球准确性最高。

脚弓主要用于短距离和中距离的传球，传球距离在4~10米，主要用于地面的传球。距离更远的球应该使用现在流行的贝克汉姆式脚趾内侧（脚大拇指根部区域）传出的高球，或是正脚背传出的高球。小场地足球由于场地大小的关系，这些部位传出的球往往力度太大，因此，我们也建议使用挑球的技术，特别是在跑边直线时，在边路挑出半高球，非常适合接应球员利用球的反弹射门或是打后门柱区域。当球员传球给中锋快速跟进射门时，中锋的分球往往使用脚底传球。

根据传球部位，可以把传球分为以下几种类型。

（1）脚弓部位适合短传。

（2）正脚背适合长传。

（3）脚趾内侧适合中远传。

（4）脚底传球适合中锋分球时运用。

（5）外脚背适合短传，尤其在与对手距离非常近的情况下。

（6）挑球可以挑过顶球和半高球，队友通常用头和胸部接这样的球，也可以直接打凌空球或打反弹球。

从传球的方向来看，大体上传球的方向有以下几个。

（1）向前传球。

（2）横向传球。

（3）斜向传球。

（4）传边直线球。

（5）向后传球。

传球渗透到防守队员的身后是一种具有渗透力且传球威胁度很大的传球技术。因为这种传球迫使防守球员转身，而进攻则无须转身。即使防守球员转身获得控球，他控球的方向也是相当危险的。

传球给中锋是小场地足球最常见的进攻办法。准确地传球到中锋的脚下，然后快速靠近中锋，接应中锋的脚底分球，然后射门，是小场地足球中有效的进攻方式之一。传球队员的快速靠近或是第三方队友快速靠近中锋，是摆脱防守，获得射门机会的好方法。

横向传球转移是足球和小场地足球中避开防守的理想方法。当进攻受阻，防守球员人数增加时，这种转移球就非常有效。横向传球既可以传到远端队友的脚下，也可以传到远端空当。这种横向传球要格外当心被对手拦截。有时在足球比赛中，这种横传球是相当危险的，有些教练员不喜欢这样的传球。

斜向移动在小场地足球当中尤其重要，球员通过大量的斜向移动，利用对方的防守空当和空间，是小场地足球主要的进攻手段。这就需要当时的有球队员传出准确的斜向球或斜直线球。

向后传球在小场地足球中比较普遍，尤其是在边路的球员要做斜向跑动发起进攻时，通常情况都会向斜后方传球后开始移动。

1. 提高传球技术的训练方法

（1）一脚传球和两脚传球。

练习一脚传球和两脚传球。场地 20 m×20 m，时间 5～10 分钟，最少 6 名球员，围成一圈。1 个球，球员传球给另外一名球员后，上前紧逼；接球球员和旁边球员做二过一，接球后传球给另外一名球员；传球后该球员上前紧逼，练习循环进行（图 2-47）。练习一脚传球，使用脚内侧。练习两脚传球，二过一以后，脚底接球，然后用脚内侧传球给另外一名球员；脚底接球，然后用脚外侧传球给另外一名球员。

第二章 小场地足球技术和技能

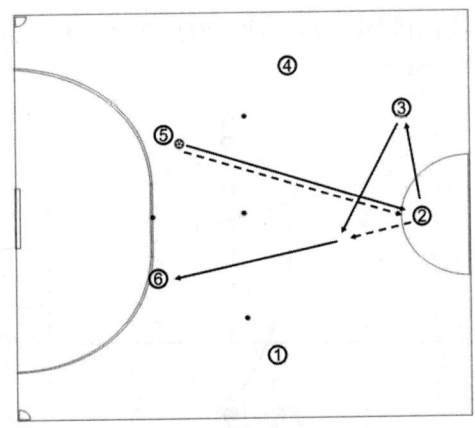

图 2-47　一脚传球和两脚传球

（2）两脚传球，脚底接球后脚内侧或脚背传球。

练习两脚传球，脚底接球，脚内侧或脚背传球。场地 25 m×20 m，时间 5~10 分钟，最少 9 名球员，分成 3 组。每组 1 个球，分队穿不同颜色的背心区别 3 组，用标志碟摆出区域，每组 1 个球同时在规定区域内传球（图 2-48）。要求：所有球员都要移动。

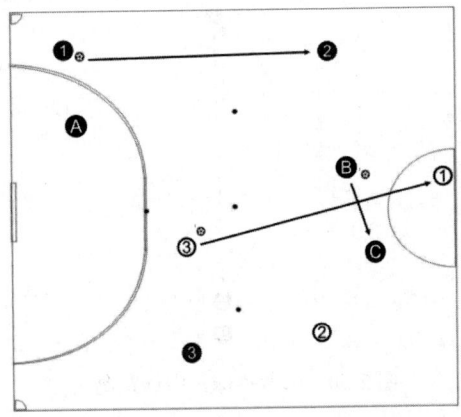

图 2-48　两脚传球，脚底接球后脚内侧或脚背传球

（3）两站式传球训练。

练习长传球和向后拉球然后传球。场地 20 m×20 m，时间 5~10 分钟，最少 7 名球员，分成 2 组，1 组在中间，另外 1 组在外区。中间区域组 1 个球，外区每队球员 1 个球。用标志碟在外区摆出网格，标志碟之间相距 5 米。练习分为两站，外区球员长传，球员接球后必须控制在 5 米见方区域；中区球员传

· 45 ·

球后上前紧逼，接球后用脚底向后拉球，然后传球给自己队的球员，接球球员用脚内侧或脚背挑球（图2-49）。

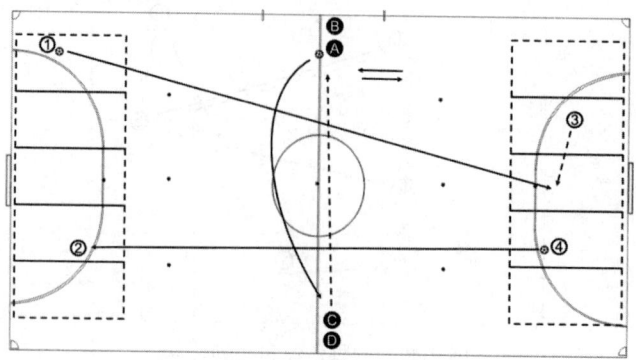

图2-49　两站式传球训练

（4）脚背挑球，中远距离1。

练习挑球的技术。场地20 m×20 m，时间5～10分钟，最少3名球员，1个球。1名球员传球给同伴，然后跑到对面一组的最后，如此循环（图2-50）。

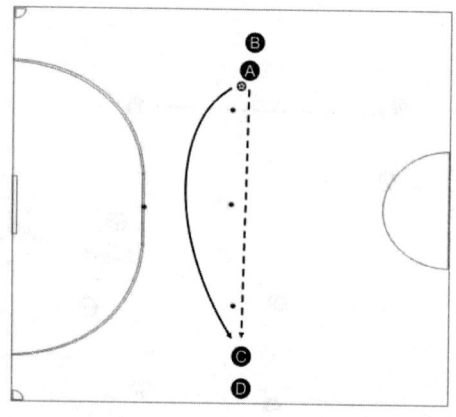

图2-50　脚背挑球，中远距离1

（5）脚背挑球，中远距离2。

场地20 m×20 m，时间5～10分钟，最少5名球员，站成菱形，1个球。1名球员挑球给旁边同伴，然后占据他的位置，依次进行（图2-51）。要求：顺时针和逆时针练习。

（6）脚底传球1。

在重叠情况下，练习用脚底传球。场地20 m×20 m，时间5～10分钟，最少6名球员，站成菱形，2个球。球员1运球，球员5跑动，当他们重叠时，球员 1 用脚底传球给球员 5，然后跑向对面；当这组做完 1 次脚底传球后，另外 1 组开始练习（图 2-52）。

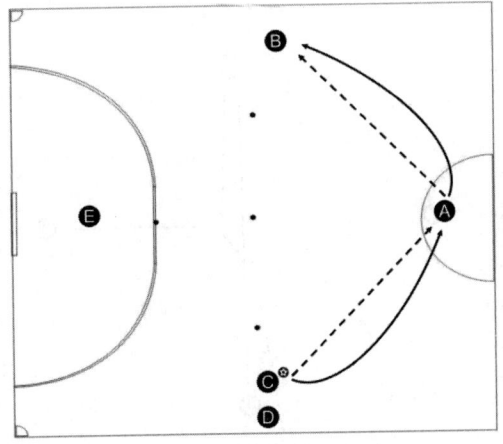

图 2-51 脚背挑球，中远距离 2

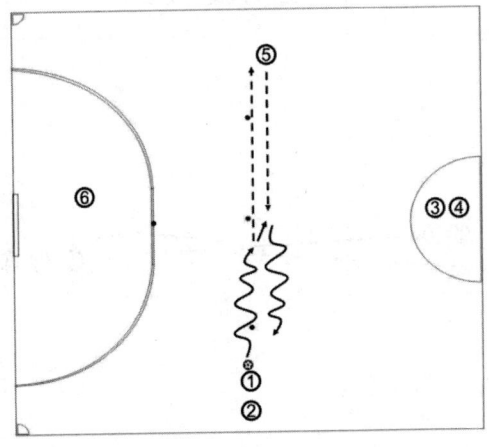

图 2-52 脚底传球 1

（7）脚底传球 2。

传球给中锋，中锋脚底分球。场地 20 m×20 m，时间 5~10 分钟，最少 4 名球员，站成菱形，1 个球。球员 5 传球给球员 1，球员 1 用脚底传球给跟上的球员 5；球员 5 再传球给球员 3，然后回到自己的队伍；球员 3 重复上一个练习（图 2-53）。

（8）脚底传球 3。

用脚底向后传球。场地 20 m×20 m，时间 5~10 分钟，最少 5 名球员，相对站成两列。1个球。球员4传球给1,然后跑向对面；球员1接球后用脚底向后传给球员2,然后跑向对面；球员2循环开始练习（图2-54）。

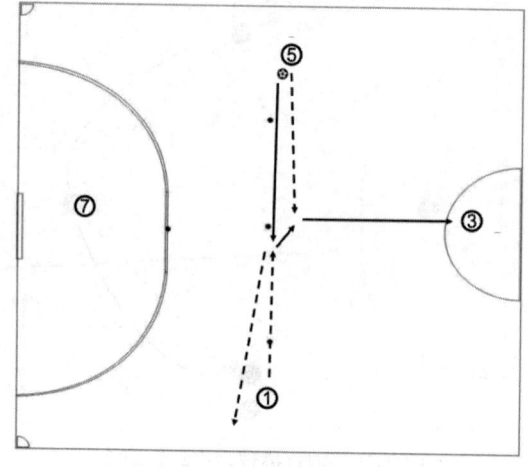

图 2-53　脚底传球2

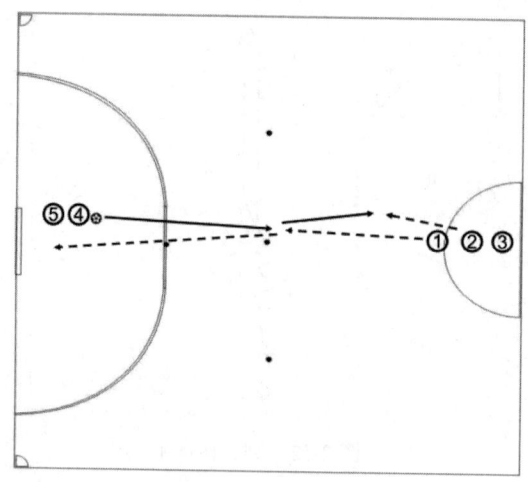

图 2-54　脚底传球3

（9）脚底拉球后传球。

脚底拉球后的传球练习。场地 20 m×20 m,时间 5~10 分钟,最少 5 名球员,用标志碟摆出四个三角区,三角区边线 2~3 米。1 个球,球员 1 传球给球员 2,球员 2 按照要求拉球传球；球员 1 传球后要跑动到球员 2 的位置,球员 2 移动到球员 3,依次循环,球必须传在标志碟三角区（图 2-55）。要求：①脚底拉,脚内侧传球；②脚底拉,脚后跟传球。

第二章 小场地足球技术和技能

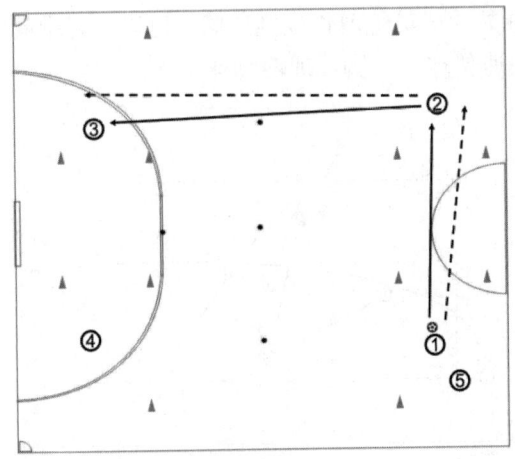

图 2-55 脚底拉球后传球

（10）快速传球。

练习快速传球。场地 20 m×20 m，时间 10~20 分钟，最少 9 名球员，分成 3 组。1 个球，分队以不同颜色背心区分三组，3 人 1 组，采用 6V3 训练（图 2-56）。要求：两脚或交替一脚和两脚球。

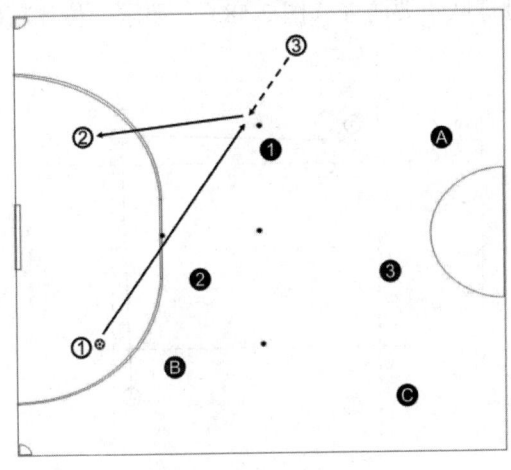

图 2-56 快速传球

（11）比赛情景中的快速传球。

练习比赛中的快速传球。场地 20 m×20 m，时间 10~20 分钟，最少 6 名球员，分成 2 组。中间组 1 个球，外区组 2 个球。场地中间用标志碟摆出 8 m×8 m 区域，中间摆出球门，中间区域 3V1，防守球员守好门，成功拦截后，最后触

• 49 •

球队员防守。区域外的球员练习传或挑高球，可以飞越中间区域球员头顶（图2-57）。要求：快速传球，一脚球或两脚球。

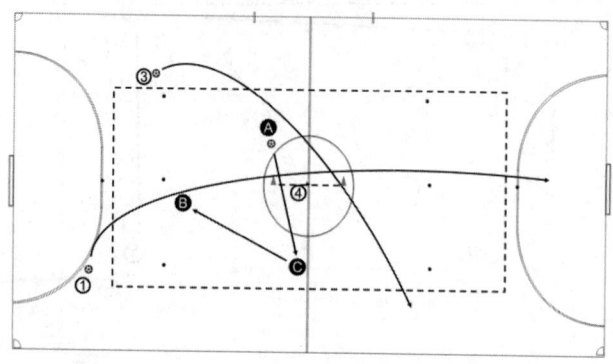

图2-57 比赛情景中的快速传球

（12）渗透性传球。

练习传有渗透性的球。场地 20 m×20 m，时间 5~10 分钟，最少 5 名球员。用标志碟摆出 6 m×8 m 的区域。1 名防守队员在里面，其余在两边线上，两边线上各 2 名球员。一脚球，同边队员相互传球不能超过 4 次。传渗透球到对面，如被拦截，最后触球队员要防守（图2-58）。要求：传球精确。

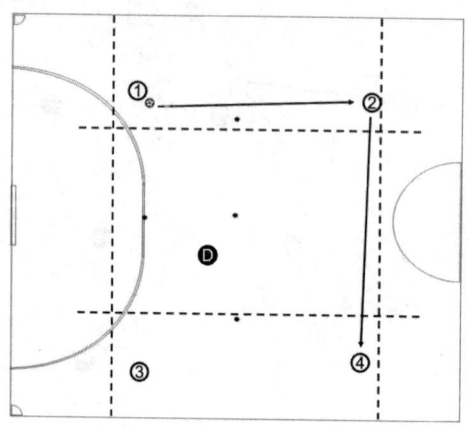

图2-58 渗透性传球

（13）比赛情景下的渗透性传球。

练习比赛情况下传渗透球。场地 20 m×20 m，时间 5~10 分钟，最少 9 名球员。分 3 组，每组 3 名球员。用标志碟在场地上标出 4 个区域，每个区域 6~7 米。两组相互间传球，一组在中间防守。进攻方两脚球（变化可以一脚球），同边传球不能超过 5 次。传渗透球给对面一组队员，如被拦截，最后触球的一组球员防守。防守球员必须到靠近球的防守区域内防守（图 2-59）。要求：传球精确和快速传球。

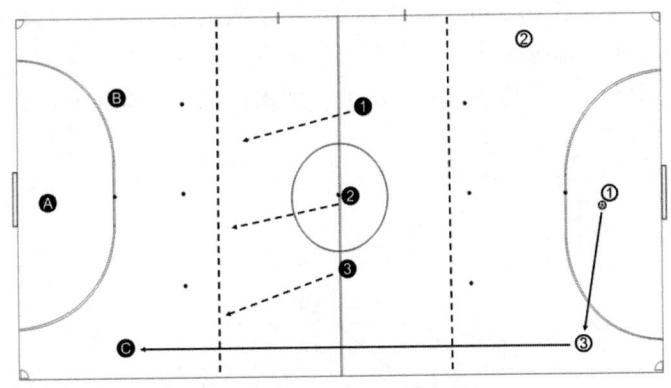

图 2-59 比赛情景下的渗透性传球

（14）比赛情景下渗透性传球的速度。

练习比赛情景下渗透性传球的速度。场地 20 m×20 m，时间 10～20 分钟，7 名球员。分 3 组，每组 2 名球员。守门员 1 名。1 个球，用标志碟标出球门，3～4 米宽。区域内 4V2，两脚球（变化可以一脚球）。传球穿过球门得 3 分，连续 10 次传球得 1 分。如被拦截，包括被守门员拦截，最后触球的一方防守（图 2-60）。要求：精确和快速传球。

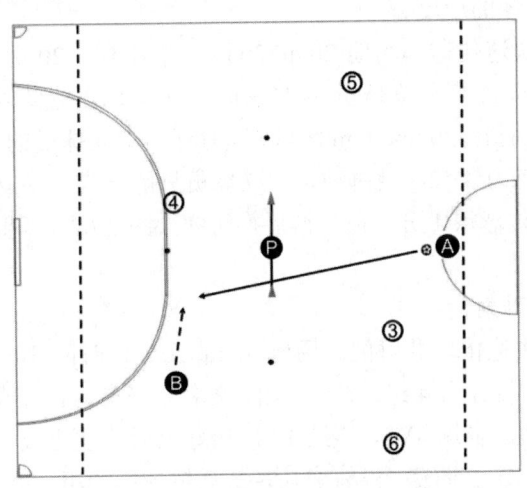

图 2-60 练习渗透性传球的速度

（15）接应传球。

练习传球时至少有 2 名接应的球员。场地 20 m×20 m，时间 5～15 分钟，4 名球员，3 名进攻球员，在方框外面，1 名防守在方框内。1 个球，用标志碟标出区域 4 m×4 m 或 5 m×5 m。采用 1V3，防守队员在区域内，其余在区域外。一脚球或两脚球。有球队员必须有 2 个接应点，形成一个假想的三角形。如球被拦截，最后触球球员防守（图 2-61）。要求：球员接球瞬间，必须有两个接应点。

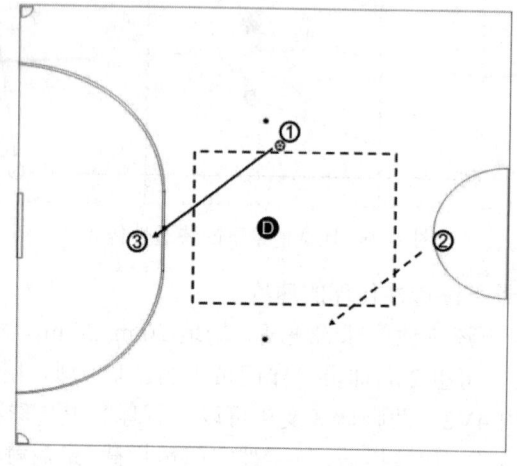

图 2-61 接应传球

（16）接应传球的速度。

练习精确和快速传球。场地 20 m×20 m，时间 10～20 分钟，7 名球员，4 名进攻，2 名防守，1 名中立球员（4V2+1）。1 个球，分队以不同颜色背心区分 3 队。用标志碟标出 20 m×20 m 区域，同时标出中立球员的三角形活动区域，边长 3 米。传抢练习 4V2，两脚球，中立球员只能一脚。中立球员接球可以得 3 分，连续 10 次传球得 1 分。被拦截后换防守（图 2-62）。要求：快传，快接应，精确传球。

（17）快速传球射门。

练习精确和快速传球并射门。场地 40 m×20 m，时间 10～20 分钟，10 名球员，8 名场上球员分为 4 组，2 名 1 组，2 名守门员。1 个球，分队以不同颜色背心区分 4 个组。半场 4V2，连续 10 次传球以后才能进攻。进攻同样为半场 4V2。射门成功，防守继续；没有成功，最后触球的一组防守（图 2-63）。两脚球或一脚球。要求：快传和传精确。

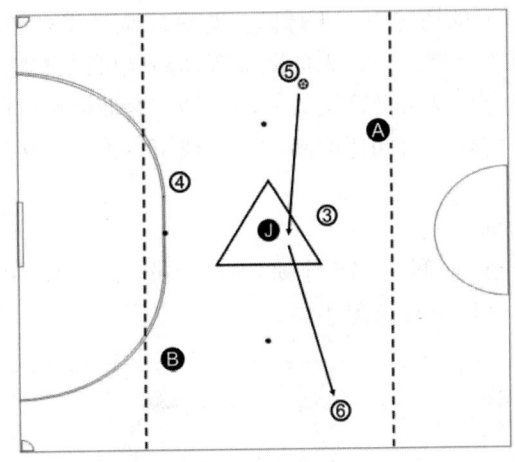

图 2-62 练习精确和快速传球

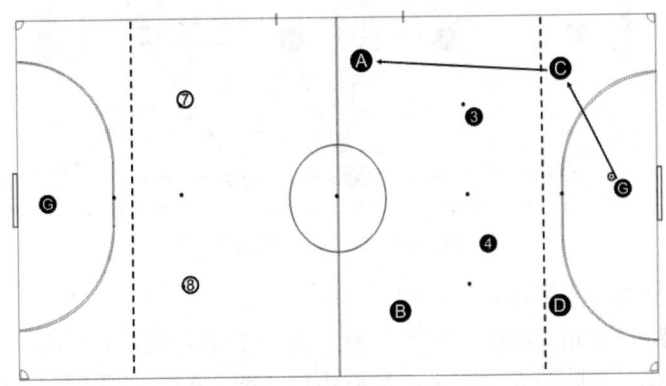

图 2-63 快速传球射门

2. 2V2 技能的练习

2V2 时除了技术层面的传球和无球跑动以外，还要考虑战术方面的因素。所谓战术就是有效地利用对手放弃的空当，组织进攻的一种方法。足球的战术有三个层面：个人战术、小组战术和整体战术。其中，小组战术最重要，因为它起到一个承上启下的作用。在小场地球中，两人和三人的小组战术，能够连接个人和整体战术的关系，非常重要。

通过两人或者三人的战术，让防守方每个球员之间失去相互间有效的联系，迫使防守方球员落入进攻球员的圈套，从而使进攻方获得射门得分的机会。战术训练的概念有：抢位、后交叉、挡拆、二过一、二对二。

其中，抢位就是无球队员寻找空当，摆脱防守球员来接球；后交叉是指当防守方形成1V1紧逼的情况下，无球队员与有球队员相对跑动，当后交叉后，有球队员向后拉球给无球队员，无球队员接球后既可以突破，又可以射门；挡拆是指无球队员与有球队员做前交叉移动，挡住有球队员的防守移动线路；二过一是指有球队员将球传给同伴的同时，寻找空当抢位，接球的同伴立即将球传回给抢位的队员。

（1）抢位的训练。

场地40 m×20 m，时间5～15分钟，5名球员，1个球，用标志碟标出点位。球员传球和接应，来回重复（图2-64）。

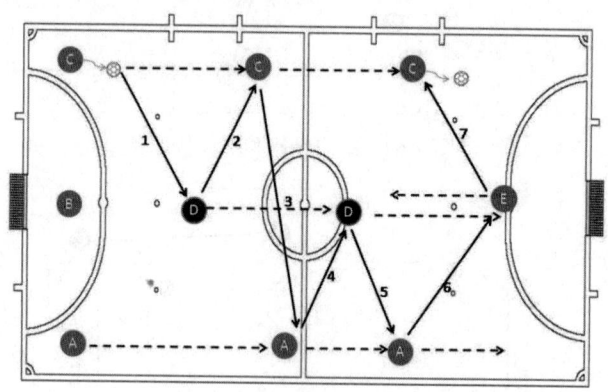

图2-64　5名球员的抢位

（2）后交叉战术训练。

场地40 m×20 m，时间5～15分钟，最少2名球员，1个球。球员传球，然后运球，和无球队员做后交叉，然后传球（图2-65）。变化：运球球员假装向后传，实际继续运球。

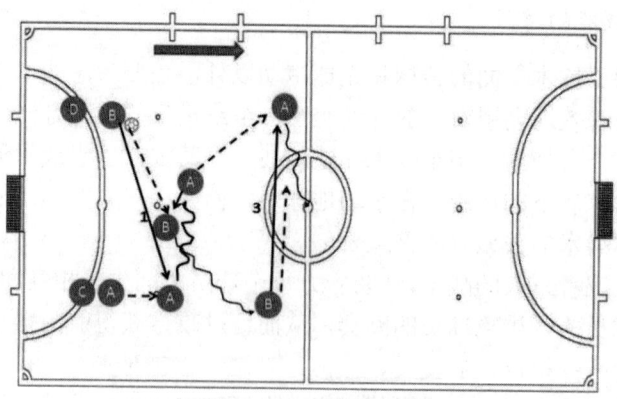

图2-65　后交叉战术训练

（3）挡拆的训练。

场地 40 m×20 m，时间 5～15 分钟，最少 4 名球员，1 名守门员，2 人为一组。每组球员 1 个球。球员 2V2，如图 2-66 所示，B 运球准备过人，A 移动后斜插挡住 F 的移动线路；B 运球突破射门。变化：A 在挡拆后，如果发现 E 没有跟随，则可以继续斜线跑接 B 挑传（图 2-67）。

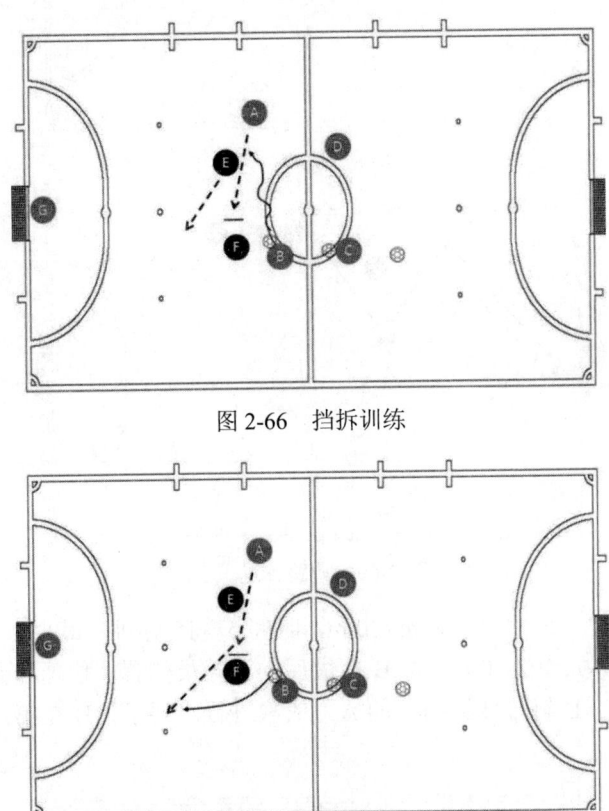

图 2-66　挡拆训练

图 2-67　挡拆战术变化

（4）二过一。

①边路二过一 1。场地 20 m×20 m，时间 5～15 分钟，最少 2 名球员，1 名守门员，多球。如图 2-68 所示，A 直传斜跑，然后接球射门；A 接替 B 当中锋。依次进行。

②边路二过一 2。场地 20 m×20 m，时间 5～15 分钟，最少 2 名球员，1 名守门员，多球。如图 2-69 所示，A 斜传直跑，然后接球射门；A 接替 B 当中锋。依次进行。要求：B 在接球前做假跑。

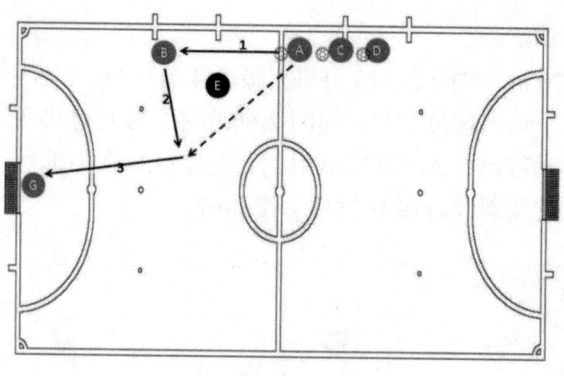

图 2-68　边路二过一 1

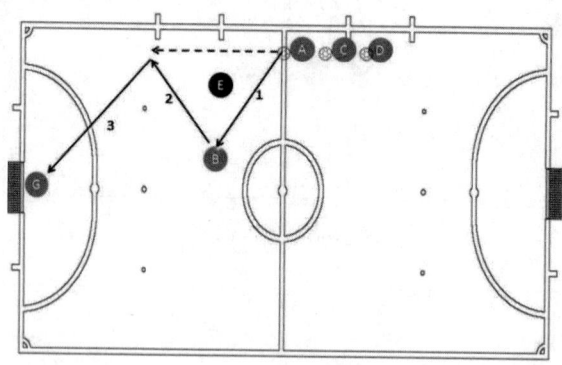

图 2-69　边路二过一 2

③边路二过一 3。场地 20 m×20 m，时间 5～15 分钟，最少 2 名球员，1 名守门员，多球。如图 2-70 所示，B 在最后一名球员位置，传球和假跑摆脱，然后接 A 回传球；B 斜传球给插上的 A。依次进行。要求：B 在第一次传球后做假跑摆脱。

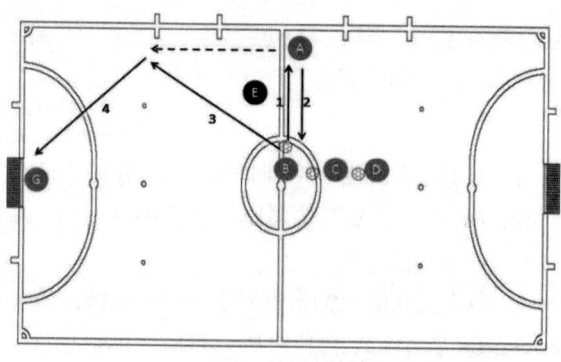

图 2-70　边路二过一 3

(5)二对二的训练。

场地 40 m×20 m，时间 5～15 分钟，最少 4 名球员，2 人 1 组，两组，1 名守门员，1 个球。守门员站在半场线的中间，在半场内进行 2V2。有球方面对守门员进攻，通过拉开或者斜向跑动或挡拆等，把 2V2 转变成 1V1，成功突破后，将球传给守门员，可以得 1 分。守门员接球后将球用手抛到空门内，让有球方再进攻一次。如果防守方抢断成功，即可面对守门员进行 2V2（图 2-71）。

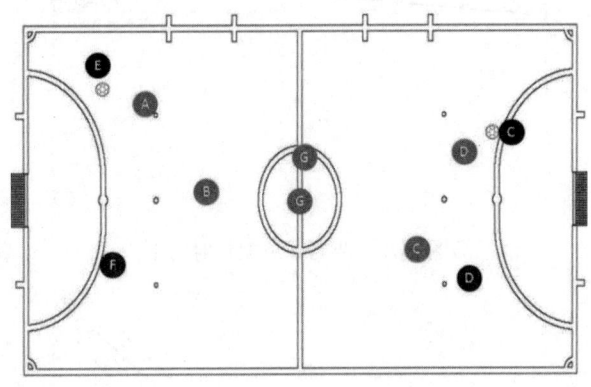

图 2-71　二对二的训练

3. 两名球员配合射门练习

(1)两名球员配合射门 1。

两名球员配合射门，中锋在中间位置，背对球门向后分球。场地 20 m×20 m，时间 5～20 分钟。最少 7 名球员，5 名场上，2 名守门员，多球。半场内两个球门，有球的球员在四个角球点，无球队员在中间；1 名球员传球给中间球员，中间球员背对球门接球后向后分球，传球队员跟上射门，然后交换位置；另外一名球员传球给中间位置的中锋，中锋背对球门接球，向后分球，传球队员跟上射门，然后交换位置，如此循环（图 2-72）。要求：分球时用脚底。

(2)两名球员配合射门 2。

两名球员配合射门，中锋在中间位置，背对球门向侧面分球。场地 20 m×20 m，时间 5～20 分钟。最少 7 名球员，5 名场上，2 名守门员，多球。半场内两个球门，有球的球员在四个角球点，无球队员在中间；1 名球员传球给中间球员，中间球员背对球门接球后向侧面分球，传球队员跟上射门，然后交换位置；另外 1 名球员传球给中间位置的中锋，中锋背对球门接球，向侧面分球，传球队员跟上射门，然后交换位置，如此循环（图 2-73）。要求：分球时候用脚底；注意区分跟上队员是右脚还是左脚。

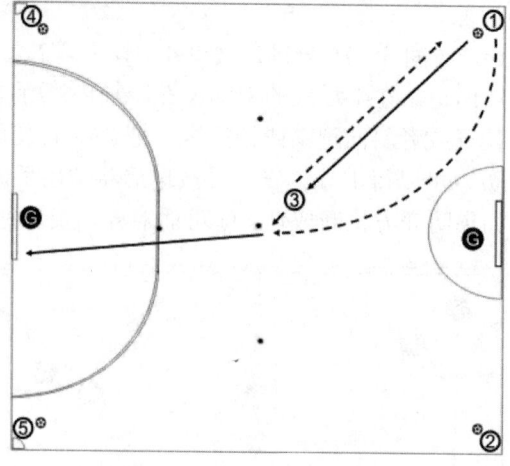

图 2-72　两名球员配合射门 1

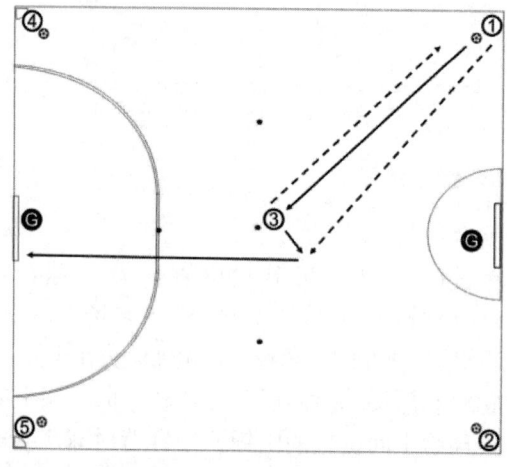

图 2-73　两名球员配合射门 2

（3）两名球员配合射门 3。

两名球员配合射门，中锋在边线位置，背对底线向后面分球。场地 20 m×20 m，时间 5～20 分钟。最少 8 名球员，6 名场上，2 名守门员，多球。半场内两个球门，有球的球员在两个角球点；球员被分为两组，轮流练习；有球队员沿着边线传球给中锋，中锋接球后向后分球，传球队员跟上射门，然后和中锋交换位置；一组完成后，另外一组开始同样的练习，如此循环（图 2-74）。

要求：跟上射门的球员在射门前要做变向跑欺骗对方；中锋必须朝射门球员最后跑动的方向向后分球。

第二章 小场地足球技术和技能

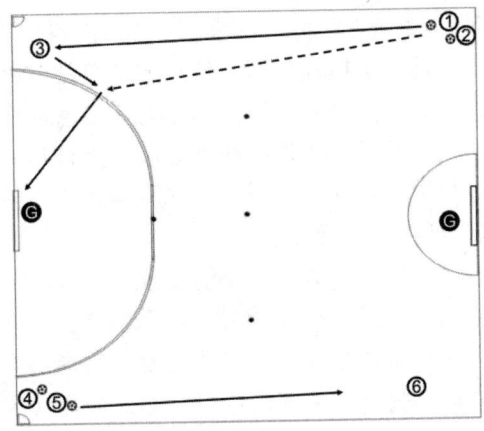

图 2-74 两名球员配合射门 3

（4）两名球员配合射门 4。

两名球员配合射门，中锋在边线位置，背对底线向侧面分球。场地 20 m×20 m，时间 5～20 分钟。最少 8 名球员，6 名场上，2 名守门员，多球。半场内两个球门，有球的球员在四个角球点；球员被分为两组，轮流练习；有球队员沿着边线传球给中锋，中锋接球后向侧面分球，传球队员跟上射门，然后和中锋交换位置；一组完成后，另外一组开始同样的练习，如此循环（图2-75）。要求：跟上射门的球员在射门前向跑直线，然后做变向跑射门；中锋必须朝射门球员最后跑动的方向侧面分球。

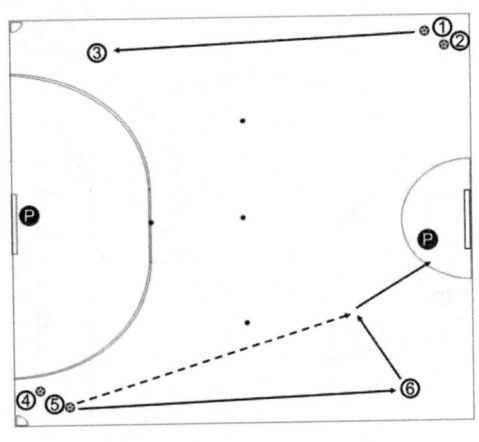

图 2-75 两名球员配合射门 4

（5）两名球员配合射门：边直线球。

两名球员配合射门，要边直线球。场地 20 m×20 m，时间 5～20 分钟。最少 8 名球员，6 名场上，2 名守门员，多球。球员站在四个角球点，球员分为两组，轮流开始练习；有球队员横向传球，然后要边直线球；同伴接球后给边直线球形成射门；一组完成后，另外一组开始练习，如此循环（图 2-76）。射门分直接射门和间接射门。要求：传边直线球要和跟上球员的速度相配合；边直线间接射门是跟上球员用脚底向后传球，传球队员再跟上射门。

（6）两名球员配合射门：斜线球。

两名球员配合射门，要边斜向球。场地 20 m×20 m，时间 5～20 分钟。最少 8 名球员，6 名场上，2 名守门员，多球。球员站在四个角球点，球员分为两组，轮流开始练习；有球队员横向传球，然后要斜线球；同伴接球后给斜线球形成射门；一组完成后，另外一组开始练习，如此循环（图 2-77）。要求：传斜线球要根据跟上球员的跑动速度。

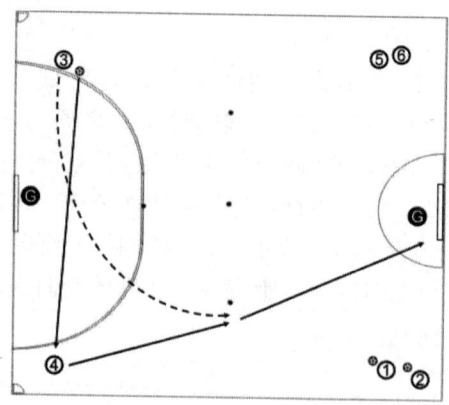

图 2-76　边直线球

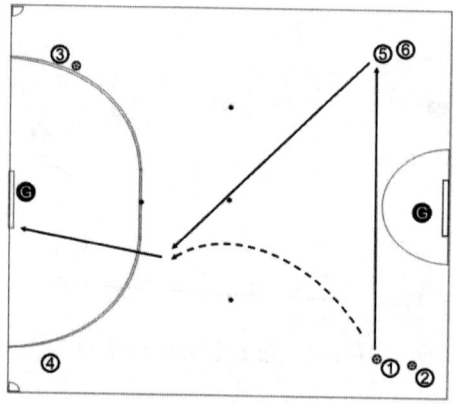

图 2-77　斜线球

（7）不同传球类型的射门：横传球。

接横传球的射门。场地 20 m×20 m，时间 5～20 分钟。最少 8 名球员，6 名场上，2 名守门员，多球。半场内，球员在四个角球点，分为两组，轮流练习；守门员发球给一名球员，该球员横传球给另外一名球员，该球员射门；结束后到对面一组球员身后排队；一组射门结束后，另外一组开始练习，如此循环（图2-78）。要求：传球要根据跑动球员的速度。

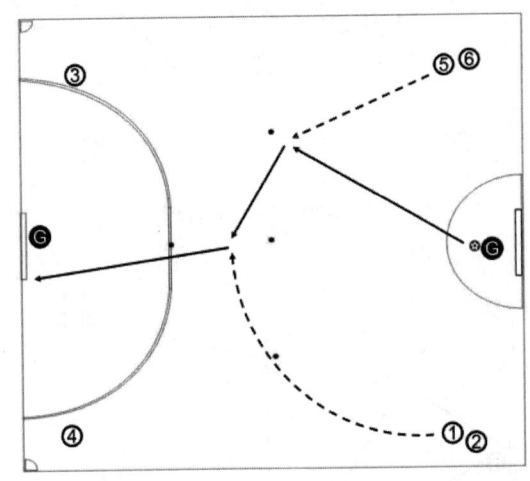

图 2-78　横传球

（8）不同传球类型的射门：后交叉传球。

后交叉后传球射门。场地 20 m×20 m，时间 5～20 分钟。最少 8 名球员，6 名场上，2 名守门员，多球。半场内，球员在四个角球点，分为两组，轮流练习；守门员发球给一名球员，该球员横向运球跑，与另外一名球员做交叉跑后向后传球，接球球员射门；结束后到对面一组球员身后排队；一组射门结束后，另外一组开始练习，如此循环（图 2-79）。要求：传球的时机要正确。

（9）不同传球类型的射门：靠近后门柱。

在后门柱（第二门柱）靠近射门。场地 20 m×20 m，时间 5～20 分钟。最少 3 名球员，2 名场上，1 名守门员，多球，用标志碟摆出线，距球门 10 米。守门员持球，2 名进攻球员跑向球门，跑到 10 米线时，守门员发球给任意一名球员；接球队员只能两脚球，要么射门，要么打后门柱；另外一名球员必须靠近后门柱（图 2-80）。要求：接球队员第二脚球时要么射门，要么打后门柱。

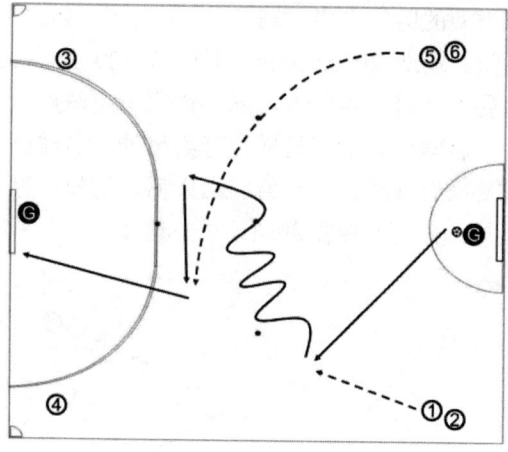

图 2-79　后交叉传球

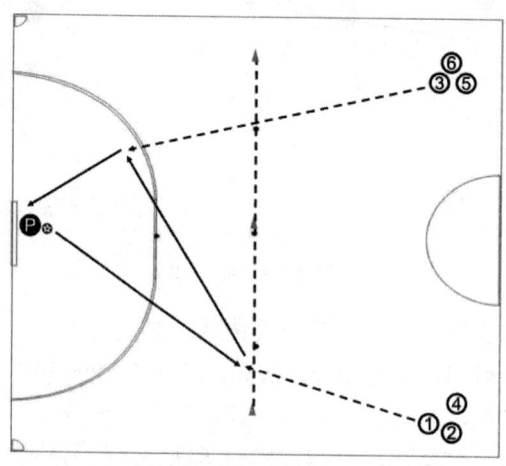

图 2-80　在后门柱靠近射门

第六节　小场地足球技能 3V3

小场地足球的战术训练除了 2V2 之外，还有 3V3，如三人换位，漏球等。3V3 战术非常考验队员之间的配合，也是进攻中非常重要的战术。在 3V3 中，传球依然很重要，同时队员的观察能力、身体灵活程度和思维敏捷性也是影响整体发挥的重点。

1. 3V3 训练

（1）三人换位：站好位的球员通过交叉换位来迷惑对手。

①三人换位训练 1。场地 40 m×20 m，时间 5～15 分钟，最少 3 名球员，2 名守门员，1 个球。摆成两个前锋在前面的站位。如图 2-81 所示，守门员发球给 C，同时 A 在对角跑动接应；B 跑向刚才 A 的位置，A 变向到 B 刚才的位置，接 C 的传球，射门。

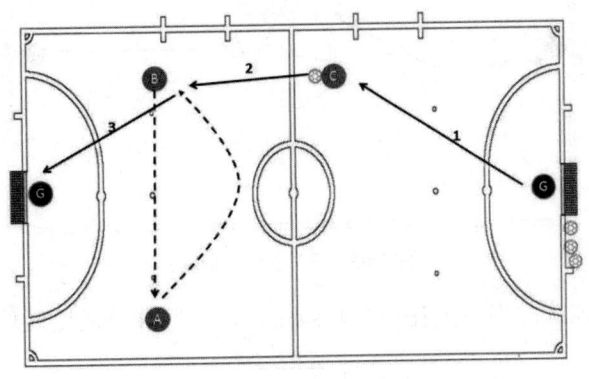

图 2-81　三人换位训练 1

②三人换位训练 2：中锋拉边。场地 40 m×20 m，时间 5～15 分钟，最少 3 名球员，2 名守门员，1 个球。一个前锋在前面，边路有同伴，最后一名球员在场地中间。如图 2-82 所示，守门员传球给场地中间的 C，中锋 A 拉边；边路 B 斜插与中锋交换位置；C 传球给拉边的中锋 A，A 接球后射门。

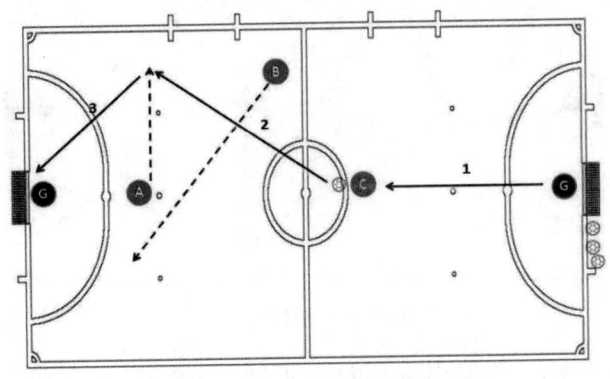

图 2-82　三人换位训练 2

③三人换位训练 3：交换中锋。场地 40 m×20 m，时间 5～15 分钟，最少 3 名球员，2 名守门员，1 个球。一个前锋在前面，边路有同伴，最后一名球员在

场地中间。如图2-83所示,守门员传球给C,C斜传球给B,然后直接和中锋A换位;A回撤接B传球后,传球给插上的C;C接球可以射门,也可以传球给插上的B。

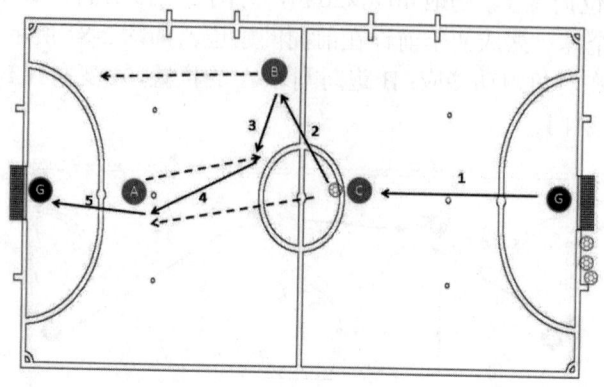

图2-83 三人换位训练3

(2)漏球训练:当三人在一条直线上时,中间球员通过漏球来形成第二次配合。

①漏球的训练1。场地40 m×20 m,时间5~15分钟,最少3名球员,2名守门员,1个球。3名场上球员站成一排,如图2-84所示,守门员发球给B,B传球给A;C漏球后斜向跑接A的传球;A传球后插上,接C的传球后射门。

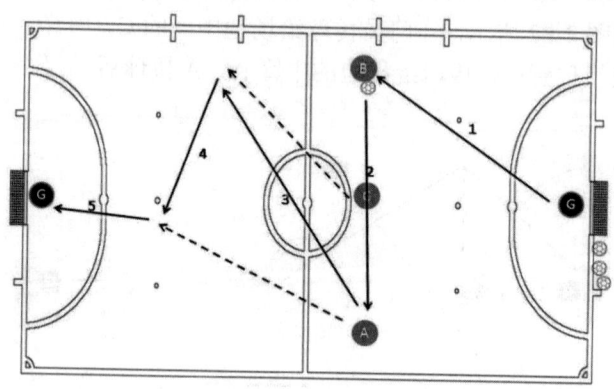

图2-84 漏球练习1

②漏球的训练2。场地40 m×20 m,时间5~15分钟,最少3名球员,2名守门员,1个球,如图2-85所示,A、B在同边,C在场地中间或在另外一侧;守门员发球给C,A从对角接应C,同时B向前插;A漏球后,变向接应插上的B,接球后射门。

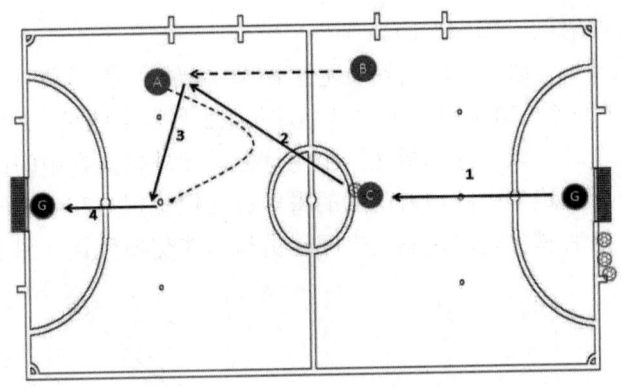

图 2-85 漏球练习 2

2. 提高 3V3 的训练方法

（1）一次触球和两次触球射门。

练习直接一脚射门和两脚射门。场地 20 m×20 m，时间 5～20 分钟。最少 7 名球员，6 名场上队员，1 名守门员。多球，分为 2 组，每组有 1 名中锋；2 组轮流练习；射门时选 1 名中锋，中锋接球后分球给上前的射门球员；射门后的球员成为中锋；练习中锋半转身凌空射门时，中锋头球先回传，然后其余球员再头球传给中锋，中锋凌空射门（图 2-86）。

①练习一脚射门：

a. 中锋分地滚球大力射门；

b. 中锋分高球凌空射门（挑球给中锋，中锋用手抛高球）；

c. 中锋分落地反弹球（挑球给中锋，中锋用手抛落地反弹球）；

d. 中锋半转身凌空球射门。

②练习两脚射门：先用脚底控球，然后用脚尖射门。

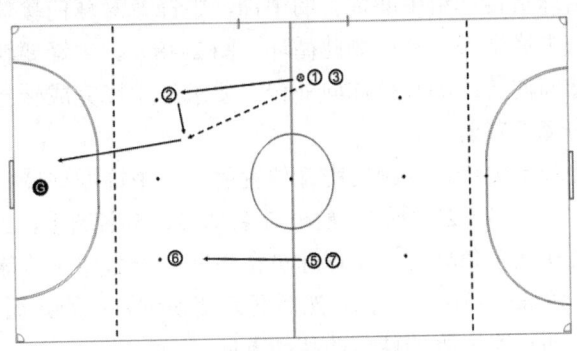

图 2-86 一脚射门和两脚射门

（2）两脚球射门，脚尖射门。

两脚球射门，通过脚底拉球迷惑防守队员，然后脚尖射门。场地 20 m×20 m，时间 5~20 分钟。最少 7 名球员，5 名场上队员，2 名守门员。多球，半场，两个球门，有球球员在四个角球处，无球球员在中间；其他球员传球给中间球员后，跑到中间与射门后的得球员交换位置；在中间的球员接同伴传球，拉球，然后脚尖射门，然后中间球员与同伴交换位置（图 2-87）。

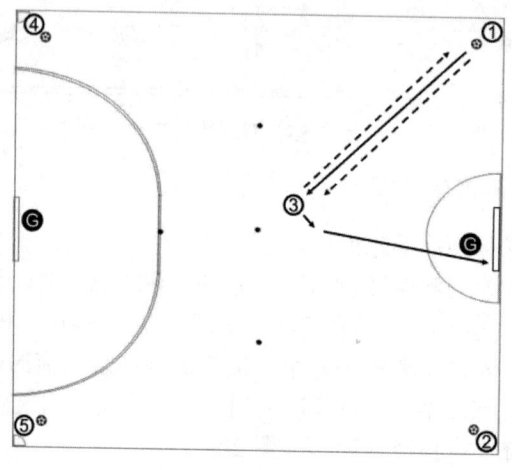

图 2-87　脚头射门

（3）中锋转身射门。

中锋接球后转身射门。场地 20 m×20 m，时间 5~20 分钟。最少 7 名球员，5 名场上，2 名守门员。多球，半场内两个球门，有球的球员在四个角球点，无球员在中间；一名球员传球给中锋，中锋背对球门接球后转身射门，然后交换位置；另外一名球员传球给中间位置的中锋，中锋背对球门接球后转身射门，然后其他球员与中锋交换位置；如此循环（图 2-88）。中锋要转身射门有两种转法：脚底拉球向内转；脚底拉球向外传。要求：中锋完成转身后迅速射门。

（4）跑向中锋位置射门。

其他球员传球给中锋，并跑向中锋位置射门，中锋面向球门接球回传。场地 20 m×20 m，时间 5~20 分钟。最少 7 名球员，5 名场上，2 名守门员。多球，有球的球员在四个角球点，无球球员在中间；一名球员传球给中锋，中锋面对球门回传，传球队员跟上射门，然后两人交换位置；如此循环（图 2-89）。要求：回传球要面对跟上来的球员的移动方向。

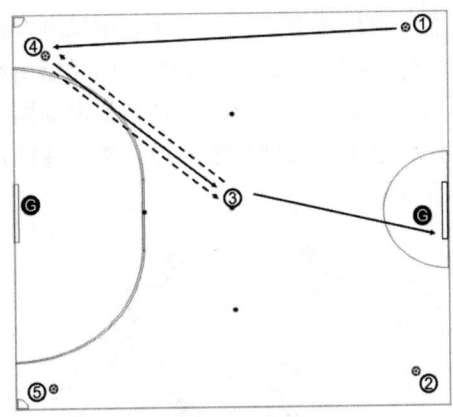

图 2-88 中锋转身射门

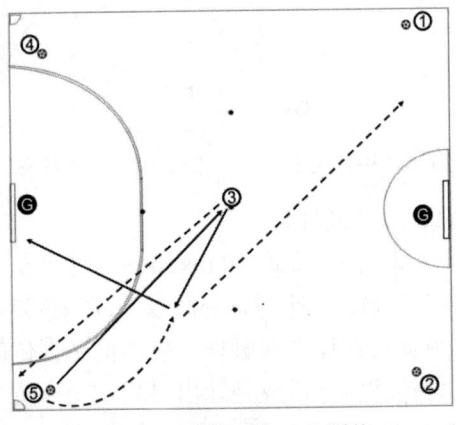

图 2-89 中锋面向球员回传

（5）模仿比赛情景，接球突破（防守回追）。

模仿比赛情景下接球运球突破时，有防守队员在后追击的场景。场地 20 m×20 m，时间 5~20 分钟。最少 3 名球员，2 名场上（A 和 D），1 名守门员（G）。多球，半场 1V1；进攻球员面朝球门，防守球员背对他；进攻球员出发时，用手触及防守球员的手；防守球员必须在被触及以后才能追击；守门员用手或脚传球给进攻球员，他必须在防守球员追上之前起脚射门；结束后两人跑到另外一角重复练习（图 2-90）。要求：后面的追击球员要像比赛中那样展开追击。

（6）模仿比赛情景，利用中锋靠近射门（防守回追）。

模仿比赛情景下利用中锋靠近射门，并有防守追击。场地 20 m×20 m，时间 5~20 分钟。最少 4 名球员，3 名场上，1 名守门员。多球，用标志碟标出中锋的位置。防守球员在进攻球员身后一步，进攻球员触及球以后防守球员才能开始追击；进攻球员传球给中锋然后靠近射门，同时后面有追击；结束后另外一组开始练习（图2-91）。要求：进攻球员传球前避免防守球员预判；两人靠近时可以变向跑。变化：也可以传球给守门员，然后守门员传球给中锋，同时靠近中锋射门。

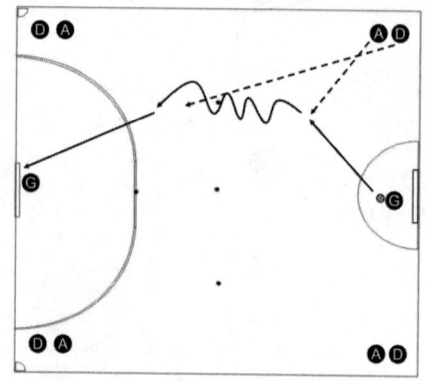
图2-90 模仿比赛情景，接球突破

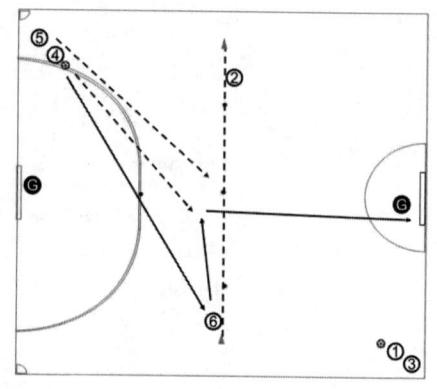
图2-91 模仿比赛情景，利用中锋靠近射门

（7）模仿比赛情景，一脚射门。

模仿比赛情景，一脚射门。场地20 m×20 m，时间5～20分钟。最少8名球员，6名场上，2名守门员。一个球，分队以不同颜色背心区分三队。分成三队，每队2人，在半场4V2；比赛两脚球，射门前必须传球6次；射门必须是一脚球，防守球员练习两次触球后或是球出界后，交换防守；最后触球的那一组球员防守；恢复比赛后进攻另外一面（图2-92）。要求：传球迅速，尽量射门。

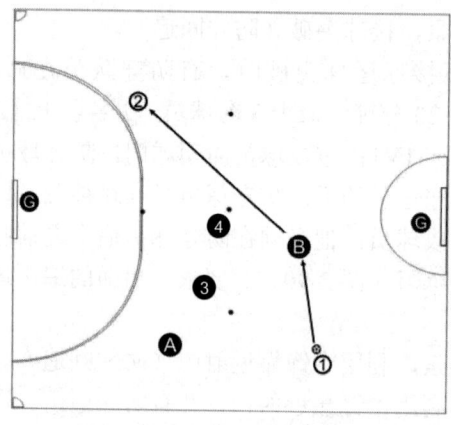
图2-92 模仿比赛情景，一脚射门

（8）模仿比赛情景，利用宽度创造三角形射门机会。

模仿比赛情景，利用宽度创造三角形射门机会。场地 20 m×20 m，时间 5～20 分钟。最少 8 名球员，4 名场上，2 名中立球员，2 名守门员。一个球，分队以不同颜色背心区分两队，用标志碟标出场地宽度通道。半场 2V2，中立球员在线外一脚球帮助有球方（图 2-93）。要求：利用场地宽度和中立球员配合，找到射门机会。变化：进攻球员可以和中立球员交换位置。

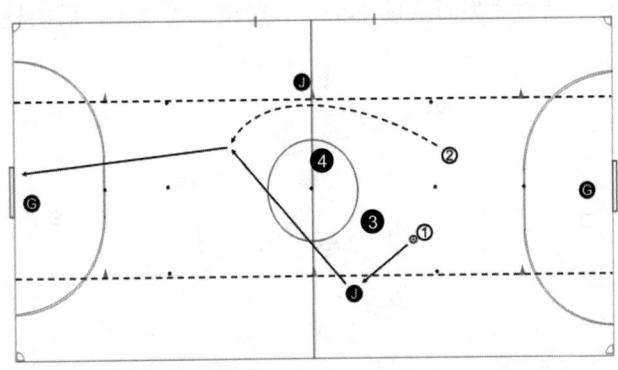

图 2-93　模仿比赛情景，利用宽度创造三角形射门机会

（9）模仿比赛情景，利用深度创造三角形射门机会。

模仿比赛情景，利用深度创造三角形射门机会。场地 20 m×20 m，时间 5～20 分钟。最少 10 名球员，4 名场上，4 名中立球员，2 名守门员。一个球，分队以不同颜色背心区分两队。在半场内 2V2，4 名中立球员在两个底线后面，一脚球配合有球方（图 2-94）。要求：利用场地深度和中立球员配合，找到射门机会。变化：进攻球员可以和中立球员交换位置。

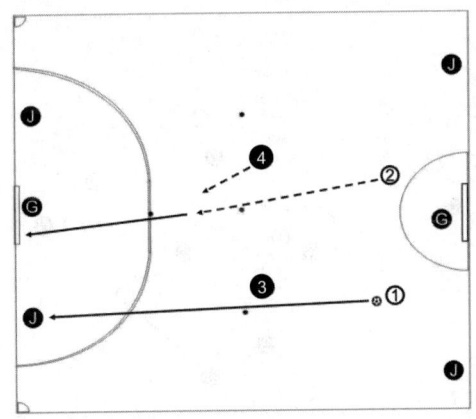

图 2-94　模仿比赛情景，利用深度创造三角形射门机会

（10）模仿比赛情景，靠近后门柱射门。

模仿比赛情景，靠近后门柱射门。场地 40 m×20 m，时间 5～20 分钟。最少 10 名球员，6 名场上，2 名中立球员，2 名守门员。一个球，分队以不同颜色背心区分两个队。全场 3V3，带两个中立球员一脚球帮助有球方；中立球员不能射门；在禁区内射门成功得 3 分，禁区外射门成功得 1 分；防守方不能进自己的禁区；进攻方可以 1 名球员进禁区，但不能停留 4 秒以上；必须一脚球射门，没有角球，防守方发球（图 2-95）。要求：找到靠近后门柱射门的办法。

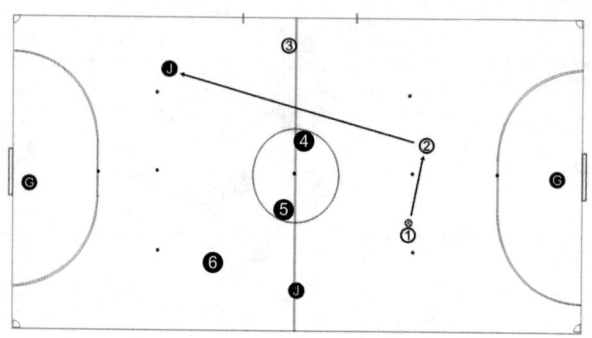

图 2-95　模仿比赛情景，靠近后门柱射门

（11）模仿比赛情景，凌空射门。

模仿比赛情景，凌空射门。场地 30 m×20 m，时间 5～20 分钟。最少 11 名球员，8 名场上球员，分为 2 队，1 名中立球员，2 名守门员。一个球，分队以不同颜色背心区分两队，用标志碟摆出场地。4V4，带 1 名中立球员一脚球帮助有球方；中立球员不能射门；尽量挑空中球，射门必须一脚球；球在空中时进攻方不能被干扰，球落地后才能被争夺（图 2-96）。要求：寻找空中射门机会。

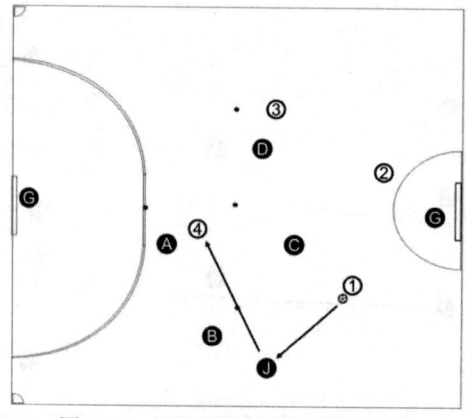

图 2-96　模仿比赛情景，凌空射门

第二章 小场地足球技术和技能

第七节 小场地足球技能 4V4

一、4V4 和五人制足球

4V4 在小场地足球训练中是非常重要的。甚至有人认为小场地足球的精髓在于 4V4。在 4V4 场地上增加两个守门员，就可形成国际足联推广和承认的正式足球比赛之一的 5V5。也即国际足联重新命名的足球比赛形式，"FUTSAL"（五人制足球）。

由于 4V4 和五人制足球之间存在紧密联系和相关性，以下我们以五人制足球的场地、阵形来介绍关于 4V4 的技战术训练。在国际足联室内五人制足球的规则里，并没有规定五人制足球必须在室内进行，同时也没有对地面做出明确的要求，除了避免在水泥地举行正规的比赛外。五人制足球是国际足联所确认的小场地足球比赛形式，在五人制专用场地里进行比赛和训练，采用较小规格和弹性较好的足球。因此，本书作者鼓励所有从事小场地足球的运动员和教练员都能够采用这种低弹性的足球。

二、五人制足球场地

五人制足球场地，球门长 3 米，高 2 米。比赛场地分为国内和国际比赛场地两种。

（1）国内比赛场地：长 26～42 米，宽 15～22 米。禁区是以两个门柱外侧为圆心，4 米或 6 米为半径，从底线开始向场内画圆弧，当半径线与底线成 90°时停止，用直线连接两个圆弧的场内停止点即内禁区。当场地宽度在 15～16 米时，禁区的圆弧以 4 米为半径；当场地宽度超过 16 米时，禁区的圆弧以 6 米为半径（图 2-97）。

（2）国际比赛场地：长 38～42 米，宽 18～25 米。场地应按平面图画清晰的线条，线宽不得超过 8 厘米。较长的两条界线叫边线，较短的叫球门线。场地中间一条横穿球场的线为中线，从场地中央取一个明显的标记并以此为圆心，以 3 米为半径，画出的圆圈为中圈。

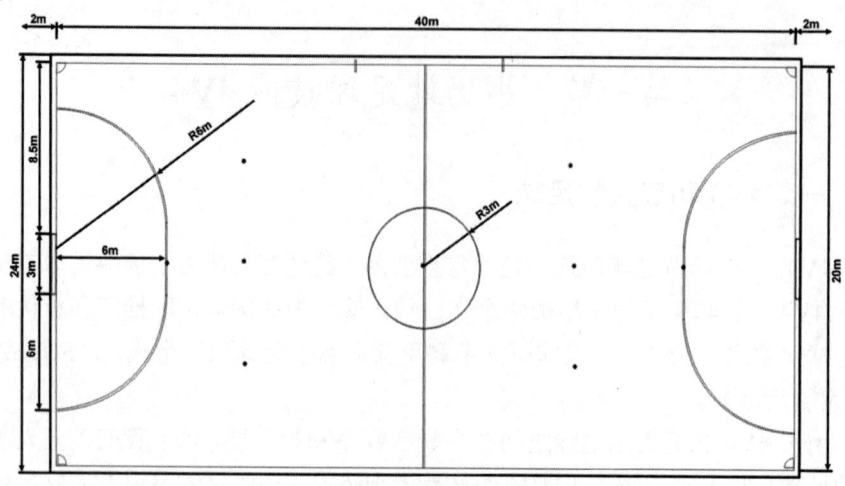

图 2-97　五人制足球场

三、五人制足球中 4V4 的基本站位和基本阵形

1. 五人制足球中的 4V4 站位

五人制足球中的 4V4 站位如图 2-98 所示。

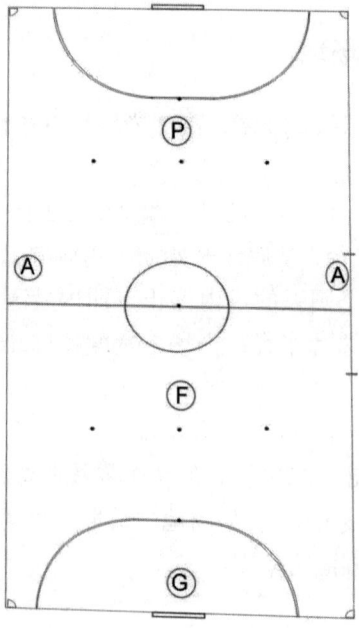

图 2-98　五人制足球中的 4V4 站位

图 2-98 中的站位说明如下。
(1) 守门员,西班牙语为"GOLEIRO",所以用大写的"G"表示。
(2) 后卫,西语为"FIXO",所以用大写的"F"表示。
(3) 边锋,西语为"ALA",所以用大写的"A"表示。
(4) 中锋,西语为"PIVO",所以用大写的"P"表示。

2. 五人制足球的阵形

(1) 3-1 阵形。

中锋在高位置,站在场地的中间,可以背对球门接球,或者拉边接球(图 2-99)。

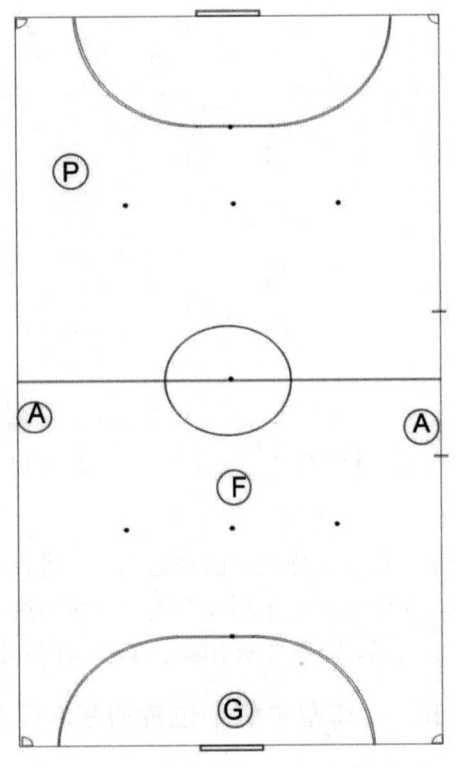

图 2-99 3-1 阵形

(2) 3-1 站位,伪中锋。

所谓伪中锋,就是中锋在高位置先行拉边,让出位置,让边锋和后卫传球后插上(图 2-100)。

（3）2-2 站位。

前锋线由两名球员组成，防守线也由两名球员组成。进攻和防守比较平衡，是初学者和儿童喜欢采用的阵形。同时，这个阵形也是在大轮转进攻移动时的过渡阵形（图 2-101）。

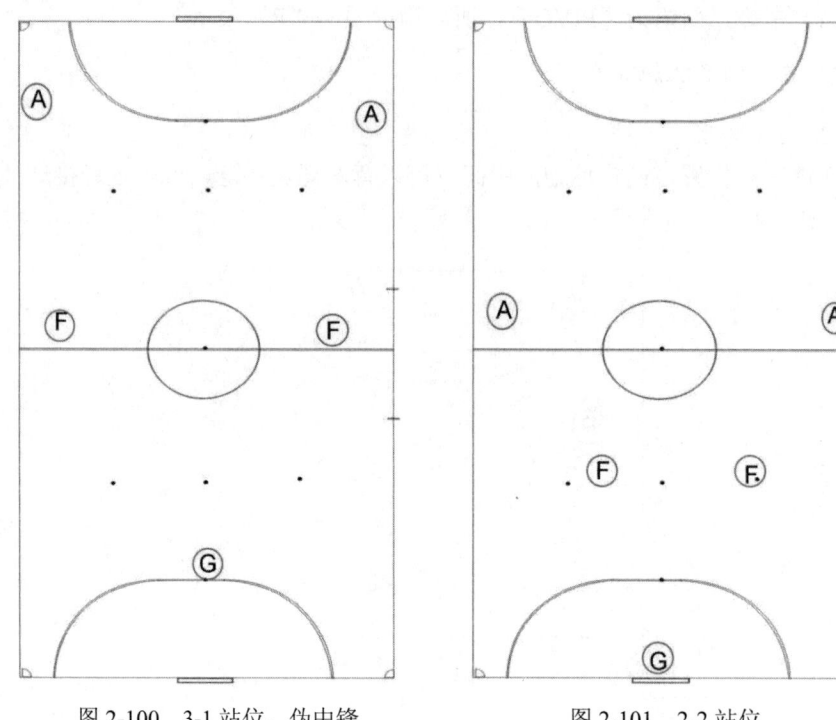

图 2-100　3-1 站位，伪中锋　　　　图 2-101　2-2 站位

（4）4-0 阵形。

由于五人制足球中人盯人防守战术的普遍采用，进攻方在进攻移动时为了拉平防守方的防守线，近年来喜欢采用 4 个人一条线的进攻移动方法。这种阵形在对付人盯人防守时有效，但不是一个防守阵形，容易被对手打反击到身后。

四、五人制足球 3-1 阵形中每个位置的基本任务

1. 中锋的基本进攻任务

（1）背对对方球门，接同伴传球后，利用中锋转身技术转身射门（图 2-102）。

（2）背对对方球门，接同伴传球后，利用中锋分球技术，分球给插上的同伴射门（图 2-103）。

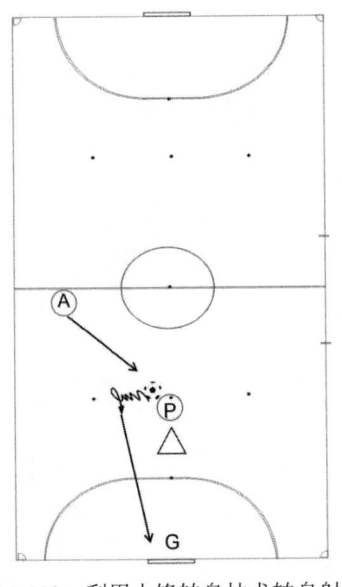 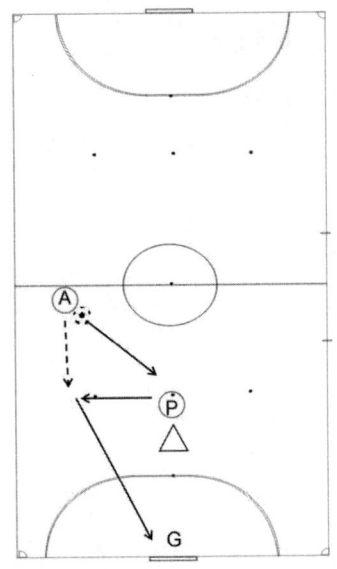

图 2-102　利用中锋转身技术转身射门　　图 2-103　分球给插上的同伴射门

2. 中锋的基本防守任务

（1）实施前场的高位逼抢（图 2-104）。

（2）对有球队员的防守时，要守好内线（图 2-105）。

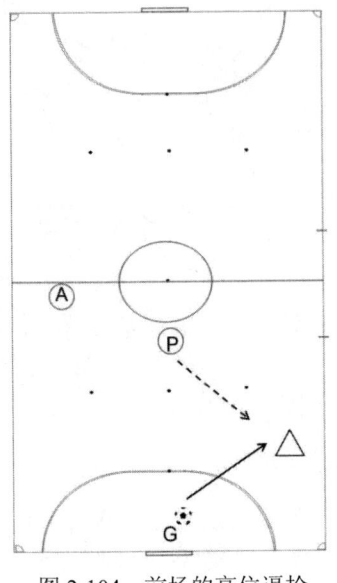 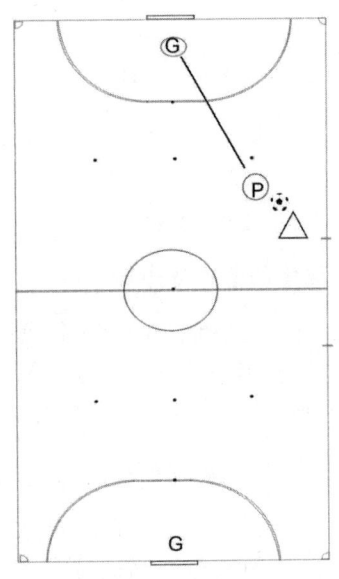

图 2-104　前场的高位逼抢　　　　　图 2-105　对有球队员的防守

3. 边锋的基本进攻任务

（1）从边路突破过人，然后射门。边锋在边路主要的任务就是利用边线强突外线或内线然后射门（2-106）。

（2）包抄后门柱，接横传球攻门（图 2-107）。

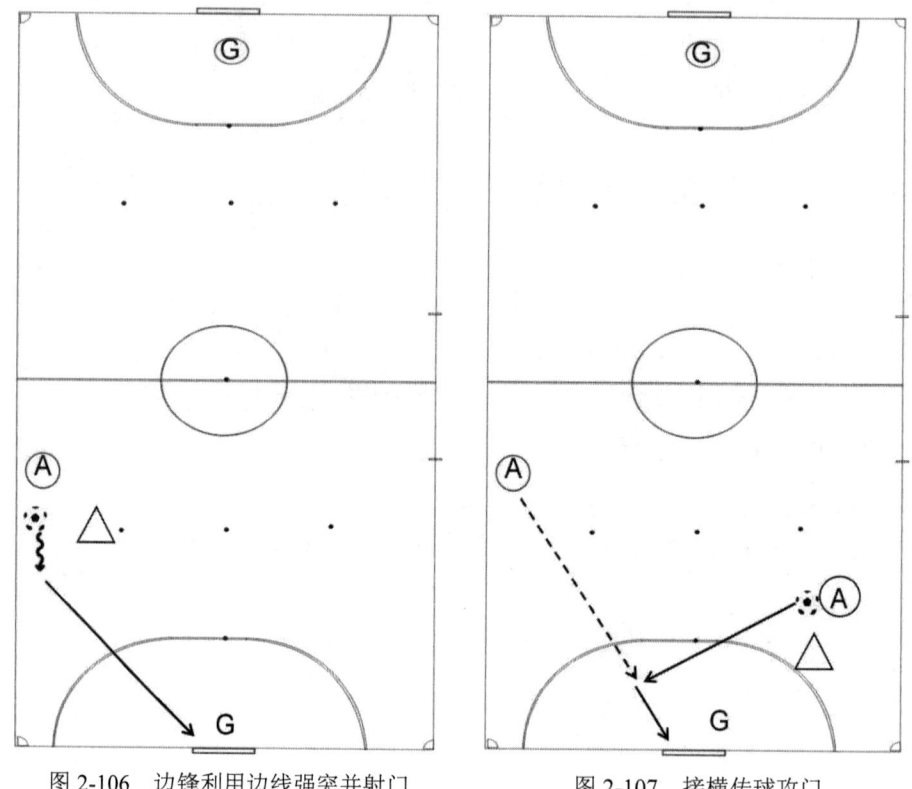

图 2-106　边锋利用边线强突并射门　　图 2-107　接横传球攻门

4. 边锋的基本防守任务

（1）在高位置配合中锋进行紧逼。要掌握紧逼的时机和紧逼的动作，尤其是在高位置时紧逼的身体角度（图 2-108）。

（2）被对手反击时，要回防，做好补位（图 2-109）。

5. 后卫的基本防守任务

（1）绕前防守。后卫在防守对方中锋时，最重要的技术（图 2-110）。

（2）保护和补位。当被对手断球后，本方处于人数不利的情况下，后卫要冷静处理，避免猛扑，做好保护，及时选择补位断球或者时延缓（2-111）。

第二章 小场地足球技术和技能

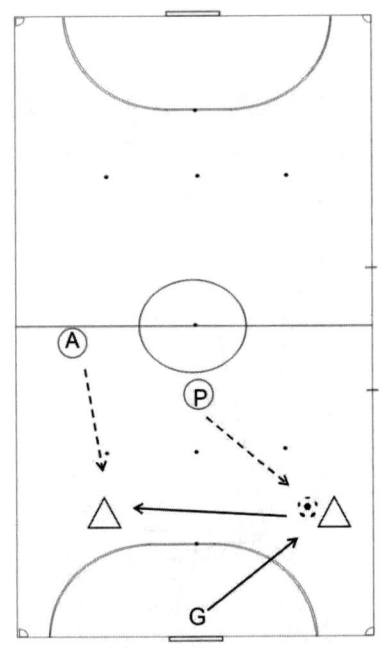

图 2-108　在高位置配合中锋进行紧逼　　图 2-109　回防及做好补位

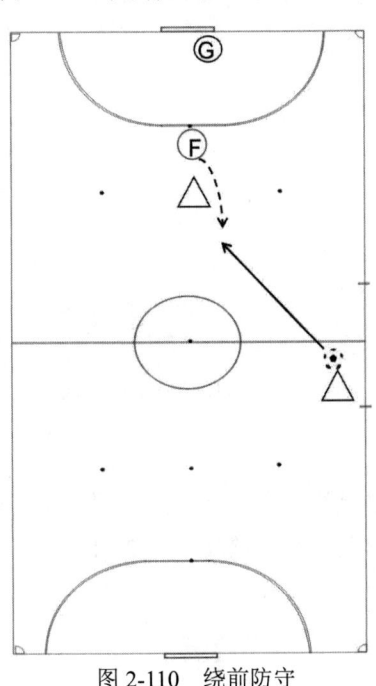
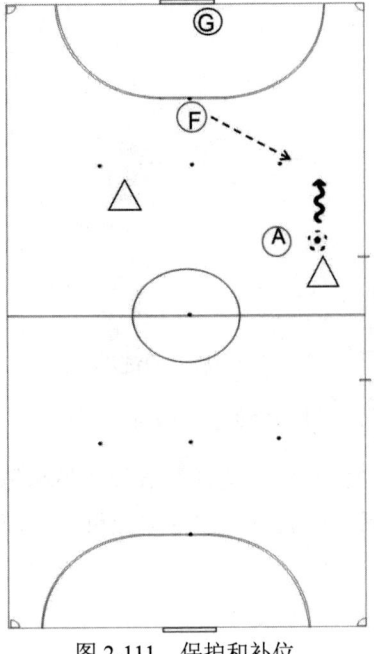

图 2-110　绕前防守　　图 2-111　保护和补位

6. 后卫的基本进攻任务

（1）后卫是既是防守的最后一线，也是进攻的发起者。因此，后卫的人选非常重要，既需要有决策能力，又要有领导力，是比赛的指挥者（图 2-112）。

（2）后卫在越过了中线以后，也有直接得分的能力，不论是远射，还是在轮转进攻中都要具有得分的能力（2-113）。

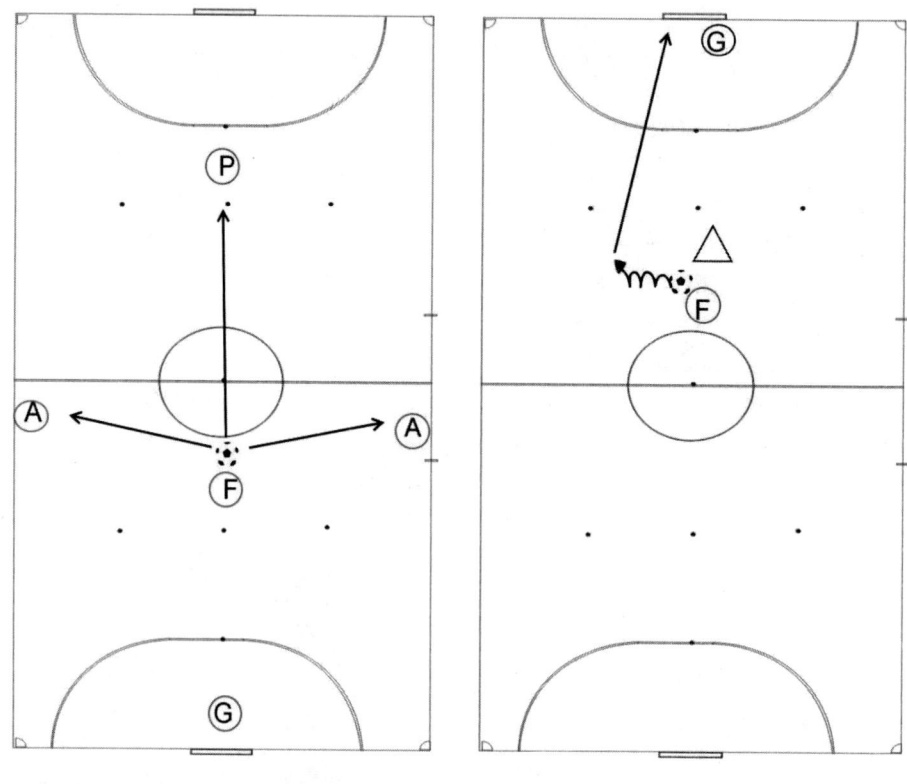

图 2-112　后卫的进攻任务　　　　图 2-113　后卫过中线

7. 守门员的基本防守任务

（1）守门员是否跑出禁区踢球是根据自己的技术风格决定。同时也要根据自己球队的特性，约定守门员是否需要守门员出禁区踢球（图 2-114）。

（2）用身体挡住近距离的射门。发声呼唤同伴的同时，要在球与球门连续上移动，缩短路线和角度，用身体挡住射门的球。高大强壮的守门员尤其能够给对手带来压力（图2-115）。

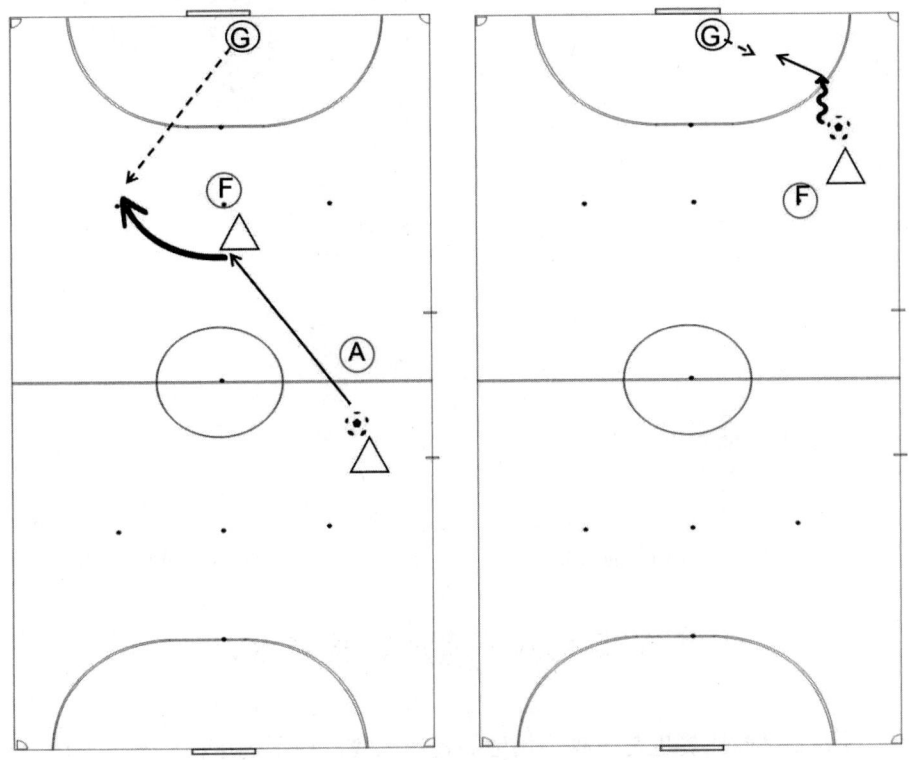

图2-114　守门员的基本防守任务　　图2-115　守门员用身体挡住近距离的射门

8. 守门员的长传和进攻

（1）守门员准确的长传能力，可以创造简单的进攻机会，也是破解对手高位紧逼的方法之一。守门员需要准确的长距离手抛球和脚踢球能力（图2-116）。

（2）在使用5-0战术时，守门员需要与其他球员一起参与进攻。当然进攻时也可以换下守门员，用其他球员代替，当对手进攻时，守门员要迅速换上。但如果守门员脚下技术很好，也可以上去（2-117）。

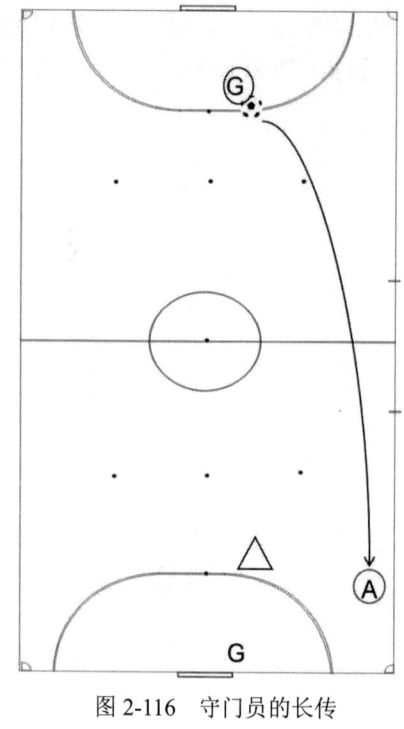
图 2-116 守门员的长传

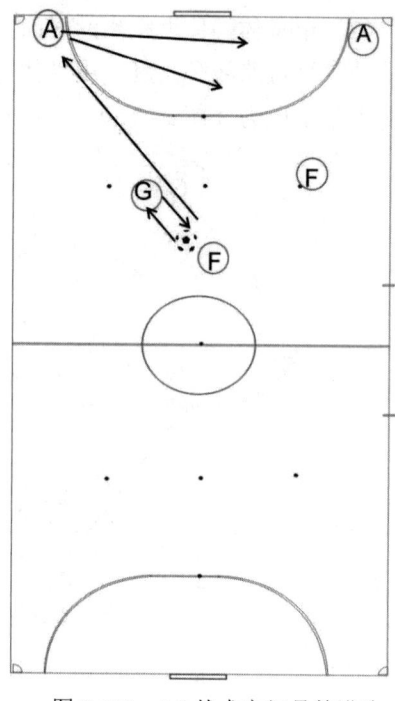
图 2-117 5-0 战术守门员的进攻

第八节 小场地足球技能 8V8

八人制足球比赛也是一种小场地的足球比赛，只不过这种比赛更加接近于十一人制的大足球比赛。所以这种减少人数的比赛成了一种常用的训练办法。当然，八人制的比赛通常在十一人制比赛场地的一半区域内进行。八人制赛事中普遍采用的战术就是利用边路，而另外一边的防守必然要出现漏洞，利用转移或者找中锋，就能够取得战术上的成功。

由于场上队员人数较少，所以每个人担当的职责都很重要，三条线的球员也会像五人制足球里那样，存在轮转，后卫球员可能在进攻时运用中场球员的技术，前场球员也需要掌握防守能力。中场球员必须可以像前锋那样进攻，也必须像后卫那样防守。因此，八人制足球中，每个球员必须同时体验多种职责。

一、场地尺寸

八人制的场地与以往七人制的场地类似，最长 75 米，最短 45 米；宽度最长 56 米，最短 28 米。普遍采用 68 m×50 m，一般约为十一人制足球的一半。八人制足球的场地不是一成不变的，可以在这个尺寸的基础上进行修改。场地内有禁区，有中线和中圈（图 2-118）。在日本，八人制场地内还设立了换人区域，以中线为中心，6 米宽的区域为换人区。球门一般采用 6 m×2.15 m。如果没有条件，可以并排放两个五人制足球的球门。

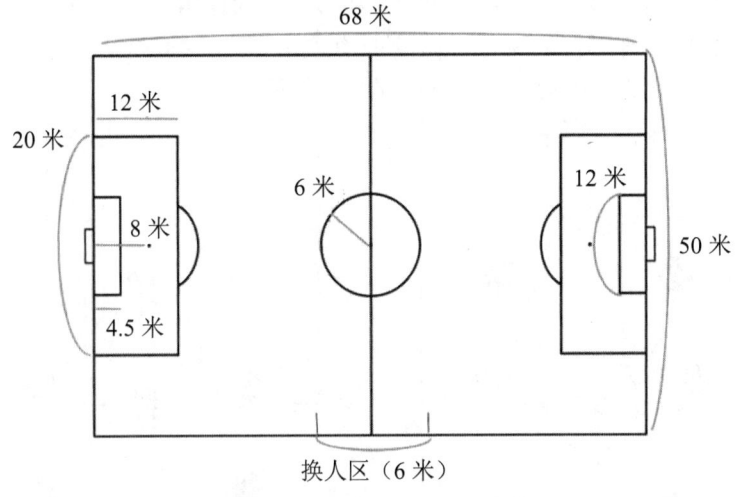

图 2-118　八人制足球场地

这个场地的特点在于用一个十一人制场地可以划分出两块八人制场地，两边可以同时比赛。当然在划场地时要考虑安全因素，两块场地之间要留出缓冲区，以免相互干扰。不要过分拘泥于场地的精确，可以根据实际情况，具体问题具体分析；尽量模仿十一人制足球场地的划线，包括禁区线、中线、球门区、罚球弧等；球门也可以灵活解决，没有现成球门也可以用其他代替。

比赛可以分为上下半场，每半场可以是 20 分钟也可以略微增加几分钟，上下半场之间休息时间为 5 分钟，之后交换场地继续比赛。也可以采用三个半场的比赛制度，第三个半场中途也可以交换场地。点球决战时，两队分别派出 3 人射门。八人制相对于五人制足球来说，会有更多的球员同时参加比赛，这是这项八人制足球的一个主要作用，要根据这个作用来组织赛事。

二、八人制足球常用的阵形

八人制足球常用的几种阵形如下。

（1）2-3-2 阵形。

这个阵形（图 2-119）发挥了小场地足球的最大特点——1V1。整个场地每个位置都有球员，可以让球员明确自己的职责。这种阵形非常重视球员的个人能力，要注意防守时容易在局部被突破。

（2）3-3-1 阵形

如果在这个阵形的三条线（图 2-120）上各增加一名球员，就成了十一人足球的 4-4-2 阵形，所以这个阵形是最接近十一人制足球的阵形。这个阵形也被很多球队采用，可以充分发挥边后卫和边前卫的作用，边前卫也可以转变成为边锋，使整个阵形打成 3-1-3，非常具有攻击能力。同时，由于防守有 3 人，增加了防守的能力，同时还有后腰球员作为屏障。

图 2-119 2-3-2 阵形　　　　　　　图 2-120 3-3-1 阵形

（3）3-2-2 阵形。

这个阵形类似于 4-3-3 阵形，保持两名后腰球员作为防守屏障的同时，边后卫可以打成边前卫和边前锋。这个阵形非常适合进行高位逼抢，是一种全攻全守的比赛阵形，非常需要体力的支撑。

（4）2-4-1 阵形。

这个阵形（图 2-122）也是在考虑前几个阵形的优缺点以后，特别是在 3-2-2 阵形的进攻优势和防守劣势都很突出的情况下，利用两名后腰球员和两名后卫形成的坚固中后场，非常有利于控制球。如果球队有着良好的控球能力，这个阵形将会大大提高球员个人的传接球和突破能力。反之，就有可能会打折扣，导致后卫身后容易被长传球打穿。

图 2-121　3-2-2 阵形　　　　　　图 2-122　2-4-1 阵形

三、八人制足球的特点

八人制足球的特点有如下几种。

（1）八人制足球是最接近于十一人制足球的小场地足球。可以看成是向十一人制足球的过渡，减少人数减小场地成了一种大家都喜欢的训练方式。由于场地相对较大，有大量可以利用的空间，从而给予每个队较多的触球机会，所以好的球队在这样的情况下会在确保控球的情况下展开进攻，如果球员有一定的小组战术，就可以提高控球的成功率，也就提高了球员的自信心。

由于人数较少，每个人担当的职责也会重叠，后卫在进攻时也要具备中场甚至前锋队员的能力和技术。由于有高位逼抢，也要培养前场的防守能力。中场球员既要有协调球队整体平衡的能力，又需要进攻和防守的能力，所以要求所有球员在任何位置都可以展现才华，因此，八人制足球锻炼了球员多种位置的技术和能力。

（2）八人制足球中人数相对十一人制足球少，所以提高了每个球员的触球次数。比赛时 1V1 的情况相对多，对于球员的个人决策能力也是一种锻炼和培养。由于场地空间行对于其他小场地足球要大，能增加进攻中的流畅度，突破 2~3 人的后卫线以后就有射门机会，大大提高了比赛的乐趣，增进了球员的积极性，使小场地足球更加接近于真实的足球比赛。由于攻防转换较快，也能培养球员在转换中的责任感，催生了球员在行动中的质量，使球员产生一种自我发现和自我改善的意识。

（3）在八人制足球中，球员不但要会在不同位置上比赛，也要学会在不同阵形中的职责和任务。虽然我们介绍了八人制足球四种基本的阵形，但是在实际比赛中，这四种阵形是在相互转换和改变的，同时也会有新的阵形涌现，所以要具有挑战精神，根据本队的实际情况不断完善和创新。

（4）八人制仍然属于小场地足球，而小场地足球的特性就是比赛节奏非常快。对有球队员积极施压是掌握比赛主动权的关键。1V1防守时掌握好紧逼时机和距离，就能在高位置成功抢到球。当然，抢到球后完全靠自己的能力突破对手也是很困难的事情，这就需要球队由守转攻。因此，八人制足球比赛中攻防转换的能力是训练的重点。不论采用什么阵形，都需要集体的行动，不要只让前场的人参与对球的抢截，而是所有球员都要盯住身边的对手，消除对方的传球路线。

因此，八人制足球非常强调对有球队员的紧逼，快速的攻防转换，有效的反击和整体的行为。

（5）八人制足球比赛不可避免会遭遇对手的紧逼，因此，个人突破的技能非常重要。成功的过人可以在瞬间形成人数优势，从而获得传球机会和得分机会。追求球员个人突破能力也在这个比赛中显得非常重要。同时，由于场地较小，通过2~3人的短传配合，就有可能获得射门机会。能够正确地无球跑动，是短传成功的基础，准确打对手的身后是短传的目的。

第三章　小场地足球战术

第一节　集体防守

一、防守的总原则

在比赛中,一旦本方丢球,就应立刻转入防守战术。防守战术的目的就是要重新获得控球权。但在获得控球权之前的首要任务就是尽量减少对方进攻的威胁,也就是缩短和减少对手实施进攻战术的时间和空间。小场地足球要求队员具有分析问题的技能、创造性的思维和不断调整决策的能力,要获得这样的能力,必须掌握一系列基本原则。首先就要掌握防守的总原则,通过总原则才能理解和学会小场地足球防守上众多人、小组和集体的战术,如紧逼、纵深保护、延缓等。

1. 紧逼

紧逼就是对有球队员的贴身逼抢。小场地足球要提倡对有球队员实施紧逼,要鼓励队员多采用中前场的紧逼。这样既可以提高防守的强度,又可以使比赛更精彩。紧逼既是个人防守的战术,又是小组和集体防守的战术。从个人角度来看待紧逼,就要注意几个方面的细节:上抢的时机、上抢后的距离、贴身干扰的方法、实施抢球的动作。上抢时机是指个人紧逼开始的时间,就是通过预判传球队员开始传球的一刹那,就要快速靠近紧逼接球队员。在距离接球队员1~1.5米的地方时停住,重心降低,做好抢球的准备,同时在这个距离也能逼迫接球队员低头,而失去抬头观察的机会。停住也可以避免上抢时常见的猛扑现象,确保球不会被接球队员避过,为下一个动作做好准备。当接球队员在低头状态下准备运球离开时,紧逼队员就要利用身体贴身干扰运球队员,并在贴身的状态下实施抢球或滑铲球。

从小组和集体的角度描述紧逼,就是我们常说的关闭中场(图3-1)。所有的防守球员都要向有球的一面移动,做到对有球队员紧逼,其余球员向中轴线附近靠拢,放松对离球较远球员的防守。如果进攻方又将球传到场地另外一边,离接球队员最近的防守球员要做紧逼,其余球员再次向中轴线附近移动,这个就是所谓的弹性防守。

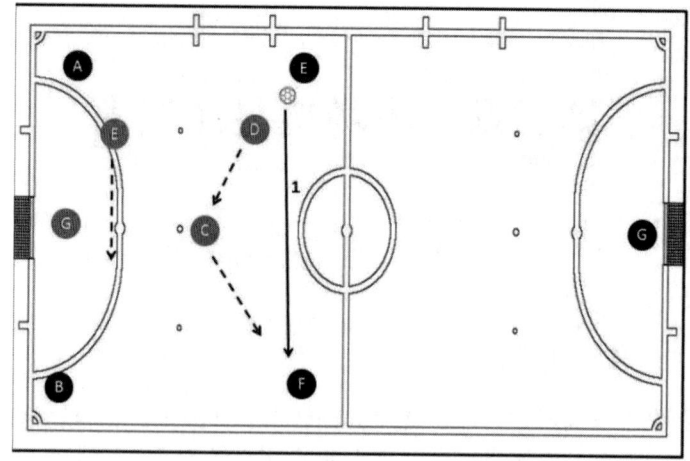

图 3-1　关闭中场

（1）个人防守技术。

练习 1V1 的防守和进攻。场地 10 m×10 m，分为 8 块，每个场地带一个小球门。时间 14 分钟，练习分为两个 5 分钟，4 分钟休息。

球员最多 16 人，每个小场地内 1 对球员做 1V1。防守方发球给进攻方，然后上前防守；进攻一次后相互交换位置（图 3-2）。练习时间与休息时间的比率为 1∶1，即 20 秒练习，20 秒休息。5 分钟练习后，4 分钟完全休息。

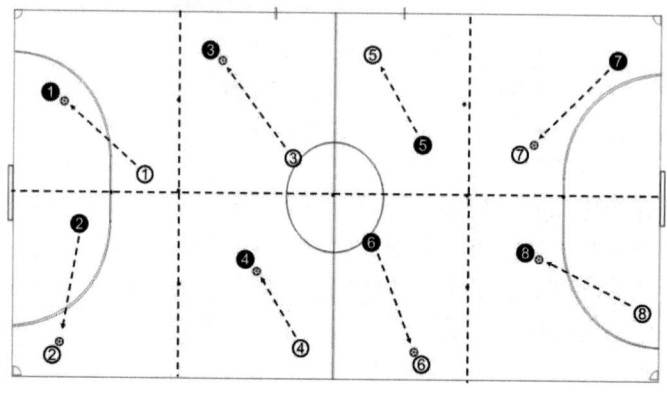

图 3-2　1V1 练习

（2）1 防 1 训练。

即 1V1 情况下的个人紧逼防守。场地 20 m×20 m，时间为每对选手 1～2 分钟。8 名场上球员，两名守门员。练习场上为一队球员，其余 6 名球员分别站在边线和底线上，接球后一脚球（图 3-3）。每队球员在场内比赛 1～2 分钟。

场内球员可以传球给在边线和底线上的任意队员。射门成功最多的球员获胜。

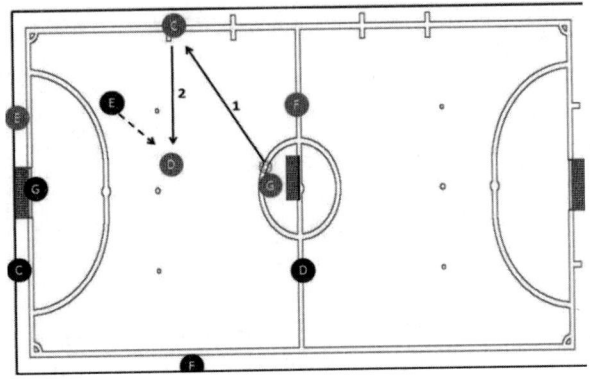

图3-3　1防1训练

在图3-4这个三防四的图例中，可以看见当进攻方E横传球给同伴F时，防守方C上前紧逼，同时，防守方D和E都同时向中轴线附近移动，将场地中间关闭住，以防止攻方斜传给远端的A。

另外，一旦丢球后，要做到人盯人快速回防，同时要向中轴线附近回防。

攻方如果丢球，对手传球后全部向前移动进攻。这时，除了离球最近的守方D向前紧逼外，其余球员都要人盯人回防。

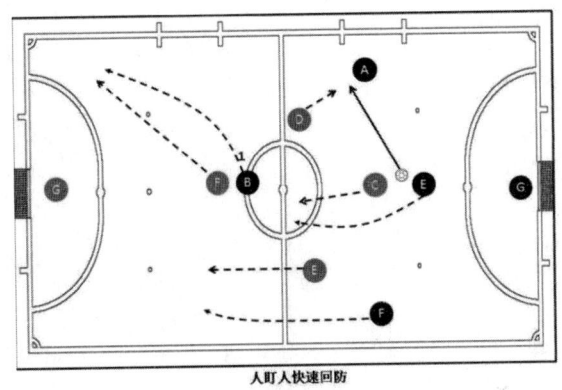

图3-4　人盯人快速回防

（3）紧逼的练习。

①练习一：半场4V4，带4个小球门，总是紧逼。

场地为半场，时间为3分钟/节，共4节。球员最少8人。半场内两队4V4，每队要防守两个球门，射门只能在由标志碟标出的线内执行；防守方必须全场紧逼；每次发球恢复比赛时，防守方要退出5米（图3-5）。变化：限制触球次数，或者要求连续多少次传球以后才能射门。

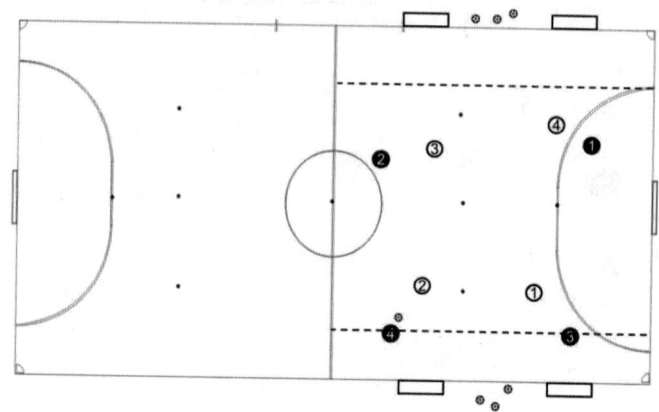

图 3-5　半场 4V4 带 4 个小球门

②练习二：半场 4V4，运球过底线得分，总是紧逼。

场地为半场，时间为 3 分钟/节，共 4 节。球员最少 8 人。半场内两队 4V4，每队都要防守自己的底线，球员能够运球过对手的底线就算得分；全场紧逼；每次发球恢复比赛时，防守方要退出 5 米（图 3-6）。变化：限制触球次数，或者要求连续多少次传球以后才能射门。

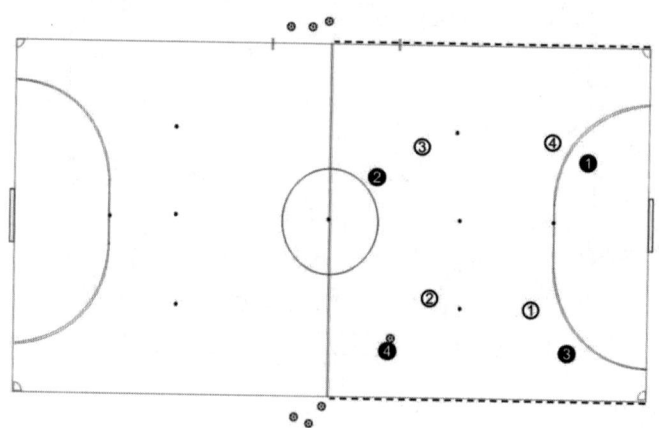

图 3-6　半场 4V4 运球过底线得分

③练习三：半场 4V4，在规定区域控球得分，总是紧逼。

场地为半场，时间为 3 分钟/节，共 4 节。球员最少 8 人。半场内两队 4V4，在规定区域内控球或者是停住球算得分，每队要防守自己的规定区域，规定区域用标志碟摆出；全场紧逼；每次发球恢复比赛时，防守方要退出 5 米（图 3-7）。变化：限制触球次数。

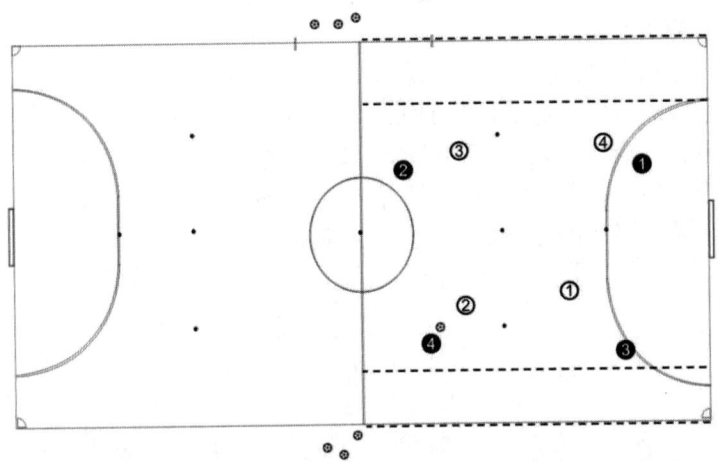

图 3-7 半场 4V4 规定区域控球得分

④练习四：半场 4V4，用球击打标志碟算得分，总是紧逼。

场地为半场，时间为 3 分钟/节，共 4 节。球员最少 8 人。半场内两队 4V4，每队防守 4 个在底线上的标志碟，球击中对方标志碟算得分；全场紧逼；每次发球恢复比赛时，防守方要退出 5 米（图 3-8）。变化：限制触球次数，或者标出能够射门的线。

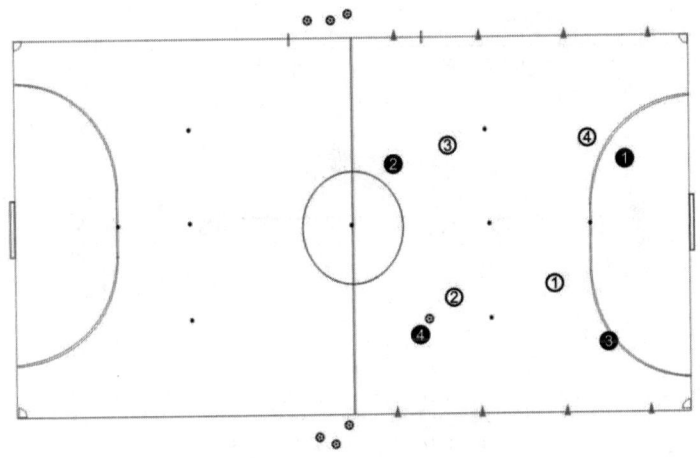

图 3-8 半场 4V4 用球击打标志碟得分

2. 纵深保护

小场地足球是所有人参与进攻，所有人参与防守的运动，因此在丢球后，所有人都要积极参与防守。

集体防守原则中最重要的一条就是退到球线后防守。球线就是以当时球在场地中与两个边线所形成的假想的连线。所有球员退到球线以后才能为防守提供纵深的保护。当然，把球传到角球区域附近除外。

如图 3-9 所示，防守方获得球后传球给了 B，这时，所有的球员都要退回以当时球位置为连线的球线后面。球线就是该点和边线的连线，与中线平行。

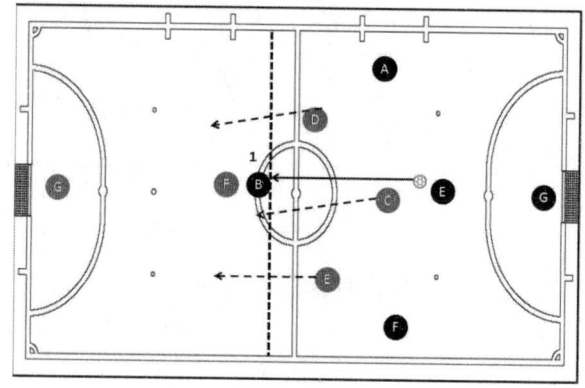

图 3-9 退回球线后

有时球被直接传给了中锋，这时需要所有球员退回球线，并同时围住中锋（图 3-10）。

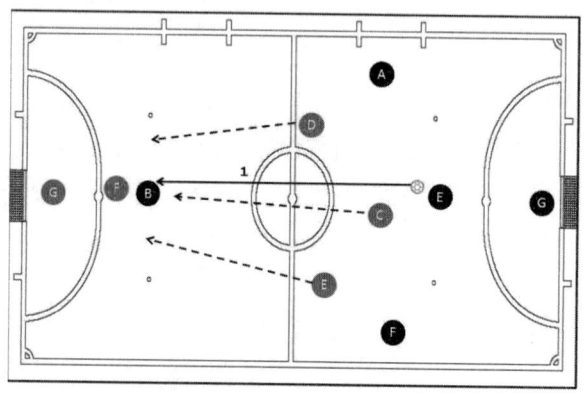

图 3-10 退回球线围中锋

防守保护也是集体防守原则之一，防守球员不要站成一条直线，而是应该形成两条或者三条防守线。当一名防守球员上前紧逼，抢占进攻球员的空间时，其他球员应该在他们的后面建立另外的防线。

如图 3-11 所示，进攻方 F 传球给 D，防守方 A 上前紧逼，防守方 B 应该退回到 A 的身后。防守方 F 也要退回到中轴线附近，建立另外一条防守线。

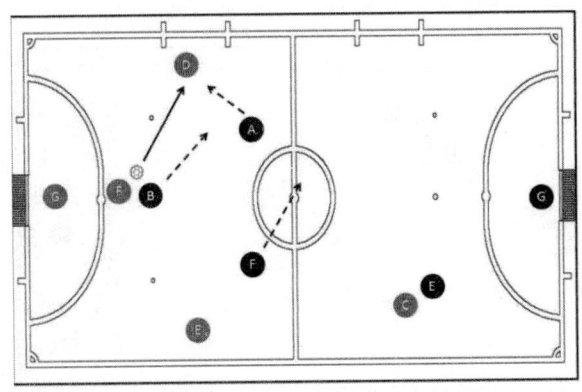

图 3-11　防守保护 1

如图 3-12 所示，如果进攻方 D 运球突破以后，在后面做保护的球员就要做防守交换。在小场地足球这个环境中，这时，需要最后一名防守球员 E 去阻止进攻方 D。同时，防守方的 A 和 B 都要退回来做接应或者是夹击。防守交换就是与队友交换具体进攻球员的防守责任，其理论基础是宁愿从正面拦截进攻方，而不是在后面追击。

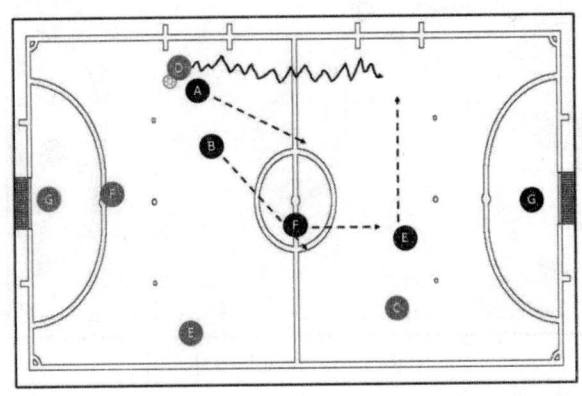

图 3-12　防守交换

3. 延缓

防守时要避免猛扑对手，尤其在人数劣势下，防守方主要的方法是延缓对手进攻的时间。延缓战术就是离对方有球队员最近的防守球员尽量拖延进攻方的组织，给自己队友创造时间来组织防守。延缓战术一般有三种：挡住球门方向、向边路驱赶、诱导。

要有效地防守，就要把自己永远放在进攻方和球门之间。始终占据对手和球门之间的假想线，挡住对手观察球门的视线（图3-13）。

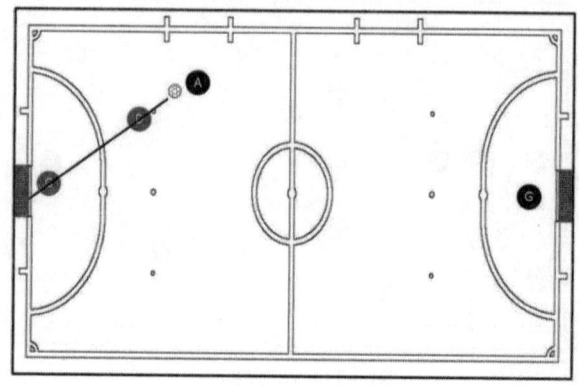

图3-13　挡住球门方向

要迫使对手向外侧移动，尤其在本方半场的时候，把边路的空间留给对手，把对手向边路和底线驱赶。要避免对手有机会进行横向传球，或者是让对手进行横向运球，减少对手的射门机会（图3-14）。

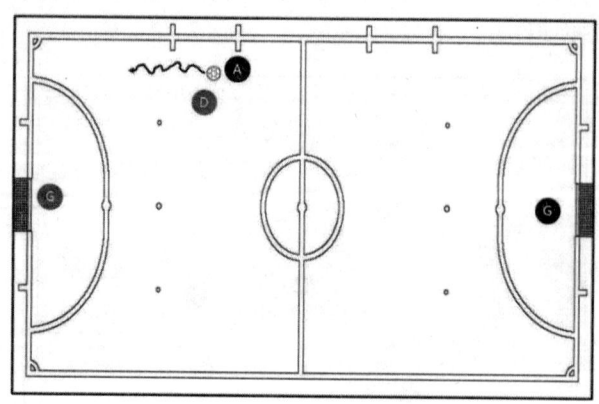

图3-14　向边路驱赶

在人数劣势下进行1防2时，千万不要猛扑对手。给对手有空间向前运球跑，然后等待队友快速回防组织防守。如图3-15所示，如果防守方D想对A实施逼抢，A可以很容易地横传给B。此时防守方D就要对有球方A实施诱导，让其不能横传，而是运球跑向守门员射门，即将1防2转化成为2防2。

第三章 小场地足球战术

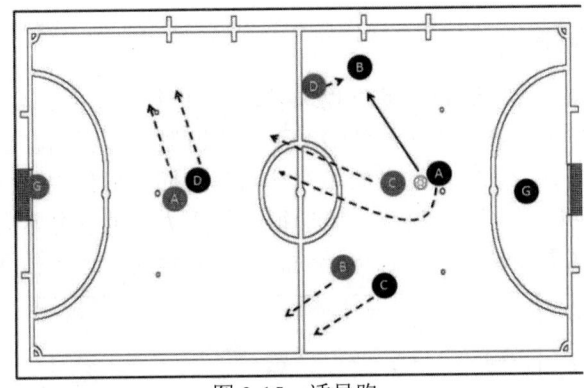

图 3-15 诱导跑

二、防守的体系

人盯人紧逼防守是小场地足球主要的防守体系。小场地足球中，只有在防守方处于人数劣势情况下和防守定位球时，在对方还没有动球前，会采用区域防守站位，其余绝大部分时间都采用人盯人紧逼防守。也就是每名防守球员都要盯一名进攻球员，无论进攻球员如何移动，都要做到盯人，最好能做到人球兼顾。在特殊情况下，可以只盯好人。小场地足球比赛中，即使采用区域盯人时，每名队员也都要盯人，为下一步的人盯人紧逼做好准备。人盯人紧逼就是对手一旦犯错误，就有机会使对手很快丢球。

如果进攻方丢球，攻方其余队员马上就要转换成为人盯人紧逼，就是对离他最近的对手进行盯人紧逼，同时还要关闭空间，防止对手快速深入地渗透。人盯人需要不停地移动、观察以及预判，需要强有力的体能和坚强的意志力。所以，人盯人紧逼防守需要天天练习。目前世界上顶尖的球队都在采用这样的防守体系。

人盯人紧逼防守体系在防守 4-0 进攻体系时，要留意自己队伍的身后空当。当进攻方有意拉平进攻阵线时，防守方要注意自己的纵深有可能被对手利用。因此，现代一些球队开始把人盯人紧逼防守和其他防守方式结合在一起，产生了一些更新、更有效的防守方式。

现代防守体系可以分为下面几种形式。

（1）全场紧逼防守。

（2）对有球队员紧逼防守。

（3）半场紧逼防守。

（4）混合式防守。

（5）人数劣势下的防守。

1. 全场紧逼防守

每个防守球员都要盯自己的进攻球员,无论他往哪里跑都要盯紧(图3-16)。最理想的情况是人球兼顾,在特殊情况下务必盯紧人。目前在巴西职业小场地足球联赛中仍然有球队坚持这样的防守体系。我们提倡使用这样的防守体系,因为坚持这样的防守,会给进攻方施加很大的压力,能够非常有效地提高比赛的强度,使比赛更加精彩,也有利于提高球员在紧逼下运用技战术的能力。

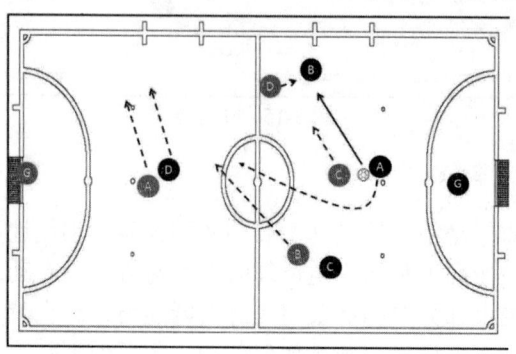

图3-16 全场紧逼

全场人盯人紧逼防守的另外一种形式,就是换人防守。如图3-17所示,当进攻方A传球移动后,如果防守方C用余光看见右侧仍有进攻球员存在,他可以不管A的移动,而是断住B传球给C的线路,和守方D夹击B。这种换人防守是近年来西班牙队发明的,既可以坚持人盯人紧逼,保持紧逼强度,也可以节省体力。但这需要两名球员默契的配合,通常情况是前方的球员用余光观察到侧面仍有进攻球员,同时后面的球员通过声音告诉他进行交换。如果前面的球员用余光没有看见侧面还有进攻球员,同时没有听到后面的指令,那他最好的决定就人盯人跟跑。

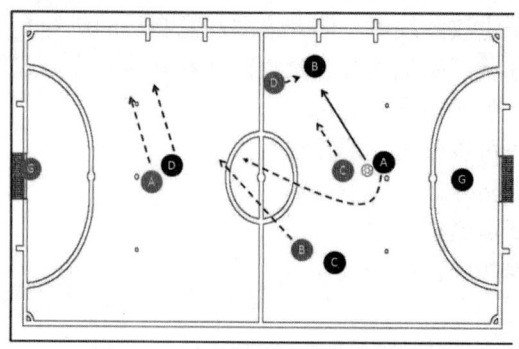

图3-17 全场紧逼(换人防守)

2. 对有球队员紧逼防守

对有球队员紧逼防守是最常用的方法。对有球队员及时地紧逼，会让他在紧逼下低头，造成由于观察不好而出现错误。这个动作的同时，要至少一位同伴做防守保护。这里的紧逼要预判好上抢时机，上抢停住的距离以及贴身干扰的时机和动作（图3-18）。

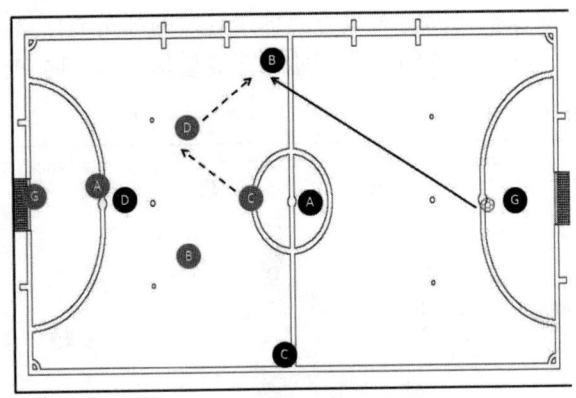

图 3-18 紧逼有球队员

3. 半场紧逼防守

如图3-19所示，防守球员在自己的半场组织防守，等待有球队员抵达中线。在中线开始人盯人紧逼，防守纵深球员A要十分注意进攻方插入身后的球员中，在这里有可能是D或者是C。要做到在自己的防守区域，绝不能给攻方轻松接球的机会，而且要做到坚持在本方半场紧逼，不能被攻方调动出了自己的防守半场。在这个防守体系里，耐心尤为重要。

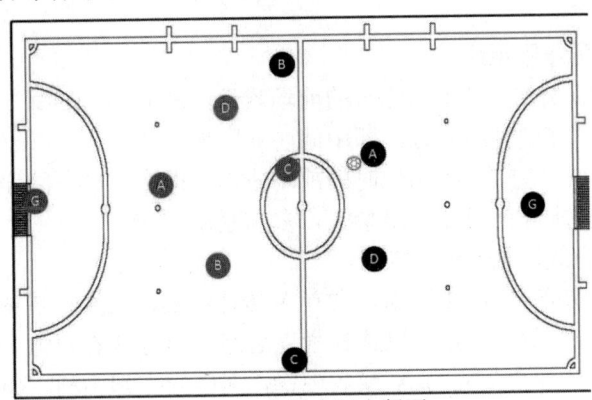

图 3-19 半场人盯人紧逼

4. 混合式防守

顾名思义，混合式防守就是结合了人盯人防守和区域防守的一种防守方式（图 3-20）。这里有两种应用的方式。第一种，防守方采用完全的区域防守，而让一名防守球员完全对攻方最有威胁的球员进行人盯人防守，这个方式目前使用得较少。第二种方式，防守采用人盯人紧逼，结合对有球队员紧逼的方法，关闭中场做好防守保护，同时对攻方离球最远端的球员放松紧逼，而是收缩到中轴线附近防守，使自己的防守区域始终形成菱形。这个防守体系目前使用得较多，因为结合了防守的多项原则。

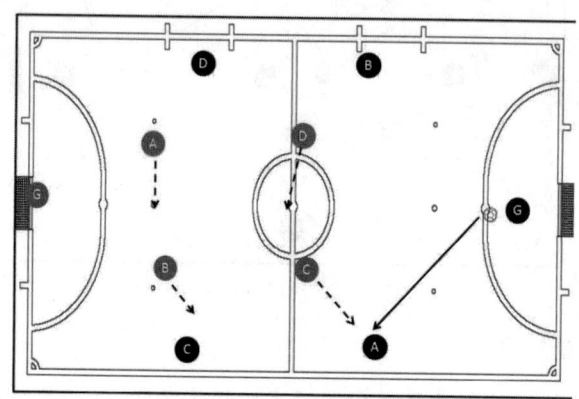

图 3-20 混合防守（紧逼和区域结合）

下面的例子是在葡萄牙国家队实战中紧逼防守时出现的情景，可以展示防守方的防守策略和站位。例子中，防守方采用了中前场人盯人紧逼，这是我们推荐的防守体系。当攻方使用几种常用的进攻方法后，我们可以学习防守方的紧逼策略。

（1）紧逼防守假想线。

图 3-21 是防守方 1-2-1 站位时的前场紧逼，虚线是防守线，有三层防守线。防守球员都集中在中轴线附近，即中间防守区域。

图 3-22 为防守方 2-1-1 站位时的前场紧逼，即在第一条防守线上有两名紧逼球员。这时要求守门员要站出禁区，参与紧逼防守。

（2）要边直线球的紧逼防守 1。

图 3-23 为防守方 1-2-1 紧逼，攻方 A 传球给 D，准备要 D 的边直线球。防守方 B 上前紧逼。这时，B 可以选择紧逼边路，因为 B 在对方半场做紧逼，如果 D 突破或者传球给接应的 A 或者中锋，对防守方都不利。如果这时守方 B 在自己半场，就要封中路，正好和在前场紧逼时候相反。

第三章 小场地足球战术

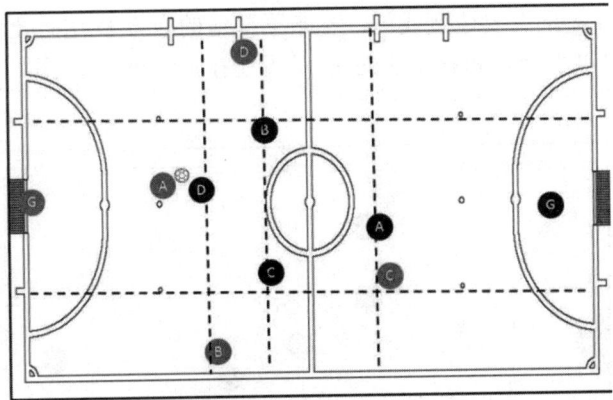

图 3-21 防守方 1-2-1 站位时的前场紧逼

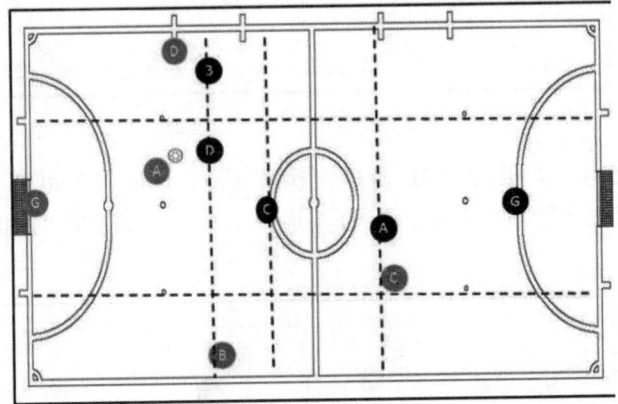

图 3-22 防守 2-1-1 站位时的前场紧逼

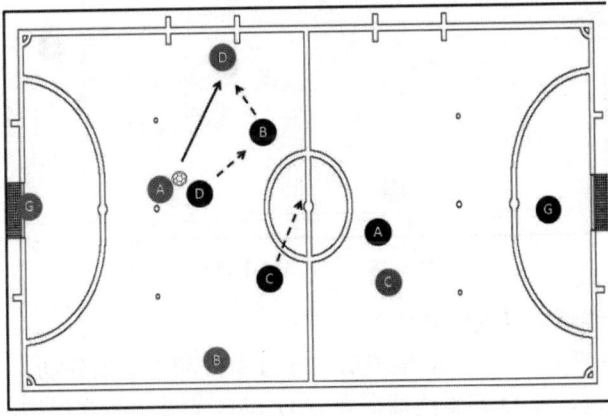

图 3-23 防守 1-2-1 紧逼 1

• 97 •

图 3-24 为 A 插上要边直线球，本来紧逼他的守方 D 这时要和 C 做一个防守交换。D 可以用余光观察左侧的 B 是否还在，也可以听后面 C 的指令，进行交换。

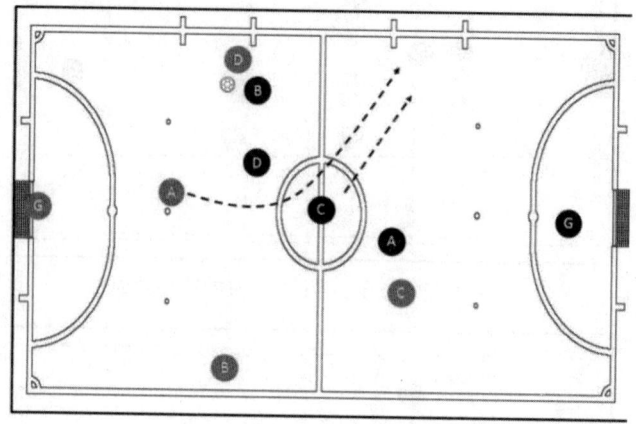

图 3-24 防守 1-2-1 紧逼 2

如图 3-25 所示，防守方 D 和 C 交换防守后，D 的位置距离攻方 B 较远，要调整到能够关闭中场的位置。但 D 不能离 B 太近，和自己的同伴距离超过 8 米就不适合。

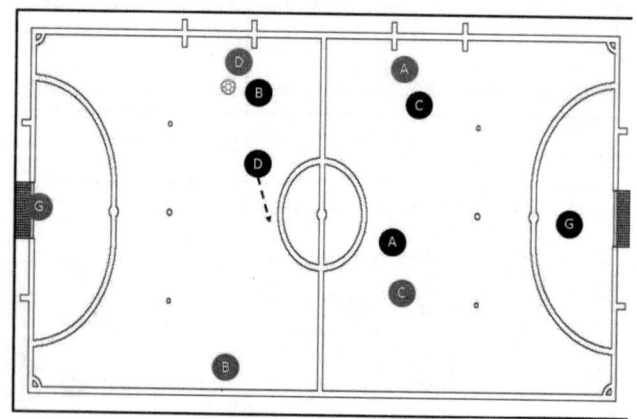

图 3-25 防守 1-2-1 紧逼 3

（3）要斜线球的紧逼防守。

如图 3-26 所示，攻方 A 传球后，守方做关闭中场地移动，A 这时可以斜向跑向场地右侧，要 D 的斜线球。守方 D 和 C 都做了防守保护，关闭了中场。

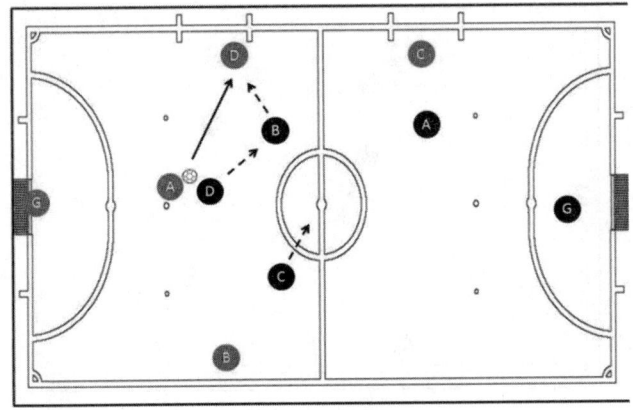

图 3-26 要斜线球的紧逼防守 1

如图 3-27 所示,攻方 A 插上后要斜线球,守方 D 和 C 做防守交换,D 同样使用余光观察左面的 B,如果左面的 B 不在 D 的视线,D 应该毫不犹豫地人盯人 A,如果 B 没有移动,而听见 C 的指令后,可以与 C 做防守交换。

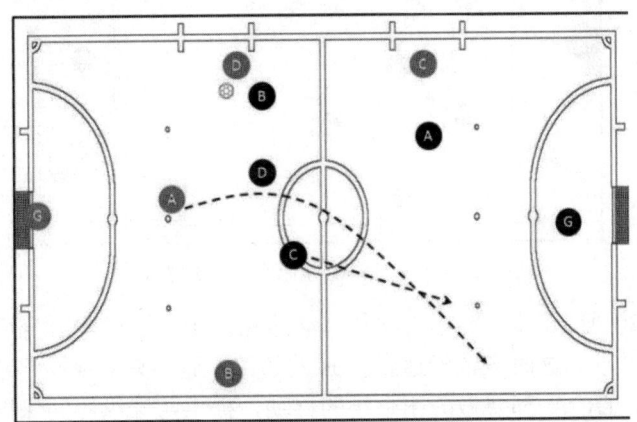

图 3-27 要斜线球的紧逼防守 2

同样,做了防守交换后,若 D 离攻方 B 的距离较远,要调整自己的位置,做好关闭中场的动作,但不能离同伴 B 太远,不要超过 8 米(图 3-28)。

(4)对 4-0 阵形的前场紧逼防守。

4-0 阵形是对付人盯人最好的进攻策略。防守方的防线一旦被拉平,很容易在守方的身后获得空当。因此,在防守上一定要留意防守的纵深。如图 3-29 所示,攻方 C 传球给 A,守方的 D 和 A 都需要同时做关闭中场的保护,尤其是守方 A,因为他的盯人对象离球较远,所以他应该防守盯人,提供防守纵深。

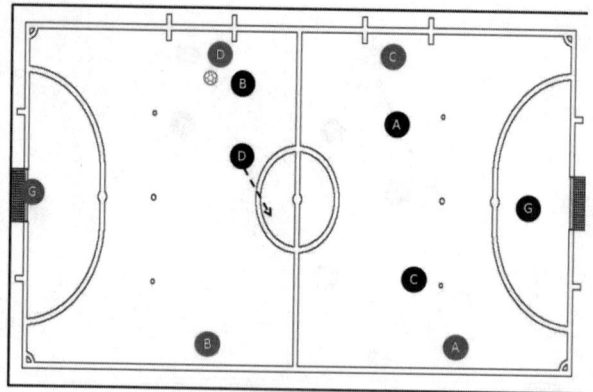

图 3-28 要斜线球的紧逼防守 3

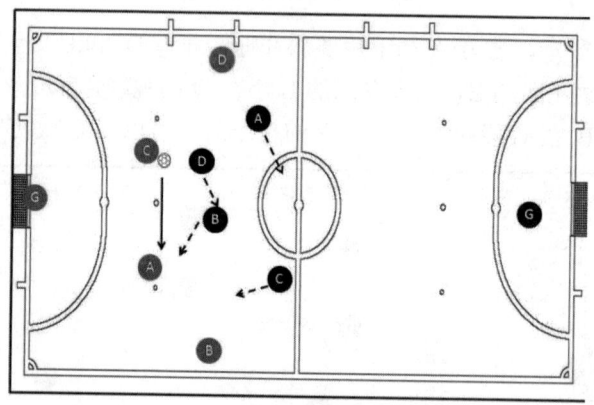

图 3-29 对 4-0 的前场紧逼防守 1

如图 3-30 所示，攻方 A 再次传球给边路的 B，这时守方身后被打的威胁变得最大。守方 C 这时应该紧逼封住 B 的边路，逼他只能横向移动或传球，此时，守方 B，D，A 都要做关闭中场的移动，提供防守纵深的保护，因为此时已经为攻方其余三名球员提供了很大的插上空间。

（5）前场紧逼时的防守交换。

有时防守方为了保持前场的紧逼，会让最前面的球员一直紧逼抢球，这时也需要交换防守。如图 3-31 所示，攻方 B 传球后向前快速移动，而守方为了保持压力，紧逼 A，否则 A 接球后就可以释放紧逼的压力。这时守方 C 可以指令 B 继续紧逼，做防守交换。

（6）对 10 米点球的防守。

据观察，目前国内对 10 米点球的防守过于松懈，认为那是守门员的职责，而忽略了场上队员的防守意识。在点球发出的那一瞬间，如图 3-32 所示，D 和

B（灰色）要挡住攻方球员 A 和 B（黑色），守方 D 和 C（黑色）要到禁区内形成保护。

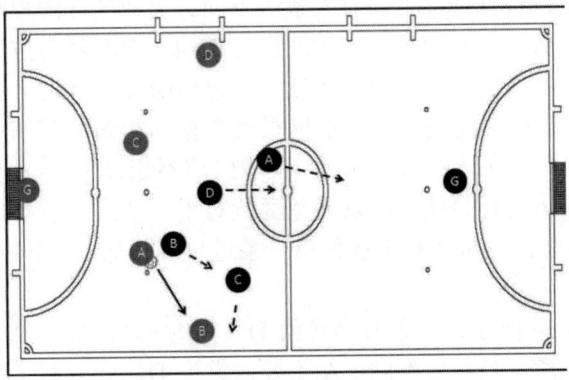

图 3-30　对 4-0 的前场紧逼防守 2

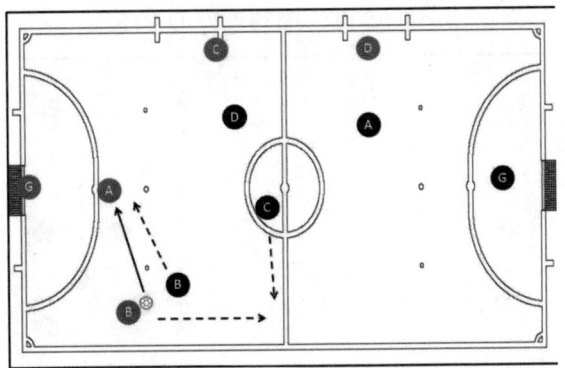

图 3-31　前场紧逼时的防守交换

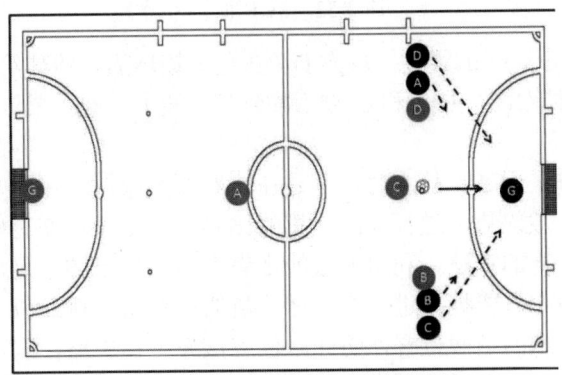

图 3-32　对 10 米点球的防守

5. 人数劣势下的防守

小场地足球在特殊情况下会有人数的不同。类似冰球的规则，当场上 1 名队员被罚出场以后，会有两分钟的时间进行 3V4。有时候对方为了追平比分或者是为了拖延比赛时间，会采用 5-0 战术，迫使防守方 4V5。因此，在训练中必须针对这些情况反复练习，让所有队员都掌握以少防多的基本技术。通常情况下，这类防守都是在球门前面区域，在球门前不超过 10 米的位置，进行区域防守，对接球队员进行封挡。注意避免猛抢对手，要具有耐心，虽然处于被动防守状况，但要坚持尽量让对手在其第一条进攻线传球，而不能轻易传渗透球。

（1）3V4。

3V4 如图 3-33 所示，攻方 B 传球给 D（灰色），防守方 A（黑色）移动封挡 D，这里要注意，与紧逼不同，A 不要太靠近 D。守方 C（黑色）移动为 A（黑色）提供防守保护，同时，守方 D（黑色）也要向中路移动，确保自己不要离攻方 C（灰色）太远，这样 C 可以接到攻方 D 的传球。

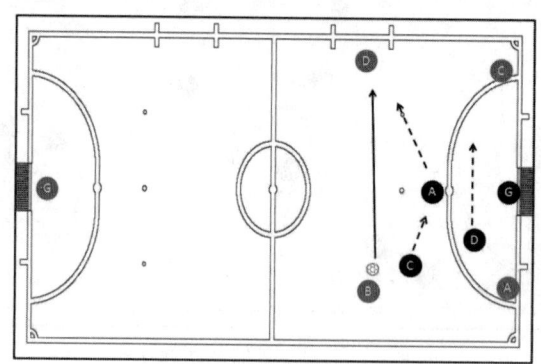

图 3-33　3V4 第一步

图 3-34 是图 3-33 的继续。攻方 D（灰色）接球后，传球给 C，这时，守方 D（黑色）要封挡 C，守方 A 和 C 要后撤到禁区线上，做区域防守。

（2）4V5。

通常进攻方采用 5-0 战术时，都是在比赛要结束时，用进攻球员替代守门员，形成整场人数优势，进行孤注一掷的比赛。但是，现在有些球队在开场以后不久也采用这样的打法，利用人数的优势来弥补自己的不足，当然这个战术是把双刃剑。防守方要根据进攻方有球队员的位置来安排站位，如果攻方有球队员常常处于场地的中间位置，防守站位应该集中在中路，采用 1-2-1 的菱形站位，而进攻方的有球队员常常位于场地边路，防守站位就既要保护边路，又要保护中路，采用 2-2 方形站位。

第三章 小场地足球战术

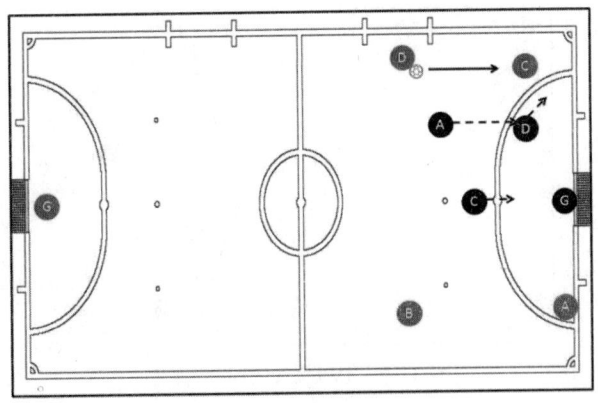

图 3-34　3V4 第二步

如图 3-35 所示，进攻方采用 1-2-2 阵形，所以防守方的防守重点在中路，因此采用 1-2-1 防守站位。进攻方 A（灰色）传球给边路的 G，防守方 C（黑色）重点紧逼 G 的边路，让他不能传球给 B，同时防守方 B 要关闭 G 的横传线路，防守方 A 也要关闭 G 的斜传线路，让他不能斜传给包抄后门柱的 C，这样迫使 G 只能回传给 A。

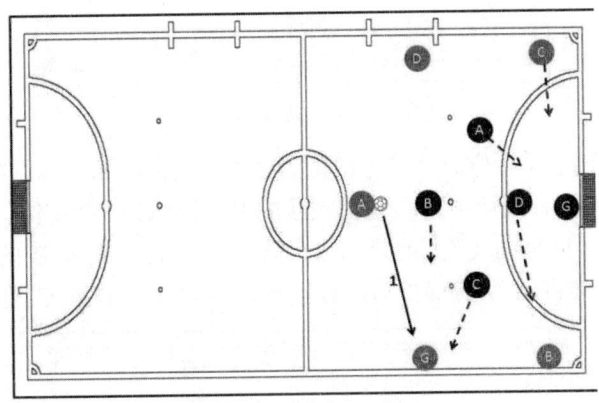

图 3-35　4V5 防守菱形站位 1

如图 3-36 所示，G 回传给 A 后，A 很快传给左边路的 D，防守方的 A（黑色）紧逼 D，防守方 B 继续关闭 D 的横传线路，防守方 C 要务必关闭 D 的斜传线路，这时，防守方 D 可以稍微放松紧逼攻方 C，因为对于在角球区域的进攻球员，可以诱导他们接球。

如图 3-37 所示，接下来防守方 A 可以切断攻方 C（灰色）的回传线路，D 可以紧逼 C，防守方 B 退回来保护前门柱前面的区域，切断 C 的斜传线路。

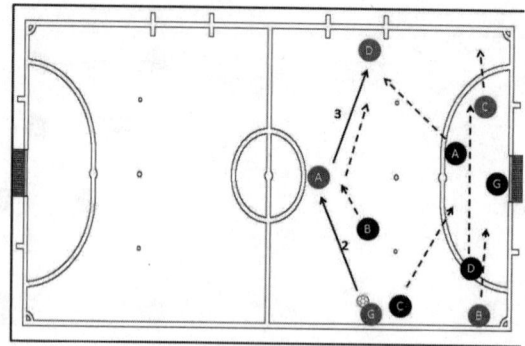

图 3-36　4V5 防守菱形站位 2

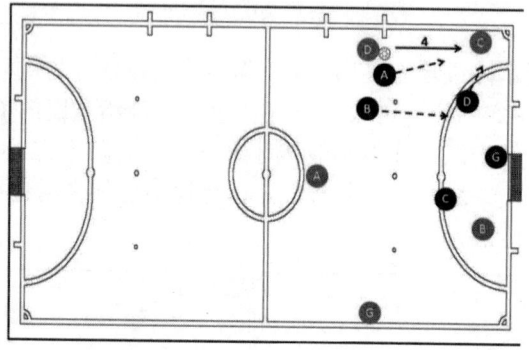

图 3-37　4V5 防守菱形站位 3

进攻方采用 2-3 站位时，守方站位为 2-2。如图 3-38 所示，A（黑色）挡拆防守方 B（灰色），让从中路移动到底线的 B 接到 G 的直线传球，同时攻方 A 移动到禁区内。防守方 C 上前紧逼 B，防守方 B 切断攻方 B 的回传线路，守方 D 紧逼 A，守方 A 回撤保护后门柱区域，观察攻方 D 和 C 的移动。

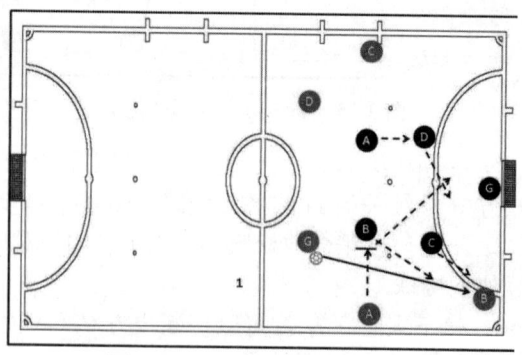

图 3-38　4V5 防守方形站位 1

第二节 集体进攻

一、进攻的总原则

在比赛中，一旦本方控球，就要开始运用战术进攻。进攻战术的目的就是尽量减少对手进行防守组织的时间和空间。战术就是提高比赛能力的关键。巴西小场地足球国家队前教练费雷奇就一再强调，光有天赋和技术不一定就能踢好小场地足球，理解战术的能力才是关键。在他写的著作中也指出，光练好足球基本技术不能保证球员就能踢好比赛，因为比赛是综合的，需要大量的和快速的战术决策，从而获得时间和空间来完成最后一击。巴西队的攻防虽然看似简单，却是一门艺术。

进攻的原则主要有：渗透性传球、接应、移动、宽度和深度、反击和进攻的体系（队形）等。

1. 渗透性传球的原则

小场地足球是控球的游戏。由于场地小，人数少，球员只能通过更多地观察和更多跑动来迷惑对手。因此，在比赛中要求尽量保持控球权。但运球时间过长非常危险，所以找准机会恰到好处地传球，尤其是传球给中锋是非常有效的进攻战术。这种精确的渗透球需要所有队员掌握。

利用中锋是小场地足球主要的进攻原则，几乎所有的进攻跑动都可以归结为利用这种原则的进攻。

（1）传球给中锋。

传球给中锋后，快速跑动接中锋的分球。在巴西，这个战术也被戏称为"第四世纪战术"，意思是一种历史悠久但行之有效的战术。利用一个或两个中锋靠近对方球门，进攻球员或者守门员找出空隙，直接传球给中锋。当中锋接球以后，该传球球员或者其他球员快速插上，接中锋分球射门。中锋也可以接球转身直接射门。

传球给中锋的一种方式如图3-39所示，进攻方A（灰色）传球给左边路的C，C一脚回传，A跟上打中锋。与此同时，右边路的B插上，接中锋D的分球射门。

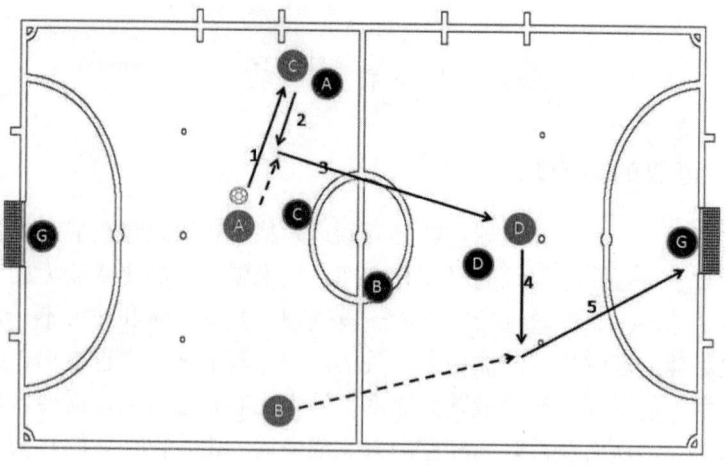

图 3-39 传球给中锋 1

传球给中锋的另一种方式如图 3-40 所示,攻方边路 B(灰色)传球给中间的 A,A 一脚回传,B 跟上传球打中锋。与此同时,左边路 C 快速斜插到右边接中锋 D 的分球。同时,B 也可以在传球后快速插上到场地左边。让 D 可以有两个分球的选择。

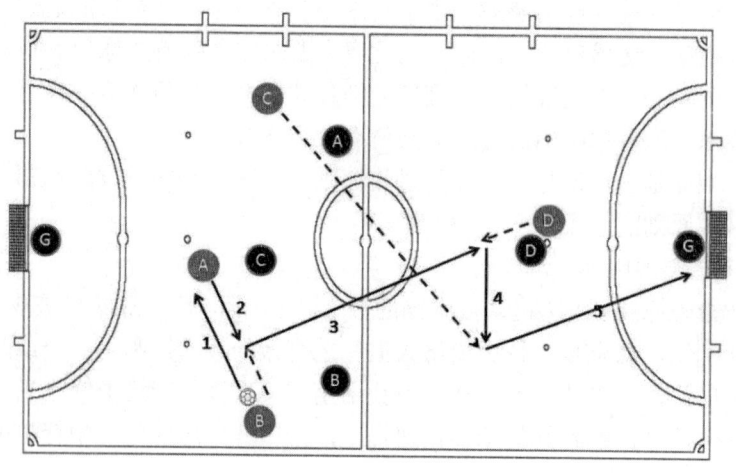

图 3-40 传球给中锋 2

(2)中锋拉边或者回撤。

通过中锋拉边或者回撤,制造空当后传球给插上的球员。攻方要在对方门前制造空当,通常情况下,中锋要进行与球同边的拉边,或者回撤与后面的球员进行换位。一旦空当被拉出来后,插上的球员要占领该空当,创造射门机会。

中锋拉边的一种形式如图 3-41 所示，攻方 C（灰色）在左路传球给中路的 A，同时中锋 D 拉同边，与同伴 A 和 B 形成一条线后，A 传球，B 漏球后斜插，接中锋 D 的传球。

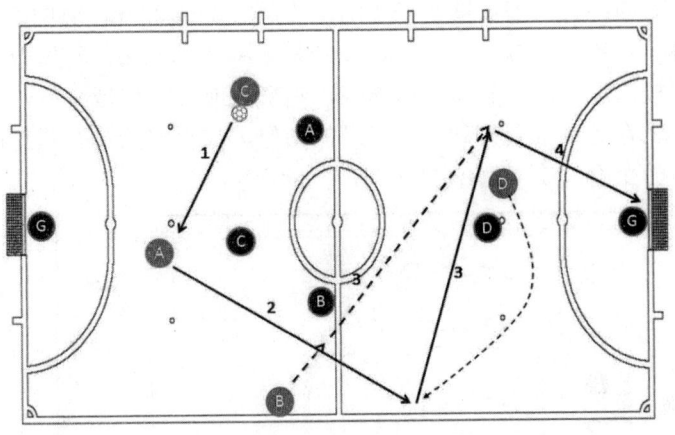

图 3-41　中锋拉边 1

中锋拉边的另一种形式如图 3-42 所示，攻方 A（灰色）在中路组织进攻，传球给右边路的 B，然后上前挡拆防守队员 D。攻方 B 及时运球离开防守球员，然后传球给左边路的 C，同时，中锋 D 做同边拉开，让出中路空当，攻方 A 及时插上，接 C 的传球打后门柱或射门。

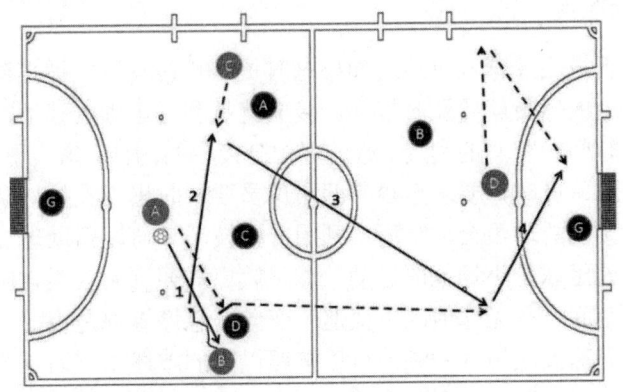

图 3-42　中锋拉边 2

（3）横传打后门柱。

横传打后门柱也是小场地足球一个有特色的技术。小场地足球比赛中很多进球都是在这样的情景中打进的。尤其在反击当中，当进攻方在边路突进的时候，有一个球员，通常是中锋球员在禁区内靠近后门柱附近等待传球是非常重要的。所以，要求传球队员在力量和精确度上都要准确，通常传球的力量类似于射门的力量。

横传打后面柱的练习如图3-43所示。场地20 m×20 m，时间5～15分钟，至少2名球，1名守门员。2人1个球。球员A传球给B，然后做变向跑到禁区内，后面柱附近；B沿着边路运球跑，到禁区前，横传球给A，A一脚球射门。要点：B在传球前要先观察守门员的站位，如果守门员有意封横传线路，露出近门柱的角度，B可以直接射门。

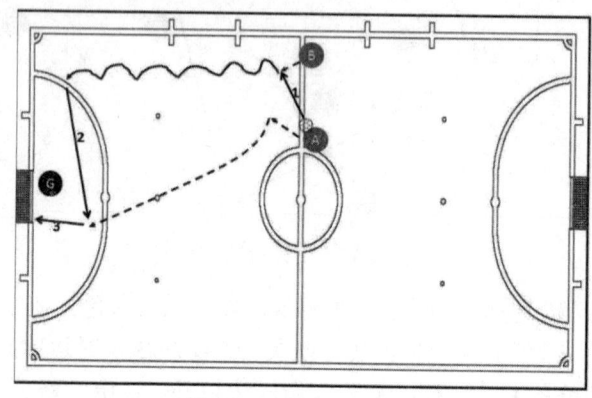

图3-43　横传打后门柱

2. 接应的原则

当本方重新抢回控球权以后，如果这时贸然长传有可能被拦截，那么这时在控球队员附近的球员就要及时接应。接应就是利用正确的移动，占据正确的位置来提高对时间和空间的利用。通过短传给接应的同伴，来实现对球的控制。所以，接应有球队员时，要求至少有两名球员要同时出现在控球队员的视力范围内。当然，接应的球会被紧逼，利用一些技巧，可以帮助球员做好接应。

由于小场地足球是小场地的运动，球员就更需要利用各类欺骗性移动来迷惑对手，制造空间。在无球情况下变速、变向、急停等都是很好的技巧。

球员个人无球接应技术的练习可以按照以下的叙述来练习这几类动作：急跑急停（沿着边路急跑，然后急停转身要身后球，斜向急跑，然后转身要身后球，平行拉开急跑，然后急停要球）；急停后再跑开（沿边线疾跑，急停转身，再跑开等）；侧向拉开移动；要边直线球的移动；要斜线球的移动；靠近然后突然变向；连续斜向急跑，然后转身急停，再斜向急跑，再急停等来改变宽度和深度。

接应的形式主要有摆脱接应、转身摆脱接应、重叠接应、撞墙式二过一、交叉接力接应等。

（1）摆脱接应。

摆脱接应如图 3-44 所示，攻方球员 A（灰色）被防守方球员 E 紧逼，想接有球队员 B 的传球。在 B 队员要触球的那一刹那，向有球队员迎上接球。

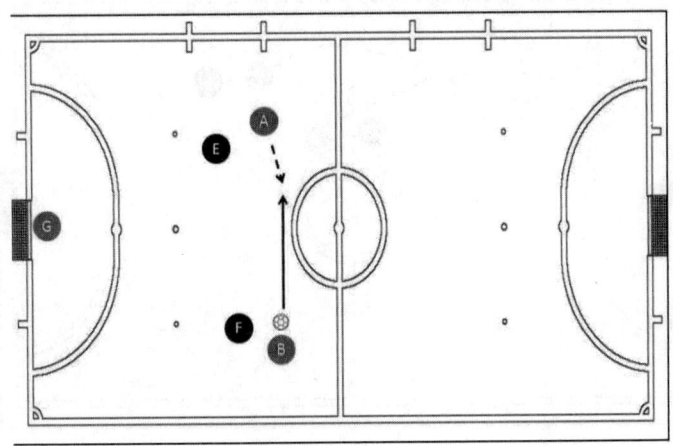

图 3-44 摆脱接应

（2）转身摆脱接应。

转身摆脱接应如图 3-45 所示，攻方球员 A（灰色）被防守方球员 F 紧逼，想接有球队员 B 的传球。A 假意向有球队员 B 靠近接应，突然转身，跑到防守球员 F 的身后接应 B 的传球。

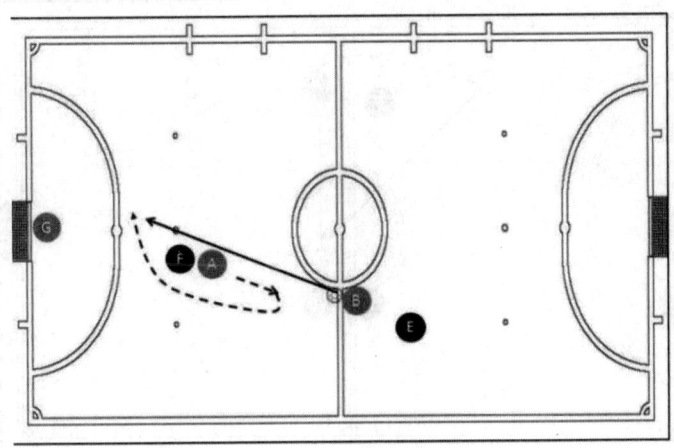

图 3-45 转身摆脱接应

（3）重叠接应。

重叠接应如图 3-46 所示，攻方球员 B（灰色）跑过有球队员 A，形成局部二打一的局面。A 可以传球给 B，如果防守球员 F 跑去盯防攻方球员 B，A 就有空间推进。

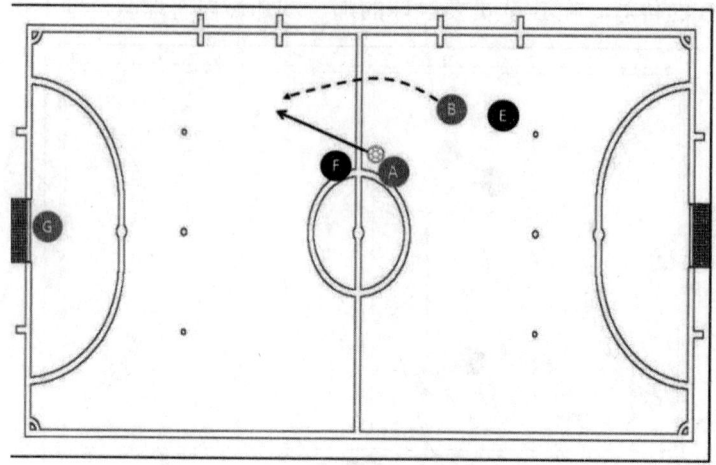

图 3-46　重叠接应

（4）撞墙式二过一。

撞墙式二过一如图 3-47 所示，攻方 A（灰色）在同伴 B 要传球的那一刹那，上前接应 B 的传球，然后一脚球传给向前直插的 B。这是最常用的传球技术，因为其形式简单有效。

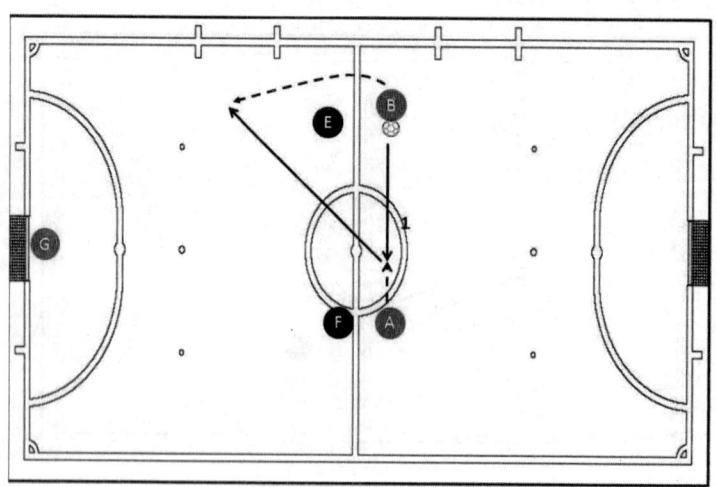

图 3-47　撞墙式二过一

（5）交叉接力接应。

交叉接力接应如图 3-48 所示，攻方两队员交叉跑动，有球队员 A 在与无球队员 B 相交会时，A 把球从脚下交给 B，然后继续跑开。交叉接力在小场地足球当中使用很多，因为这样交接球比较安全。

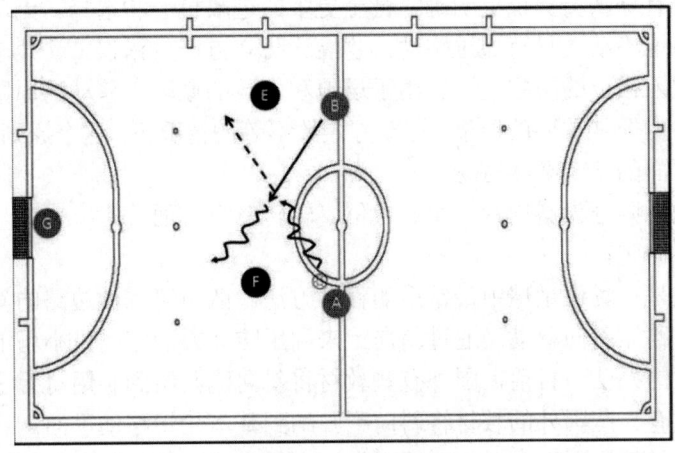

图 3-48　交叉接力接应

根据以上的接应形式，可安排一个接应综合练习。场地 20 m×20 m，时间 10～15 分钟。最少 4 名球员，其中 2 名是中立球员，1 名守门员，1 个球。场地内为 1V1，球员只能通过传球给边路的中立球员，然后接中立球员的球进行推进，在适当位置射门（图3-49）。注意，中立球员都是两脚球。

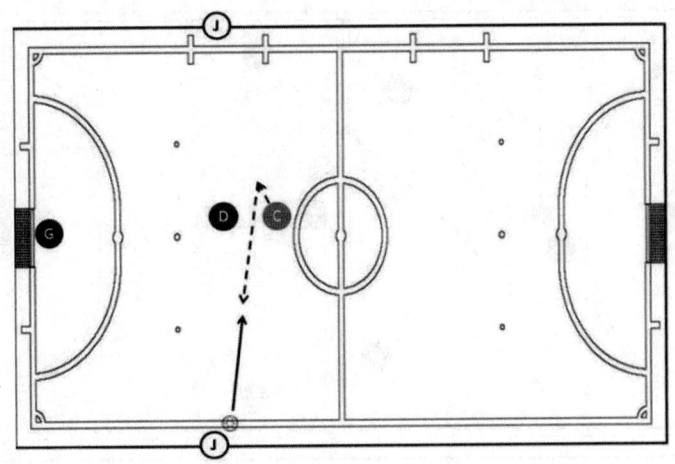

图 3-49　接应综合练习

· 111 ·

3. 移动的原则

在双方人数相等的情况下，有球方的无球队员需要互相有默契地移动。往哪里跑是我们训练的关键，这是培养球员战术思想和意识的第一步。因为无球跑动可以给有球队员提供更明确，甚至更多的进攻机会和选择。无球队员尽量不要站在原地不动，只有通过跑动，才能让防守方产生错误，让几个或者一个防守球员进入错位的防守位置。由于场地和人数的原因，移动的原则在小场地足球当中占据非常重要的地位。在双方人数不等的情况下，这个原则有所改变，我们会在下面的章节继续讨论。

移动的原则分为斜向跑、交叉换位、轮转三个方面。

（1）斜向跑。

斜向跑是小场地足球中最常用的移动方法。队员可以做边路的斜向移动，也可以在中路做斜向移动。通过斜向跑来利用防守方的空间是小场地足球最常用且最有效的办法。目前，国外有些教材将斜向跑归结到利用对手空间的专门一栏里，也有一些国外的教材将斜向跑归纳到基本轮转移动里面。总之，斜向跑是小场地足球里面最常用的"语言"，也是小场地足球的一种特殊语言。

①斜向跑，中锋拉边。交换中锋是巴西球员常用的战术。如图3-50所示，通过斜向跑，攻方B（灰色）给防守球员E制造了一次迷惑。同时，通过中锋C反向拉边，给有球队员A提供了至少三个传球的方向。注意，这个战术里面蕴含了多种进攻的套路。

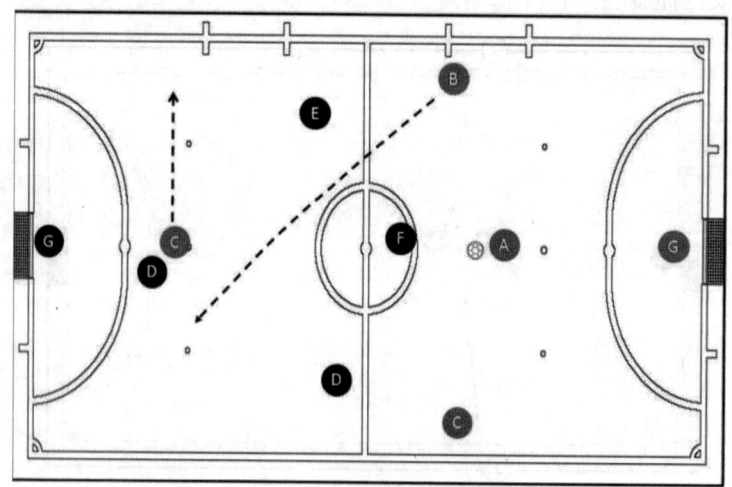

图3-50　斜向跑中锋拉边

当有球队员在场地中间时，如果他向边路传球，这时，他有两个方向的空间可以利用：他可以横传斜插，要边直线球，在小场地足球的语言里这个叫"parallel"（图 3-51）；他也可以横传，反向斜插，斜传球，这个叫"diagonal"（图 3-52）。有时，在比赛过程中，有些队员会突然不知道该怎样移动，通常情况下，球员可以即兴运用我们所讲的斜向跑来解决问题。

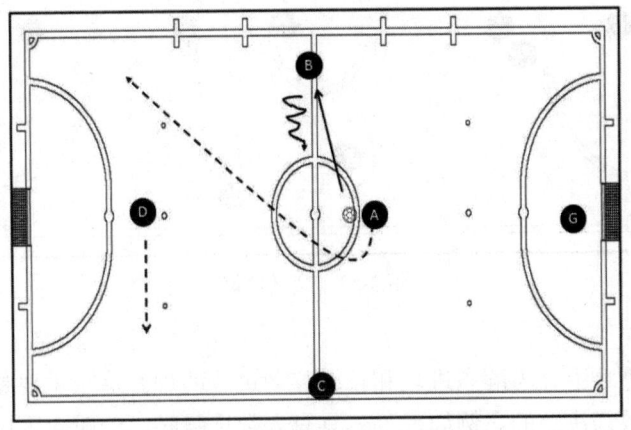

图 3-51 斜向跑要边直线球

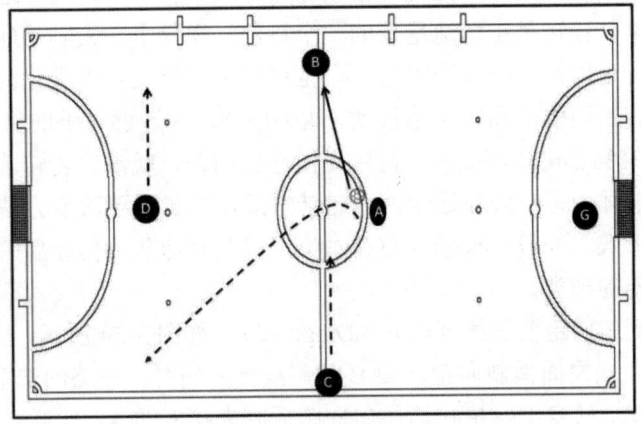

图 3-52 斜向跑要斜线球

（2）交叉换位。

交叉换位如图 3-53 所示，有球队员 A 传球给 B，然后和 C 换位。C 换位后可以立即和 B 做撞墙二过一或者做过渡球给 B。当然换位不要做得太直接，否则防守球员很难做其他动作。在换位的时候要先做反方向迷惑对手，再做实际的换位。

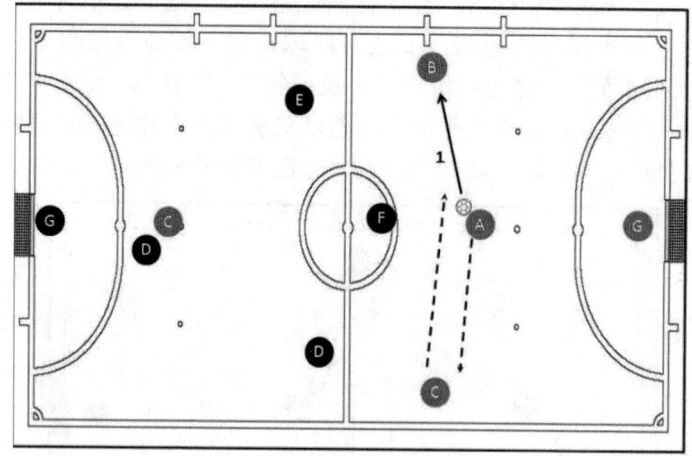

图 3-53 交叉换位

（3）轮转

在阵地进攻中分为静态进攻和轮转移动进攻两种。这个主要是根据当时攻防双方的人数来决定的。例如，攻方具有人数优势时，一般会采用静态进攻，通过传球撕开对方的防守。但是，在攻守双方人数相等时，攻方通常采用轮转移动进攻策略。轮转是小场地足球的一个特色，现代十一人制足球也引入了这个概念。轮转可以在三个人当中进行，也可以在四个人当中进行。轮转是通过球员之间不间断地传球和斜向跑移动，达到控制球和迷惑对手的目的。据统计，射门总数的30%是轮转形成的。可以说没有斜向跑，就没有轮转。轮转需要球员具备充足的体力，一般在连续两次轮转过后，球员就要改变方法或者射门。轮转有许多形式，一般是根据人数和站位，以及有球队员传球后的移动方式来确定具体轮转的种类。

①传球后斜向跑要斜线球轮转（Diagonal）。如图 3-54 所示，攻方 A 持球，传球给 B 后，向左面做斜向跑，要 B 的斜线球。同时，左路的 C 移动到中路，接 B 的回传球，转身继续横传给做斜向跑后回来接应的 A，然后 C 向右面做斜向跑，要 A 的斜线球。依次开始轮转，中锋根据中路的球员传球方向，做与传球方向相同的横向移动。

②要边直线的 8 字轮转。如图 3-55 所示，A 传球给 B 后，斜向跑要边直线球（parallel），B 接球后，运球跑到中间，传球给边路的 C，然后斜向跑要边直线球，如此轮转，形成要边直线的 8 字轮转。中锋 D 与传球方向做反向跑动。

第三章 小场地足球战术

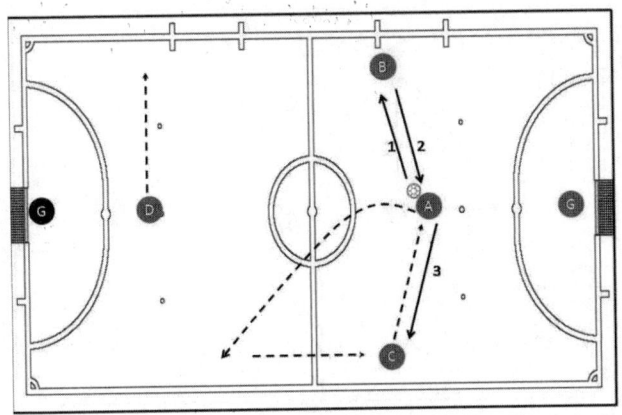

图 3-54 斜向跑要斜线球轮转

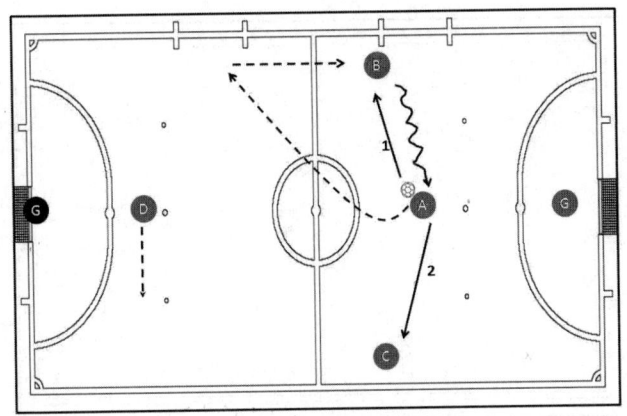

图 3-55 要边直线的 8 字轮转

③四人组合传球轮转。组合传球轮转可以锻炼球员的移动能力和适应能力，通过循序渐进地练习，可以让球员提高移动的速度和传球的准确性。

场地 20 m×20 m，时间 5～15 分钟，最少 4 名球员，1 个球。本练习来源于篮球的三人组合练习，球员在传球后需要按照指定的线路跑到指定的地点。按照下列图示，一步一步练习，直到球员熟练掌握这些移动，然后再放入一名防守球员和守门员。鼓励在每一个步骤里，球员观察守门员和防守球员，一旦有机会，鼓励射门。

第一步：C 传球给 B，斜向跑到中锋位置，B 两脚球传球给 C（图 3-56）。

第二步：B 传球给 C 后，移动到 C 留下的空当，同时，D 移动到 B 留下的空当（图 3-57）。

第三步：C 再传球给 A，并移动回到进攻队形的最后（图 3-58）。

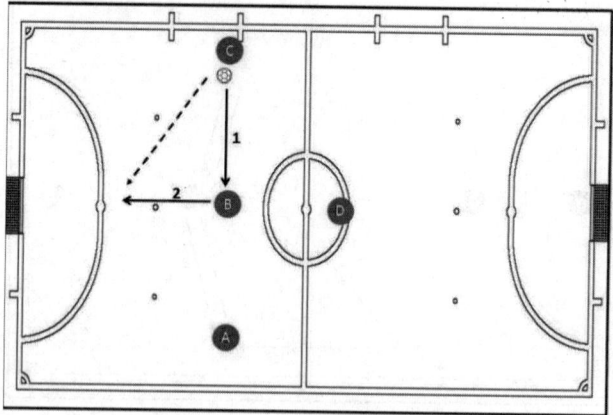

图 3-56 四人组合传球轮转 1

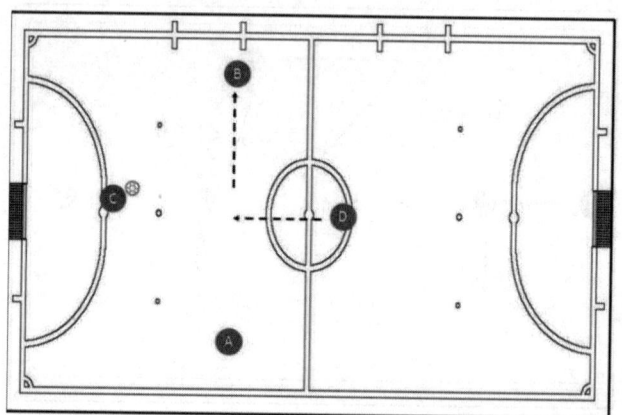

图 3-57 四人组合传球轮转 2

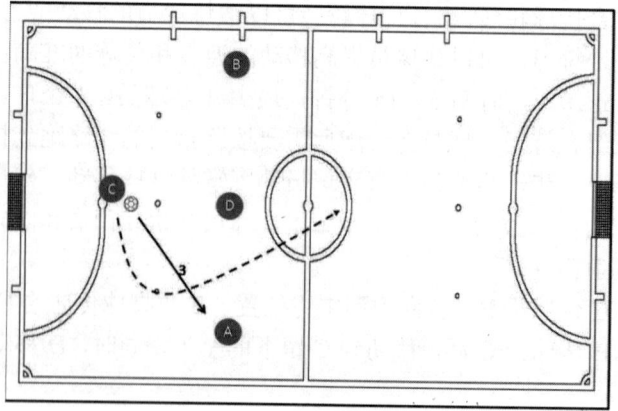

图 3-58 四人组合传球轮转 3

第四步：A 传球给在中路的 D，做斜向跑到中锋位置。D 再回传给已经在中锋位置的 A（图 3-59）。

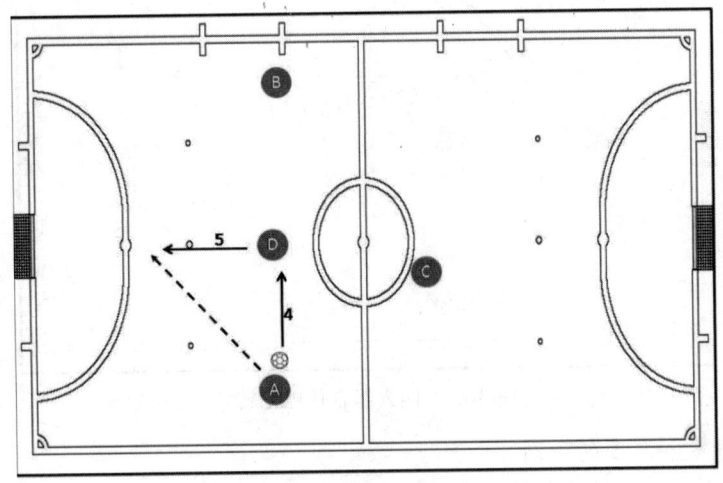

图 3-59　四人组合传球轮转 4

第五步：D 在传球以后，立即移动到 A 留下的空点，C 在队形的最后位置，同时也移动到 D 拉开后留出的空当（图 3-60）。

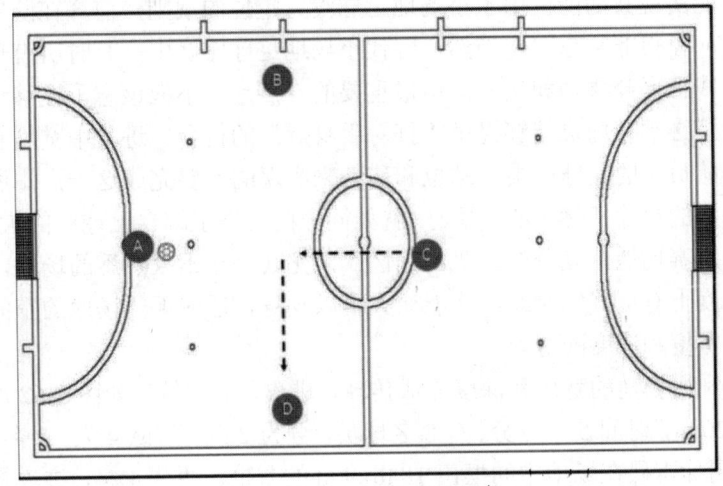

图 3-60　四人组合传球轮转 5

第六步：A 传球给 B，然后做变向跑，回到队形的最后位置（图 3-61）。

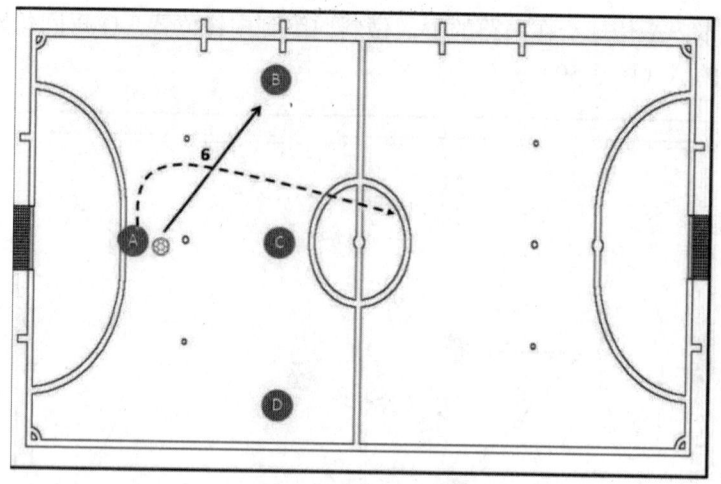

图 3-61　四人组合传球轮转 6

4. 宽度和深度的原则

进攻时，攻方球员尽量展开，才能为有球队员提供多种进攻选择。展开后的队形，两边最远端的球员最好能站在边线上，才能在小场地足球的比赛中为球队提供最大限度的宽度。进攻时所有的传球、接应、移动都只有在有宽度的情况下才能实现其功能。由于小场地足球没有越位的规则，前锋在防守球员身后提供接应显得非常重要。当然，现代小场地足球比赛中，有时所有球员几乎都在一条线上展开移动和接应，但最重要的一点是，不应该忘了在移动接应两三次以后，必须有球员能够提供"打对手身后"的机会。进攻中宽度和深度是通过攻方队员中的无球队员的站位和移动来实现的，要完成这一点，所有球员都要对场地的尺寸了然于心，否则，就如同守门员不了解自己球门的大小一样。球员要对比赛场地有充分的"肌肉记忆"，尤其是在不太熟悉的场地，才能在宽度和深度上有更好的判断，才能让大脑以及身体适应不同场地的空间。

（1）宽度和深度的练习。

球员利用场地的宽度和深度完成传球、进攻、射门等。如图 3-62 所示，场地 20 m×20 m，时间 5～20 分钟。8 名球员，分为 2 队，每队 4 人。2 名守门员。1 个球，用标志碟在场地中间摆出 18 m×9 m 的方框。两队 4V4，进攻方只能在方框外接球，也不能运球进入方框。目的是逼迫进攻方的队形具有合适的宽度和深度。变化：可以允许一名进攻球员进入方框接应，一脚球，然后立即出来。

第三章 小场地足球战术

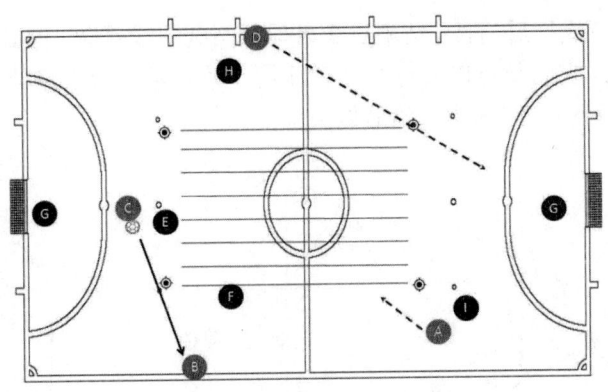

图 3-62　宽度和深度练习

（2）5V5 带 2 名中立球员。

5V5 带 2 名中立球员的目的是以多打少，练习利用宽度和深度在边路进攻。场地为全场，时间 15～20 分钟，10 名球员，分两队，两队各 5 名球员（包括守门员），带 2 名中立球员。全场比赛，但进攻方不能进入场地中间的标志区域（排球场或篮球场大小）。防守方可以进入，但防守方一旦抢到球后，所有球员要迅速离开中间区域。进攻方带 2 名中立球员 J 和 K，他们两人只能在标志区域内活动，中立球员只能两脚传球，而且相互之间只能传球两次。中立球员可以射门（图 3-63）。变化：所有球员都有触球次数限制，限制进攻方射门的时间，两队如果比分悬殊，惩罚输球的一方。

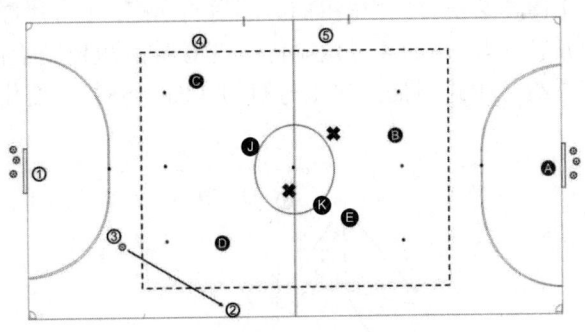

图 3-63　5V5 带 2 名中立球员

（3）撞墙式二过一的练习。

撞墙式二过一是为了练习撞墙二过一的战术移动。场地为半场，时间 10～15 分钟，球员不少于 3 人，1 名守门员。多球。练习开始为守门员发球，其他球员在中线上站成 3 列。守门员发球给右边路球员 4，同时，中路球员 2 和边路球员 1 换位；4 传球给 1，1 传球给 2 的同时，4 插上接应，与 2 做撞墙式二过一;然后射门或打后门柱;结束后3名球员回到中线排队,但必须换位置(图3-64)。变化:守门员可以发球给任意球员,尤其是发给中路球员后,中路球员任意传球给另一边路球员,然后做换位。

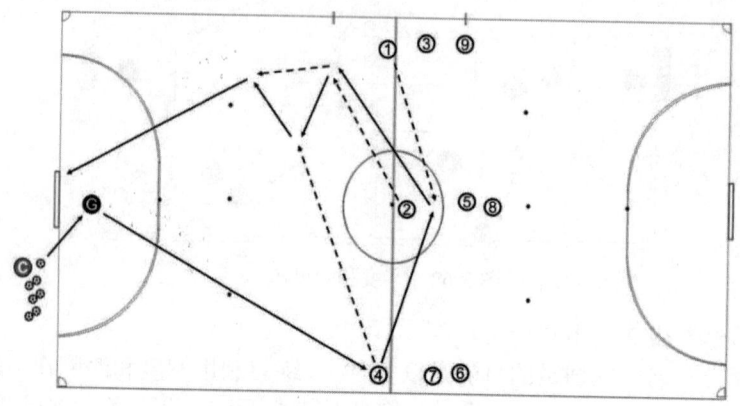

图3-64 撞墙式二过一的练习

(4)过渡传球接应进攻练习。

过渡传球接应进攻练习的目的是练习传过渡球。过渡球和二过一不同,是通过倒脚回传短球,给接球队员传长球做好准备。场地为半场,时间10～15分钟,球员不少于3人,1名守门员。多球。练习开始为守门员发球,其他球员在中线上站成3列。守门员发球给右边路球员4号,同时,中路球员2和边路球员1换位;4传球给换位到中路的1,然后斜向跑;1号接球后传球给到边路的2号,2号与斜向跑过来的4号做短传;4号接球后短传回给接应的2号(过渡球),2号传球给从中路斜插上的1号射门(图3-65)。变化:守门员传球给任意球员。

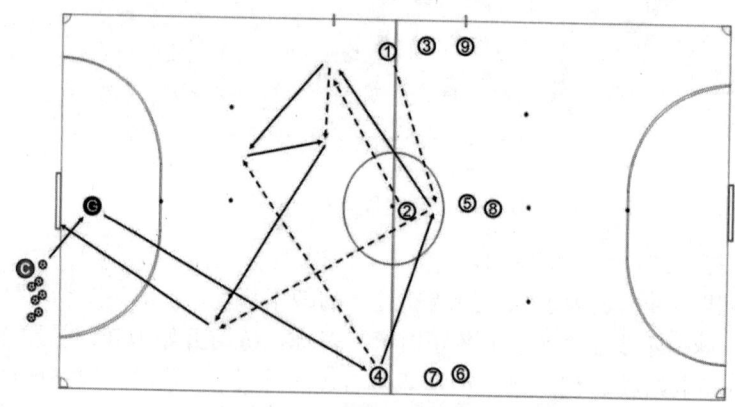

图3-65 过渡传球接应进攻练习

(5) 2V1 练习。

2V1 练习是指 3 名球员在中线，守门员发球，离接球队员最远的边路球员防守。场地为半场，时间 10~20 分钟，球员不少于 9 名，1 名守门员。球员在中线分为左、中、右三列。守门员发球，如果发球到左路，那么右路的球员做防守，左路和中路球员进攻。防守球员做好预判，进攻球员不必等防守球员到位才进攻。如果发球到中路，则由中路球员决定传球给左路还是右路，相反方向的球员防守（图 3-66）。变化：守门员发球可以用手或脚，限制进攻时间。

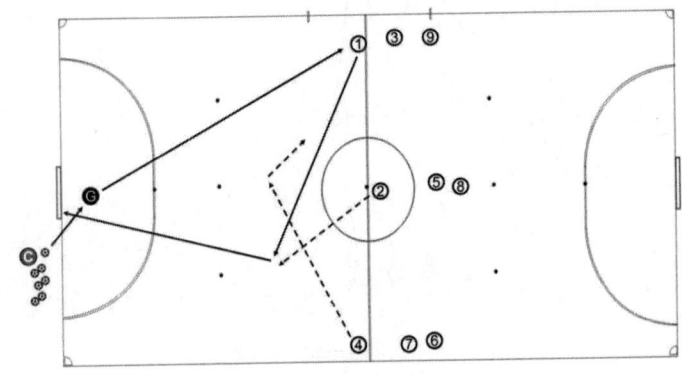

图 3-66　2V1 练习

(6) 边路撞墙二过一练习。

边路撞墙二过一练习即 3 名球员的二过一练习。场地为半场，时间 10~15 分钟，球员不少于 7 名，1 名守门员。最开始时的站位是一列有球队员在位于中线的一边，1 名球员在中间，另外 1 名在对面边线，还有 1 名在位于 10 米点球点附近。如图 3-67 所示，练习开始，由有球队员 4 号传球到中路，等待他们做二过一后，移动到中路；中路球员 2 号接球后，两脚球限制，传球给边路球员 1 号；2 号假跑后，接应 1 号的传球，做撞墙式二过一，回传给 1 号；在 2 号回传的同时，位于 10 米点的 3 号拉开，包抄后门柱，接 1 号传球并射门。练习结束，1 号回到 10 米点位置，2 号回到边路，3 号捡球回到边路排队。变化：在场地的两边做这个练习，使用左右脚。

(7) 斜向跑射门练习。

斜向跑射门练习的目的是斜向跑要斜向球。场地为半场，时间 10~15 分钟。球员不少于 7 名，1 名守门员。最开始时的站位是一列有球队员在位于中线的一边，1 名球员在中间，另外 1 名在对面边线，还有 1 名在位于 10 米点球点附近。如图 3-68 所示，练习开始，4 号球员传球给中间的球员 2 号，2 号传球给边路的 1 号，中锋 3 号拉开；2 号传球后先直线跑，然后变向做斜向跑，接 1

号的斜向传球；拉开的3号在1号传斜线球的同时包抄后门柱然后射门。射门结束后，4号回到中路，2号成为中锋，3号捡球到边路排队。在边路传斜线球的1号在传球3~5次后换人。斜向跑的2号要侧身跑，既要观察传球队员，又要观察球门，这点非常重要。变化：可以利用场地的另外一半，练习场地的另外一侧。

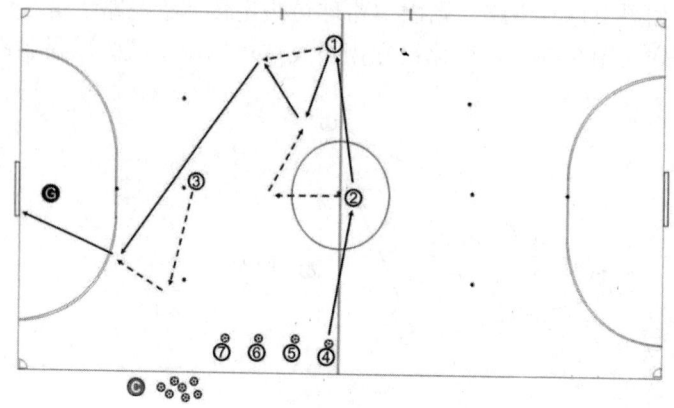

图3-67 边路撞墙二过一练习

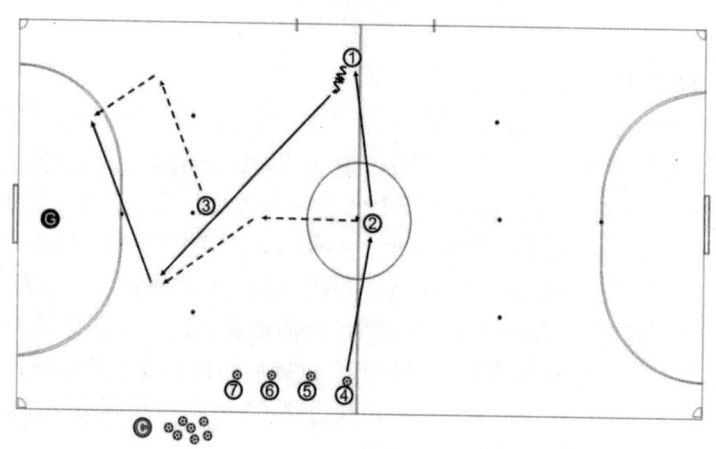

图3-68 斜向跑射门练习

（8）斜向跑要边直线球进攻练习。

斜向跑要边直线球进攻练习的目的是换位，要边直线球，包抄后门柱，做进攻平衡。场地为半场，时间10~15分钟。球员站成左右边路和中路三列。1名守门员。如图3-69所示，守门员发球开始，发球给右路球员C，同时，中路A和左边路B进行换位；C传球给中路的B，然后跑向左边路。如图3-70所示，

B 接球后，传球给换位到左边路的 A，然后拉开包抄后门柱。这时，C 本来可以为 A 做传球过渡，但是却突然变向要边直线球。A 传边直线球给 C，C 射门或打后门柱。A 传球后向中路移动做进攻平衡。结束后回到中线排队。变化：守门员可以发球给任意球员，发给中路球员时，中路球员任意传一边，然后和另外一边的球员换位。

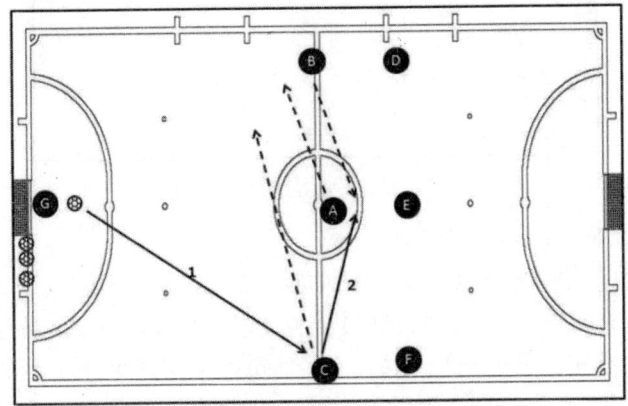

图 3-69　斜向跑要边直线球进攻练习 1

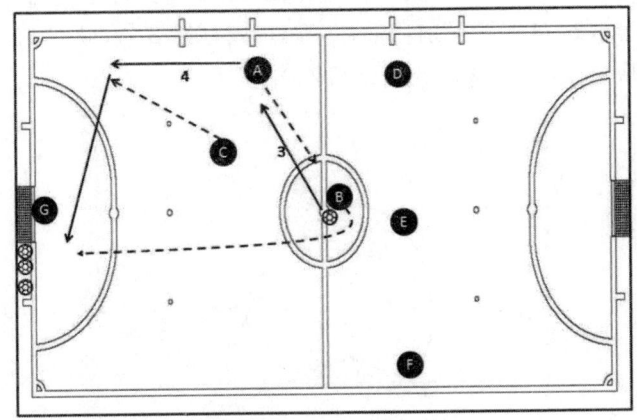

图 3-70　斜向跑要边直线球进攻练习 2

（9）斜向跑要斜线球进攻练习。

斜向跑要斜线球进攻练习的目的是换位，要斜线传球，包抄后门柱，做进攻平衡。场地为半场，时间 10～15 分钟。球员站成左右边路和中路三列。1 名守门员。练习与斜向跑要边直线球进攻练习基本相同，如图 3-70 所示。A 接 B 传球后，A 不传边直线球，而是传斜线球给斜向插上的 B，同时 C 包抄后门柱，B 射门或打后门柱（图 3-71）。

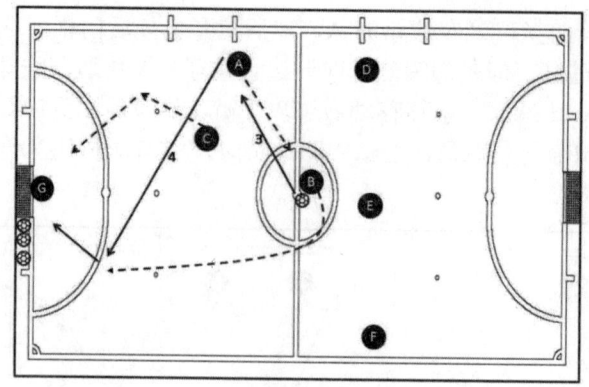

图 3-71 斜向跑要斜线球进攻练习

（10）斜向跑射门+2V1 练习。

斜向跑射门+2V1 练习的目的是斜向跑，2V1，同时可以练习 1V2 的防守。场地为半场，时间 10~15 分钟。球员至少 4 名，1 名守门员。最开始时的站位是一名有球队员在位于中线的一边，1 名球员在中间，另外 1 名在对面边线，还有 1 名在位于 10 米点球点附近。如图 3-72 所示，练习分为两个阶段：第一阶段，球员 4 传球给 2 号，然后做斜向跑要球，2 号挑球过 3 号，传给 4 号凌空射门；第二阶段，4 号凌空射门后，守门员发球给 3 号，2 号成为防守，3 号与 4 号进行 2V1。变化：场地左右两边练习。

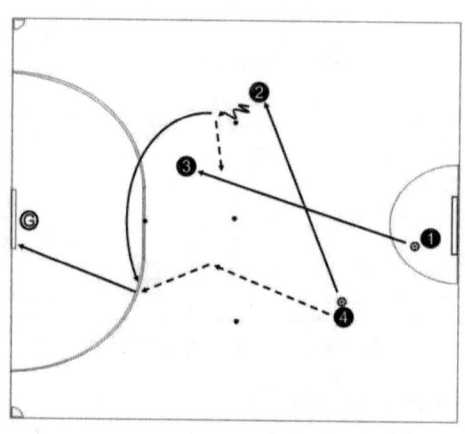

图 3-72 斜向跑射门+2V1 练习

5. 反击的原则

反击是由守转攻的一个重要进攻方法。是在对手还没有准备好防守站位时，或对手还没有时间退回自己防区组织防守时的一种快速攻击形式。通常情况下，进攻可以分为阵地进攻和反击两大类,其中,射门总次数的 25%是由反击来完成的。现在这个比例还在提高,可能约为 30%,说明反击的次数越来越多,另外也说明由阵地进攻时,守方的紧逼,使得射门次数减少。

小场地足球的反击很有特点,就是两边线接应的球员必须快速跑到既定位置,有球队员尽量在过了中线以后,就要考虑传球,不要运球时间过长而让自己运球越来越靠近球门,尽早传球才会给同伴和自己留足够的空间来接应和射门。当然,还要注意防守平衡,不要所有的队员都往禁区里面跑动,要有 1 名球员留在有球队员的后面。一般来讲,当出现反击机会时,有球队员首先要保护好球,看有无球员插上接应,如果没有明显的反击机会,就应该传球开始轮转移动。

反击练习示例如图 3-73 和图 3-74 所示,进攻方 C(灰色)传球给中锋 D 时,被防守方 D 拦截。防守方 D 运球跑过中线后,传球给斜插上的 A,A 斜传给包抄后门柱的 C 完成反击。同时,反击方 B 移动做防守平衡。要特别关注接应队员的跑动,变向和变速特别重要。

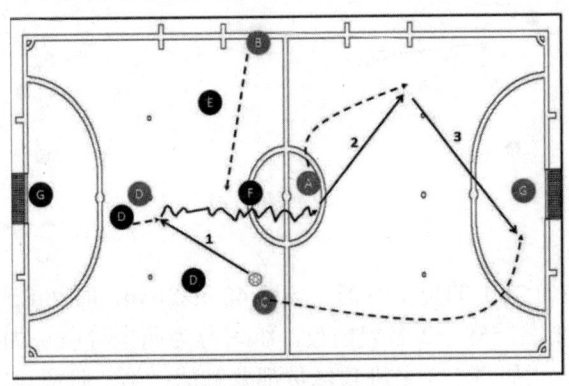

图 3-73　反击图例 1

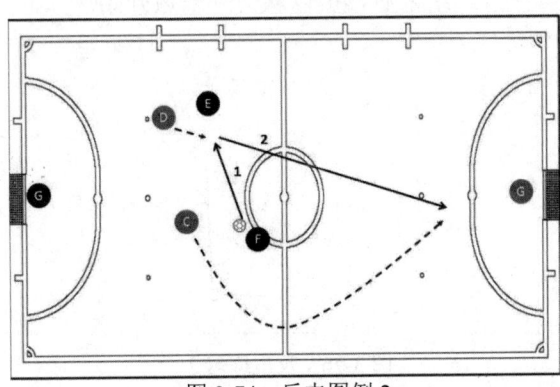

图 3-74　反击图例 2

(1) 反击练习1。

模仿反击情景，2V1、3V2、4V3 连续练习。场地 40 m×20 m，时间 10～20 分钟，球员分为两队，1 队 4 人，1 队 3 人，2 名守门员。多球，以不同颜色背心区分两队。练习人数逐渐增加的进攻，从 2V1 到 4V3，练习分为三个连续的阶段。如图 3-75 所示，第一阶段，开始为 1 名球员 2 发 10 米点球，球到球门的一刹那，在球门后的教练从给球给守门员，由其发给球员 A 和 B，他们 2V1，防守球员就是刚才发 10 米点球的队员 2。第二阶段，2V1 结束后，对方守门员立刻发球给球员 3 和 4，他们联合刚才的防守球员 2 进行 3V2 反击 A 和 B。第三阶段，3V2 结束后，守门员接球立刻发球给队员 C 和 D，进行 4V3，即球员 A、B、C、D 对战球员 2、3、4。4V3 结束后，又从发 10 米球开始练习。

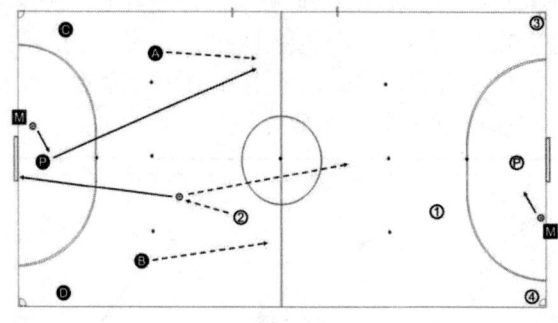

图 3-75　反击练习 1

(2) 反击练习2。

从 3V1 转换为 2V1 的反击练习。场地 40 m×20 m，时间 8～15 分钟。球员分为 3 名进攻，1 名防守，2 名守门员。练习分为两个阶段。如图 3-76 所示，第一阶段，3V1，一脚球，3 名进攻球员都要触球；第二阶段，2V1，最后触球的进攻球员不参与反击。结束后，可以从另外一边开始。

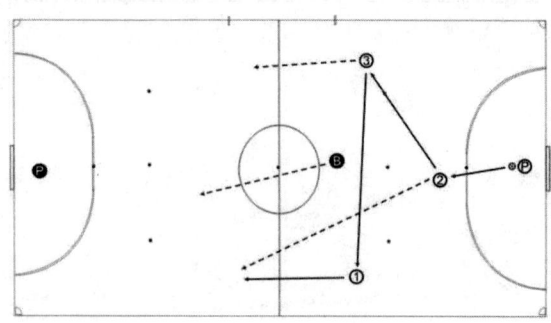

图 3-76　反击练习 2

（3）反击练习 3。

从 3V2 半场控球到 3V2 全场反击。场地 40 m×20 m，时间 8～15 分钟。球员分为 3 名进攻，2 名防守，2 名守门员。多球。练习分为两个阶段。如图 3-77 所示，第一阶段，守门员发球，3V2 半场控球，连续传球 6 次，两脚球，每个进攻球员都要触球；第二阶段，全场 3V2 反击，防守球员抢下球后，可以反击和射门。

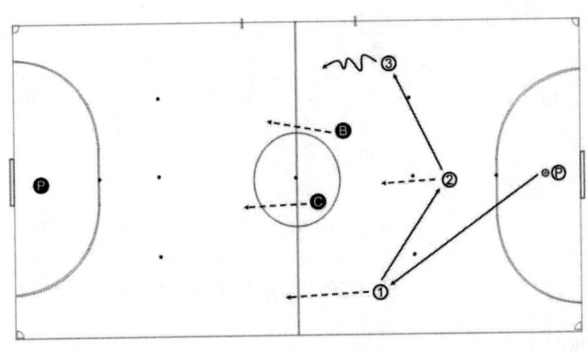

图 3-77 反击练习 3

（4）反击练习 4。

3V1 快速进攻然后 2V2 反击。场地 40 m×20 m，时间 10～20 分钟，球员分为 3 名进攻，1 名防守，2 名守门员。多球。从守门员发球给进攻方开始，3V1，一脚球。进攻结束后，由守门员发球给防守球员 2，他可以叫任意一名场上的进攻球员参与进行 2V2。不限触球次数（图 3-78）。变化：也可以让守门员加入进行 3V2。

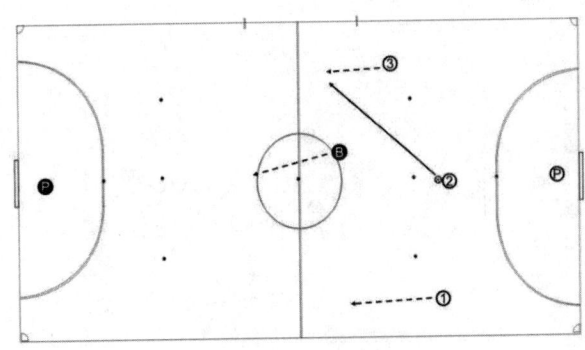

图 3-78 反击练习 4

（5）反击练习 5。

3V2 带回追的防守球员。场地 40 m×20 m，时间 10～20 分钟，球员分为 3

名进攻，3 名防守，2 名守门员。3 名进攻球员在自己的半场，两名防守球员在中圈，另外 1 名防守球员在点球点。在中圈的球员或守门员发球给进攻方，进攻球员接球的第一脚，在点球点的防守球员开始追击（图 3-79）。模仿真实比赛情景，球出界或射门结束。

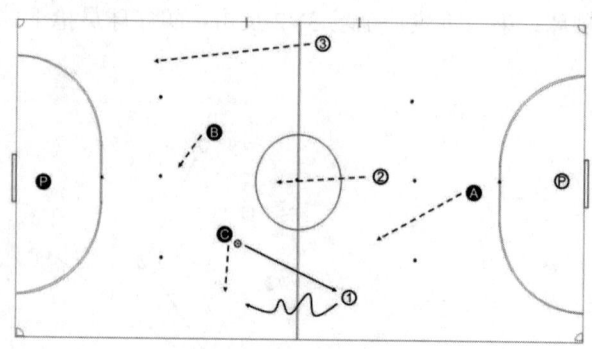

图 3-79　反击练习 5

（6）反击练习 6。

3V2 防守触摸对手。训练目的是理解 3V2 情景，做好延缓和回撤，明白在人数劣势下如何和守门员形成 3 防 3。场地 40 m×20 m，时间 10~20 分钟，最少 8 名球员，3 名进攻，2 名防守，2 名守门员。多球。本练习是连续的 3V2。一次 3V2 结束后，最后触球的 2 名进攻球员退到中圈，成为防守球员。其中 1 名防守必须触摸 1 次进攻球员，否则为 3V1，谁触摸由球员自己决定。每次进攻结束后，防守球员和第 3 名进攻球员下场，换新的 3 人上场进攻（图 3-80）。变化：进攻方限制触球次数为 3 次。

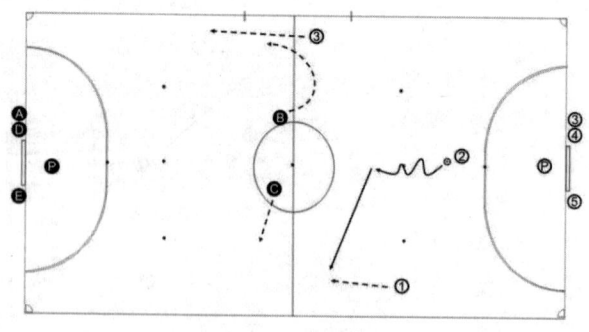

图 3-80　反击练习 6

（7）反击练习 7。

2V1 全场带 1 名追击防守。2V1 反击的概念是延缓和回撤，以及和守门员共同进行 2 防 2。场地 40 m×20 m，时间 10～20 分钟。球员为 2 名进攻，2 名防守，2 名守门员。多球。练习开始时，两名进攻球员分别站在球门柱两侧，两名防守球员站在禁区线边上。教练员 M 站在 6 米点球处，发球给 1 名进攻球员，该进攻球员接球后立刻开始反击。同边的防守球员在教练员发球的同时，必须回撤摸球门柱，然后开始追击。形成了全场 2V1 带 1 名追击的防守球员。射门结束后重新开始（图 3-81）。变化：同样的设计，可以进行 3V2 练习。

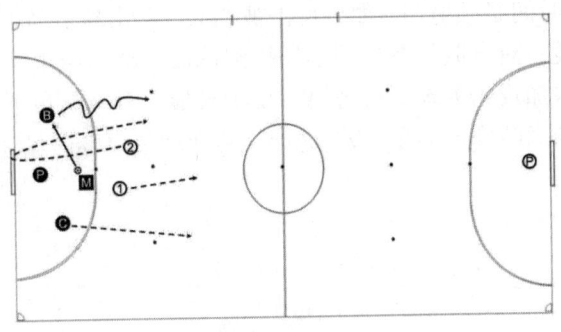

图 3-81　反击练习 7

（8）反击练习 8。

2V2+3V2 的反击练习。先在 2V2 情景下摆脱紧逼，再进行 3V2 反击。场地 40 m×20 m，时间 10～20 分钟，10 名球员分成 2 队，含 2 名守门员。多球，以不同颜色背心区分两队。本练习为正常的比赛，但增加了几个额外的限制条件。例如，守门员不能发球过半场，场地分为两半，每半场必须是 2 名防守，2 名进攻，形成 2V2 局面；球传过半场以后，传球队员可以越过半场，帮助进攻方进行 3V2；如果这时攻方丢球，攻方必须退回 1 人到自己的半场形成半场 2V2（图 3-82）。变化：过半场的进攻球员不一定必须是传球队员；必须是运球过半场。

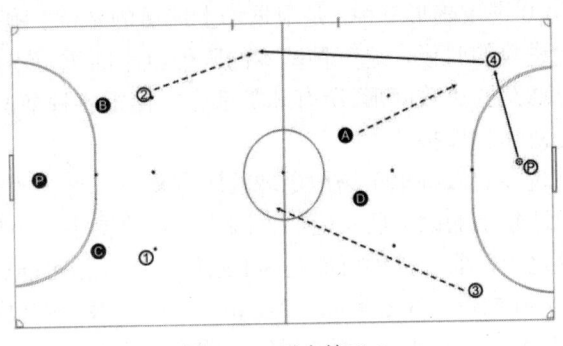

图 3-82　反击练习 8

（9）反击练习9。

2V2+2V1 的反击练习。预判反击，2V2 后进行 2V1 反击。场地为全场，时间 10～12 分钟。球员 2 人 1 组，多组。2 名守门员。练习开始是 2V2，进攻方有第三人在自己的半场准备防守反击，防守方第三人在中圈。防守方抢下球或守门员接住球，或者进攻结束，守门员都要快速发球给中圈第三人，开始 2V1 反击。球要集中在守门员那里，或助理教练帮助发球。反击时球过中线后，进攻方只有 10 秒时间必须射门。如果反击被拦截，反击球员马上组织防守，但防守不能超过中线，对方队员在另外半场接到球后，练习结束（图3-83）。最初防守方中没有参加反击的球员被替换，反击时最后触球队员下场，另外 1 名反击球员留在半场当防守。如果 2V1 进球，防守球员下场时做 10 个俯卧撑。在中线处换队员。

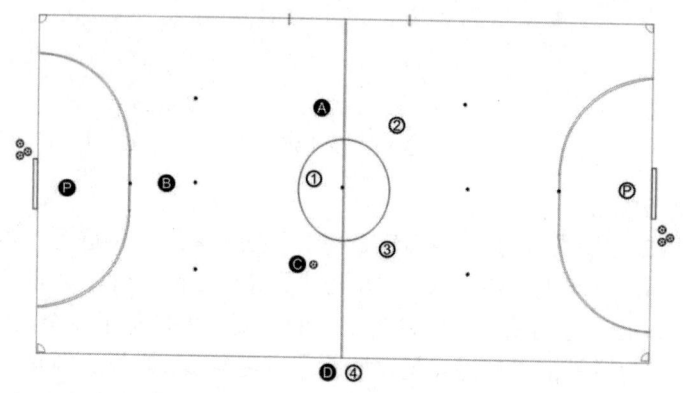

图 3-83　反击练习9

6. 进攻的阵形（队形）

除了反击以外，小场地足球还有进攻，进攻基本阵形有 2-2 阵形、3-1 进攻（1-2-1）阵形和 4-0 进攻阵形三种，是根据场上球员的站位、跑位和决策所决定的。当球员开始进攻的时候，这三种基本的阵形就不断重复出现，因此，不能简单地定义自己球队的进攻阵形。所有球员都必须懂得各种情况下的战术动作，而且要做到相互协作和掩护。

现在，越来越多的教练把小场地足球的所有阵形统称为"初始站位"，这是小场地足球场地狭小的因素所决定的。因为，在比赛中，小场地足球所有的阵形都在不断变化中，前一秒钟可能是 3-1 站位，后一秒可能就是 2-2 或 2-1-1 站位，也可能是 4-0 站位，或者形成 1-2-1 站位。而在每种站位的基础上，通常都有 3～4 种基本的进攻方法。因为要讲究防守和进攻平衡，所以在小场地足球里就形成了很多轮转跑位的方式,有 3 人的轮转和 4 人的轮转。因此,大体上来说,小场地足球的球员基本是在 5~6 种初始站位的情况下,根据对手的位置,在几十种进攻方法里面做选择。

(1) 2-2 进攻阵形。

2-2 进攻阵形非常容易理解,即有 2 个前锋、2 个后卫,既可以进攻,收拢时候也可以防守。非常适合刚开始进行小场地足球练习的球员使用,尤其对于小学生特别适合。这个阵形适合静止进攻,也可以轮转进攻,是其他几类阵形转化时的过渡阵形。因此,掌握好 2-2 站位的几种进攻方式,对于进攻的丰富性至关重要。但 2-2 阵形也有其明显的弱点,尤其是在进攻时,其防守相对较弱,进攻时会出现很多 1V1 的局面,对球员个人技术要求较高。

①2-2 阵形打法 1:对角接应的轮转。如图 3-84 所示,B 横传球给 A,然后向前移动,在对角处的 D 及时到中间接应,A 接球后可以传球给接应的 D,也可以运球到中路,然后回传给回来接应的 C,形成新一轮转。

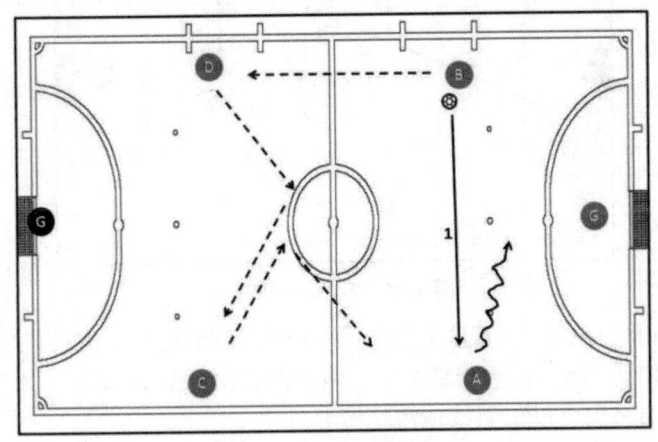

图 3-84　2-2 阵形打法 1

②2-2 阵形打法 2:斜向跑轮转(diagonal)。如图 3-85 所示,A 运球到中路,传球给 B,然后斜向跑要 B 的斜线球。同时,C 向后移动。B 接球后,运球到中路,传球给回来要球的 C,然后斜向跑,要 C 的斜线球,D 向后移动,形成轮转。

③2-2 阵形打法 3:一般在打法 2 基础上轮转两次以后,可以采用这样的打法。如图 3-86 所示,A 横传球给 B,然后做斜向跑(diagonal),B 传边直线球给 D,并与 D 做二过一后,传球给变向包抄后门柱的 A。C 回去做进攻平衡。

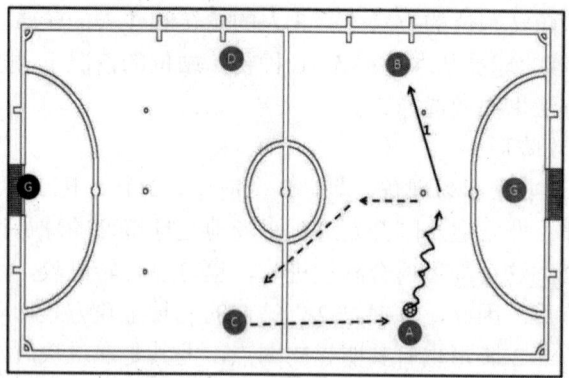

图 3-85　2-2 阵形打法 2

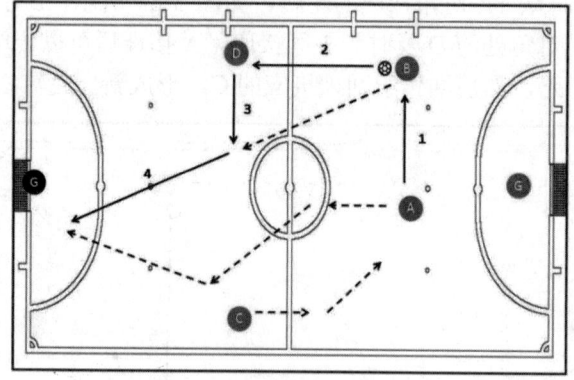

图 3-86　2-2 阵形打法 3

④2-2 阵形打法 4：一般在打法 2 基础上轮转两次以后，可以采用这样的打法。如图 3-87 所示，B 传球给 A 后，做斜向跑动（diagonal），A 既可以挑高球给插上的 B，也可以传斜线地滚球给 B。

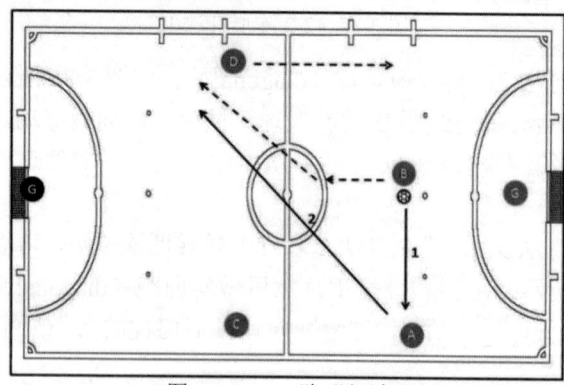

图 3-87　2-2 阵形打法 4

⑤2-2阵形打法5：一般在打法2基础上轮转两次以后，可以采用这样的打法。如图3-88所示，B传球给A后，做斜向跑动（diagonal），然后突然折返要球，假意在进攻方向的左侧形成三角形人数优势，回撤的D同时折返，使D，B，A几乎在同一条直线上，A传斜向球，中间的B漏球，D接球后打后门柱。

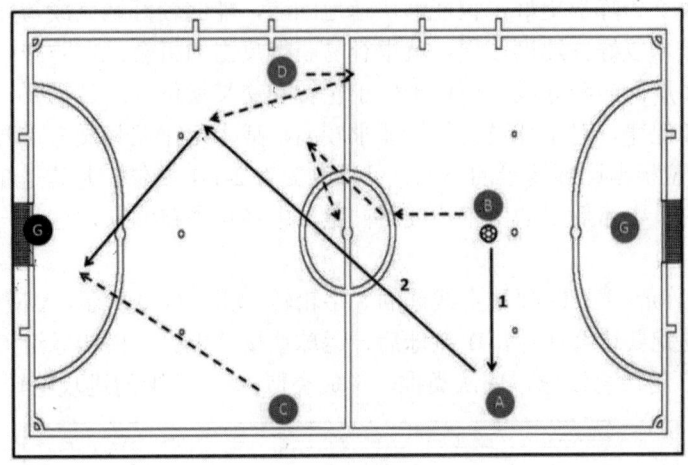

图3-88　2-2阵形打法5

⑥2-2阵形打法6：与上一个打法基本相同，一般在轮转两次以后，可以采用这样的打法。如图3-89所示，B传球给A后，做斜向跑动（diagonal），然后突然折返要球，与C做二过一后插上，D折返后接C传球，可以射门，也可以和插上的B做连续二过一。

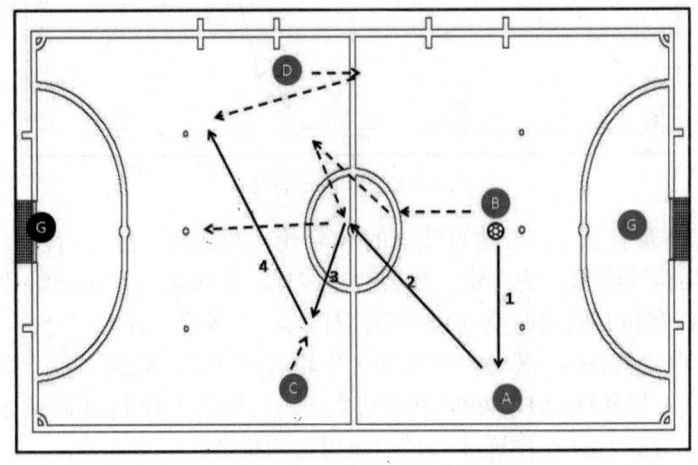

图3-89　2-2阵形打法6

(2) 3-1 进攻阵形。

3-1 进攻阵形是小场地足球里最常用的阵形，是从以前的菱形站位阵形演变而来的。这个阵形有一个中锋（pivot），两个边路球员（wingers）和一个中路后卫（fixo）。这种阵形能够很好地利用空间，便于各种移动和轮转，在控制球方面较 2-2 阵形更好，也能够快速地回防，能够较好地完成防守站位，如果前锋的技术较好并速度较快，就很容易获得反击的机会，在防守站位上很自然地形成多层次的防守线。但由于便于轮转和交叉换位，球员需要有很好的战术理解力和纪律，对于球员的体能要求较高，战术纪律尤其显得重要。

3-1 站位根据比赛情景的不同，可以改变为 2-1-1 站位，尤其是在对手进行前场紧逼时，中路后卫向两个边线斜向跑，中锋从中路回来，这是一种摆脱紧逼的方法。

①3-1 阵形打法 1：要边直线球的 8 字轮转。如图 3-90 所示，A 横传球给 B，然后做斜向跑要边直线球，B 接球后，运球往场地中央，横传球给 C，然后做斜向跑要 C 的边直线球，依次类推，形成类似 "8" 字形的进攻轮转。

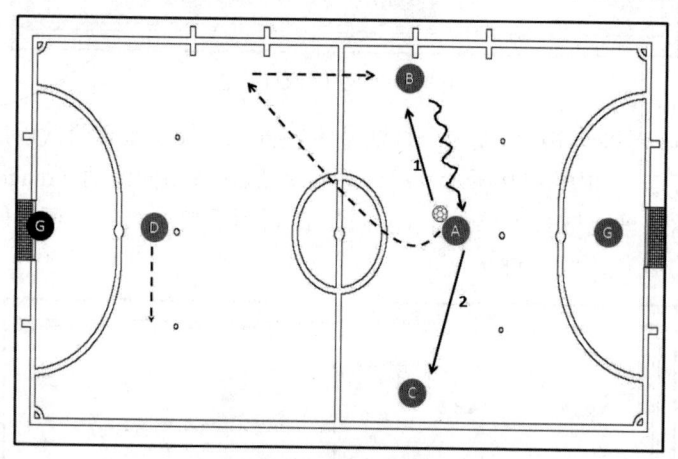

图 3-90　3-1 阵形打法 1

②3-1 阵形打法 2：要边直线球的 8 字轮转两次后，打后门柱。如图 3-91 所示，A 横传球给 B，变向跑斜线要边直线球，B 接球后，挑球给边路的 A，同时中锋 D 在拉开的同时变向包抄后门柱，A 接球后，打后门柱。

③3-1 阵形打法 3：要边直线球的 8 字轮转两次后，连续二过一射门。如图 3-92 所示，A 横传球给 B，变向跑要边直线球，同时中锋 D 往斜后方拉开接 B 的传球后，与插上的 A 做连续二过一获得射门机会。

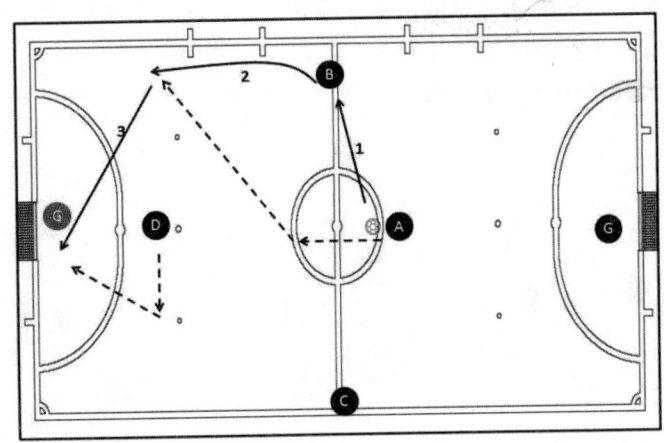

图 3-91　3-1 阵形打法 2

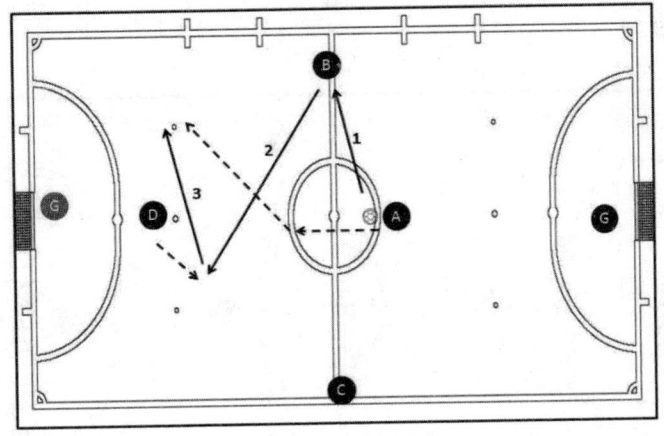

图 3-92　3-1 阵形打法 3

④3-1 阵形打法 4：要边直线球的 8 字轮转两次后，形成三角传球。如图 3-93 所示，A 横传球给 B，变向跑要边直线球，同时中锋 D 往斜后方拉开，此时 B，C，D 形成一个三角形后，B 传球给回撤的 C，C 再传球给 D。

⑤3-1 阵形打法 5：与中锋换位要斜线球轮转。这个打法结合了两种 3-1 基本的战术移动，中锋换位和斜向跑要斜线球。因此，在实战中，中锋可以换位，也可以不换位，而是执行斜向跑要斜线球轮转。如图 3-94 所示，A 传球给 B，然后向中路直跑，中锋 D 也向回直跑，假装要进行换位；在 A 跑开的同时，边路 C 跑到中路接应，这时，A 变向，斜线跑要 B 的斜线传球，同时，中锋 D 也变向，要 B 的边直线球；此时 B 传球给到中路接应的 C，C 接球后转身，传

球给做斜向跑迂回来的A,完成了第一次轮转;C传球后重复开始A的跑位,就会在场地另外一侧完成第二次轮转。

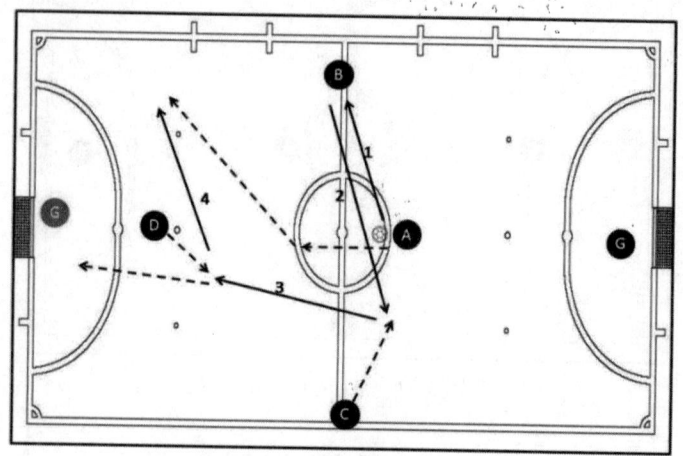

图3-93　3-1阵形打法4

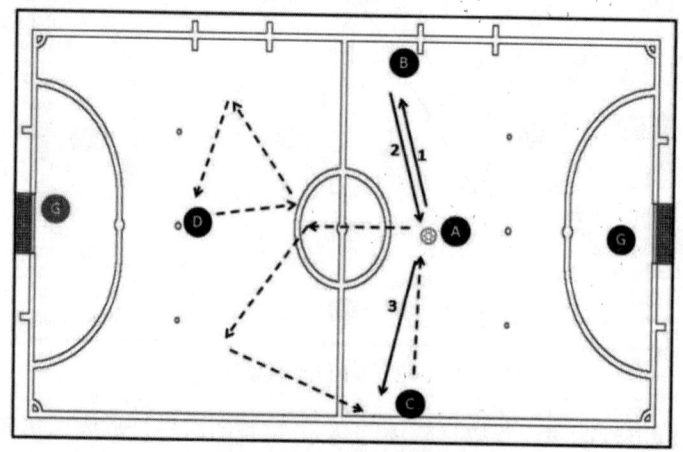

图3-94　3-1阵形打法5

⑥3-1阵形打法6:与中锋换位要斜线球轮转两次以后,做边路二过一。如图3-95所示,当A与中锋D换位时,D回撤要球并与B做边路二过一。

⑦3-1阵形打法7:与中锋换位要斜线球轮转两次以后,要边直线球。如图3-96所示,当A与中锋D换位时,D回撤突然变向要B的边直线球。

⑧3-1阵形打法8:与中锋换位要斜线球轮转两次以后,要斜线传球。如图3-97所示,当A与中锋D换位时,A突然变向做斜向跑要B的斜线传球。

第三章 小场地足球战术

图 3-95　3-1 阵形打法 6

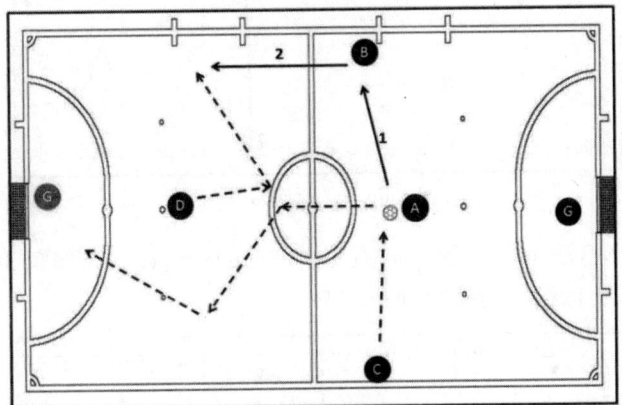

图 3-96　3-1 阵形打法 7

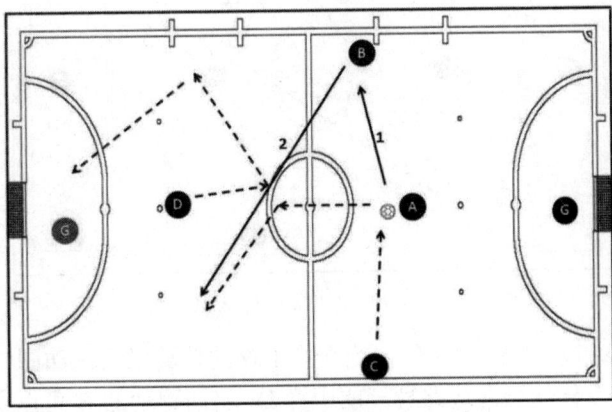

图 3-97　3-1 阵形打法 8

⑨3-1 阵形打法 9：边路斜向跑交换中锋的轮转。如图 3-98 所示，A 持球在中路，传球给边路的 B，B 回传给 A，然后从边路斜向跑，要 A 的传球；同时，中锋 D 向相反的方向拉开，这时 A 有三个接应点，为了轮转，A 传球给三个接应点之一的 C，同时，中锋 D 从边路回撤，此时，完成了一次轮转；C 接球后回传给 A，同样做斜向跑，开始了第二次轮转。

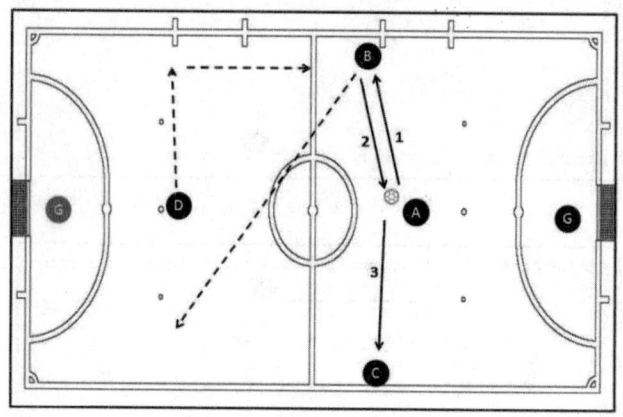

图 3-98　3-1 阵形打法 9

⑩3-1 阵形打法 10：边路斜向跑交换中锋的轮转以后，如图 3-99 所示，在中路的 A 可以传球给从边路斜向跑的 B。

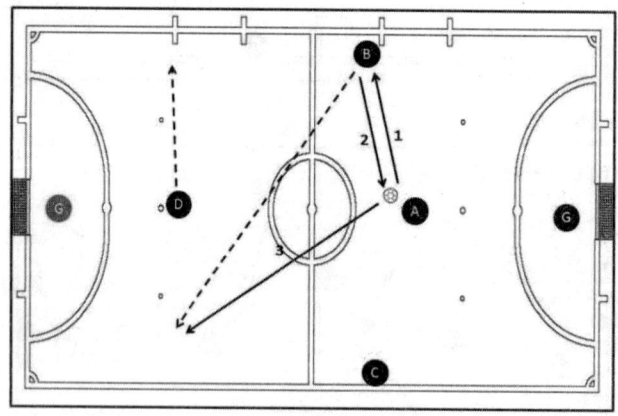

图 3-99　3-1 阵形打法 10

⑪3-1 阵形打法 11：边路斜向跑交换中锋的轮转以后，如图 3-100 所示，在中路的 A 可以传球给向边路拉开的中锋 D，斜向跑动的 B 可以变向与中锋 D 做二过一配合。

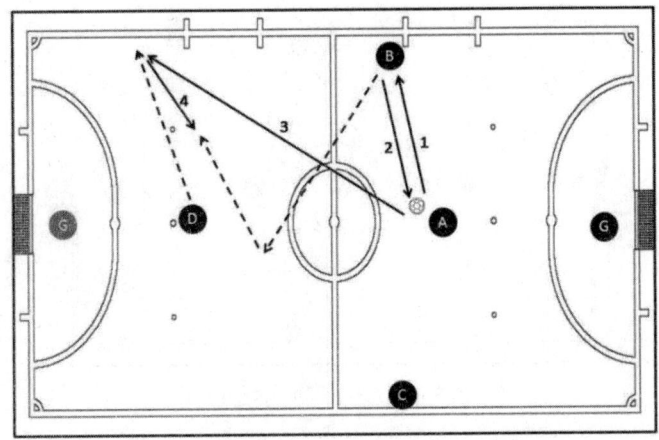

图 3-100　3-1 阵形打法 11

⑫3-1 阵形打法 12：边路斜向跑交换中锋的轮转以后，如图 3-101 所示，边路斜向跑动的 B 可以要左边路 C 的边直线球。

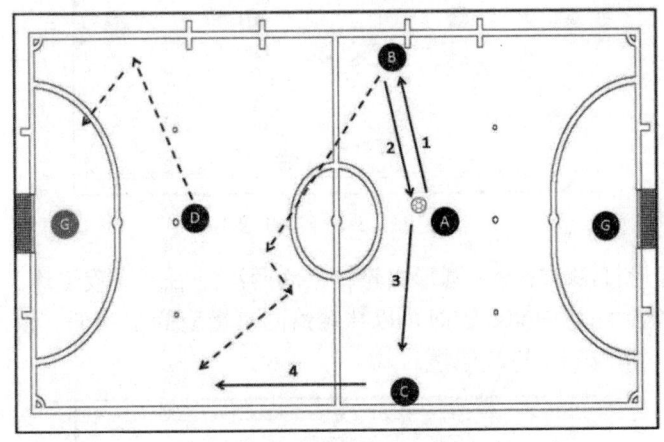

图 3-101　3-1 阵形打法 12

⑬3-1 阵形打法 13：边路斜向跑交换中锋的轮转以后，如图 3-102 所示，边路的 B 斜向跑动以后，左边路 C 可以找拉边的中锋 D，传球给 D，斜向跑动要 D 的边直线球。

⑭3-1 阵形打法 14：圆形大轮转。3-1 圆形大轮转是巴西特有的打法，也可以用于 2-2 阵形里面。如图 3-103 所示，A 传球给 C，然后向 B 的位置移动，C 接球后运球向 A 位置移动，B 向前移动，然后变向移动到中锋 D 的位置，中锋 D 撤回到 C 的位置形成一次圆形大轮转。

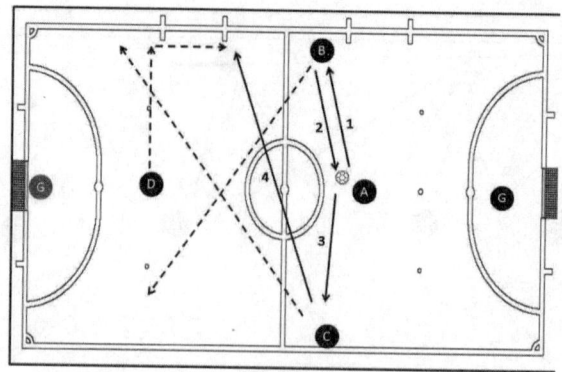

图 3-102　3-1 阵形打法 13

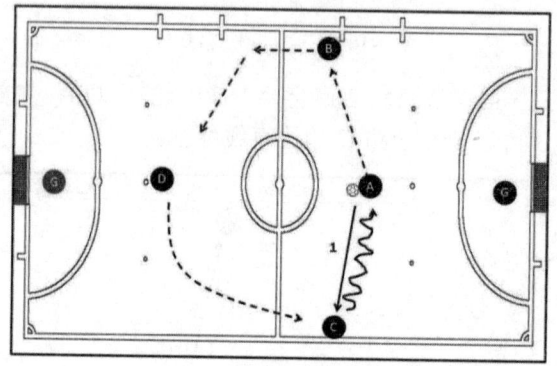

图 3-103　3-1 阵形打法 14

⑮3-1 阵形打法 15：3-1 圆形大轮转移动两次过后，进攻渗透。如图 3-104 所示，C 运球到场地中间，这时可以传球给回来接应的中锋 D，也可以传斜线给套边的 A，完成一次进攻渗透。

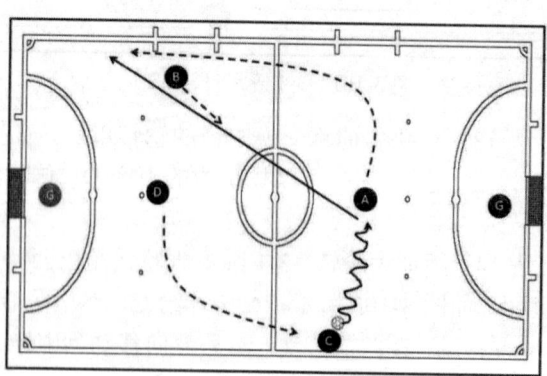

图 3-104　3-1 阵形打法 15

⑯3-1 阵形打法 16：3-1 圆形大轮转移动两次过后，撞墙式配合。如图 3-105 所示，C 接 A 传球，这时，可以传边直线球给拉边的中锋 D，D 接球后可以和插上的边锋 B 做撞墙式配合。

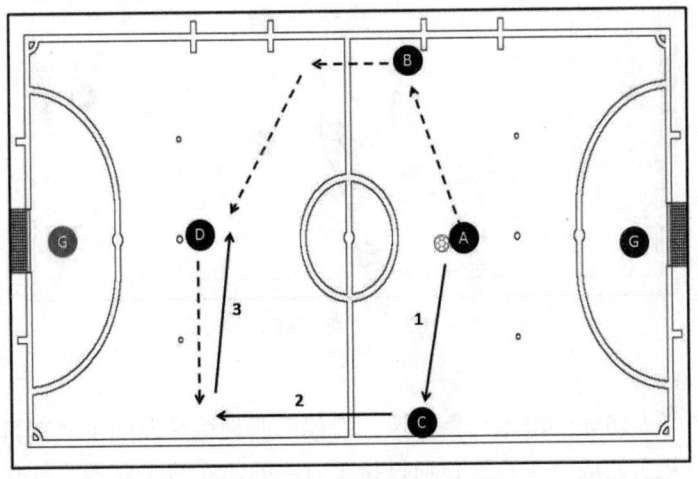

图 3-105　3-1 阵形打法 16

⑰3-1 阵形打法 17：3-1 圆形大轮转移动两次过后，漏球。如图 3-106 所示，C 接 A 传球后，C 需要掌握时间，等待 A 从边路套上，同时 B 变向要球，C 传球给 A，B 漏球。

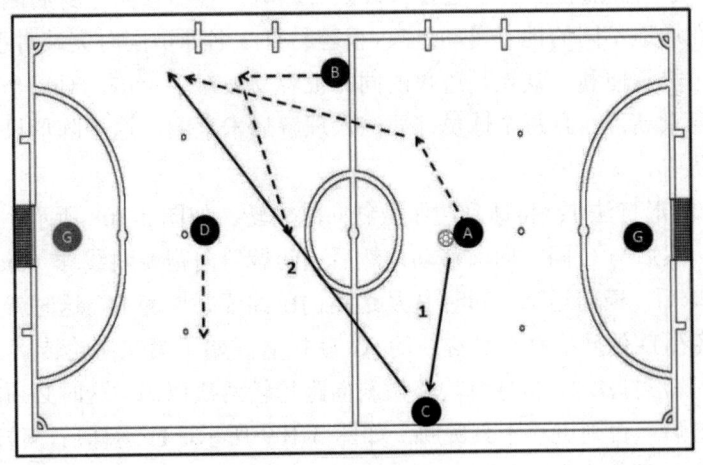

图 3-106　3-1 阵形打法 17

⑱3-1 阵形打法 18：这个打法与上一个基本相同。如图 3-107 所示，C 不传地面球，而是等待时机传过顶球给 A。

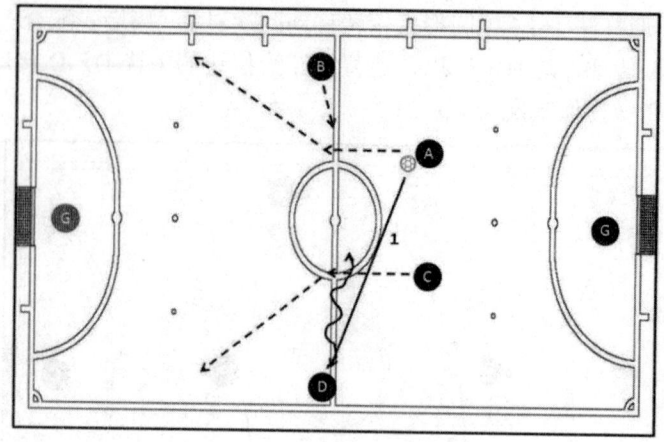

图 3-107　3-1 阵形打法 18

（3）4-0 阵形。

由于人盯人防守的战术运用普遍，现代巴西教练员发明了 4-0 阵形。即 4 名进攻球员几乎站成一条直线，通过拉平对手的防守线来获得"打身后"的机会。这个阵形由 2 名在中场的球员和 2 名在边路的球员组成，是一个完全的进攻阵形，通常与 3-1 阵形结合使用，达到迷惑对手的目的。由于 4-0 阵形只有一条进攻线，因此，换位移动比较频繁，对球员的技术和体能都要求较高。

4-0 阵形的优点在于对手进行人盯人紧逼时，容易在防守身后制造空间，可以同时在场地不同的地点发动进攻，很容易有 2 名球员同时突破对手的防区，在换位上也非常便利。缺点是进攻的同时很容易被对手反击，对每个球员的技术和体能要求高，而且每个球员都要深入理解战术意图，这个阵形只能进攻，不能用来防守。

①4-0 阵形打法 1：传球到边路做斜向跑轮转。如图 3-108 所示，A 传球给边路的 D，然后与 C 同时向前移动，然后变向做斜向跑要斜线球（diagonal），边路 D 接球后，横向运球，同时 B 从边路向中路靠，接应 D，这时就完成了一次轮转。接着 D 传球给移动到边线的 A，就接着开始了第二次轮转，以此类推。

②4-0 阵形打法 2：传球到边路做斜向跑轮转两次以后，这时必须要有球员跑对手的身后，否则进攻不具威胁。如图 3-109 所示，D 运球后，传球给斜向跑的 A 后，B 再向内移动，同时变向跑到防守方身后要 A 的边直线球。

③4-0 阵形打法 3：传球到边路做斜向跑轮转两次以后，如图 3-110 所示，可以直接传球给要斜线球的队员。

第三章 小场地足球战术

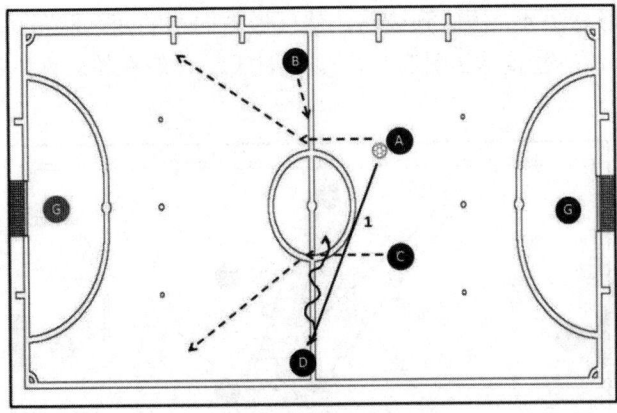

图 3-108　4-0 阵形打法 1

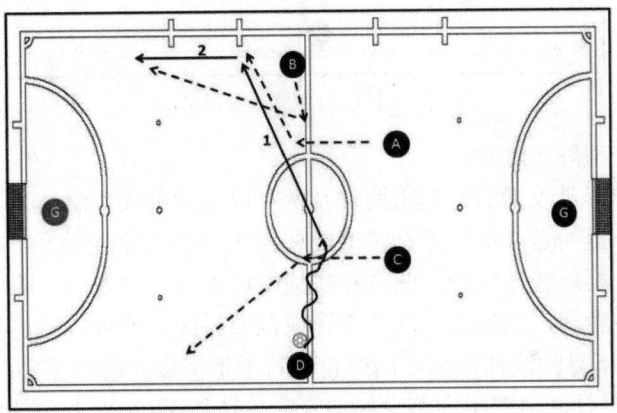

图 3-109　4-0 阵形打法 2

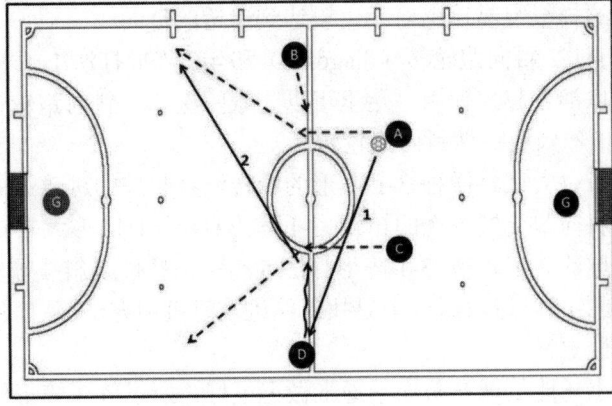

图 3-110　4-0 阵形打法 3

④4-0 阵形打法 4：传球到边路，然后做斜向跑的两名队员可以做交叉跑，要边直线球或者是过渡球（图 3-111）。要注意，一般在轮转两次以后，可尝试打对手的身后。

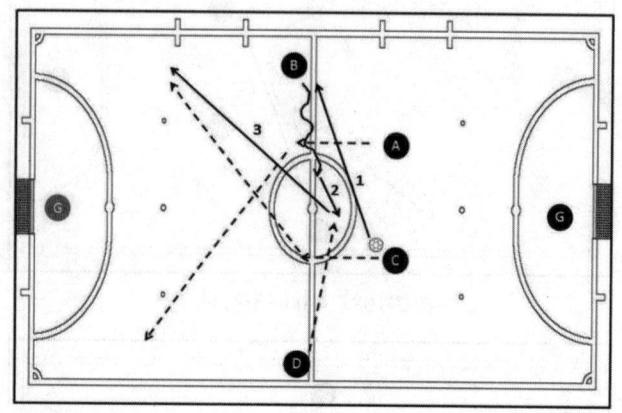

图 3-111 4-0 阵形打法 4

（4）混合型阵形进攻。

混合型阵形进攻指的是运用两种及两种以上的进攻方法进行训练和比赛。其中，值得一提的是 3-1 阵形打法的要边直线球的 8 字轮转和 3-1 阵形打法 5 的与中锋换位要斜线球轮转，两者在实战中可以混合起来用，即可以做一次要边直线的 8 字轮转，然后做一次与中锋换位要斜线球轮转，球员就可以至少在 8 种进攻打法下寻找最佳方案，同时也给对手带来极大的困惑。

3-1 阵形打法 9 边路斜向跑交换中锋的轮转和 3-1 阵形打法 14 圆形大轮转在实战中可以混合起来用，即可以做一次边路斜向跑交换中锋，然后紧接着做圆形大轮转，这样很容易迷惑对手，以达到渗透的目的。

2-2 阵形打法 2 斜向跑轮转（diagonal）和 4-0 阵形打法 1 传球到边路做斜向跑轮转也可以混合起来使用，这里可以先做两次 2-2 斜向跑轮转以后，再做两次 4-0 阵形传球到边路做斜向跑轮转。

此外，也可以尝试将四种 3-1 阵形的轮转混合起来的进攻方式，即 3-1 阵形打法 9 边路斜向跑交换中锋的轮转+3-1 阵形打法 14 圆形大轮转+3-1 阵形打法 1 要边直线球的 8 字轮转+3-1 阵形打法 5 与中锋换位要斜线球轮转，这样球员就会在已知的 18 种进攻组合中寻找最佳进攻时机和方法，从而使进攻的目的性更强，纪律性更好。

由于现代小场地足球在防守紧逼上做得很好，所以 4-0 阵形结合 2-2 阵形的进攻打法要和所有的 3-1 阵形的打法结合使用。因此，一支战术纪律和素养好的球队应该在进攻时同时运用 30 多种进攻的具体方法，这不但需要球员的战术理解力和纪律，同时也需要球员的个人技术保证和体能保证。因此，小场地足球的技战术需要运动员花费大量时间和精力来学习、理解和运用。

（5）以多打少的特殊情况。

①4V3。小场地足球比赛中，如果有队员被红牌罚下，将会有 2 分钟的时间出现 4V2 的情况，人数优势的队可以利用这个情况尽快得分。4V3 的进攻方通常采用 2-2 阵形，即在前场占领 4 个角，通过耐心传球，调动对手的防守位置，使防守阵形不断移动，在这个移动中，进攻方可以抓住防守的空当射门得分（图 3-112）。进攻方的传球要求要快，力量要足够，尽量减少触球次数，通过两名前锋不断进出对方禁区来达到调动防守的目的。

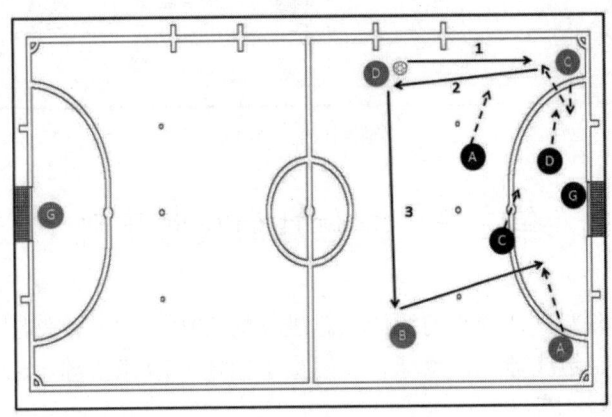

图 3-112　4V3

如图 3-112 所示，通常防守方的第一条防守线在 10 米点附近，不管对手是采用倒三角形还是正三角形防守，当 D（黑色）假装跑入禁区再出来要球时，防守方必然要形成 2-1 防守站位，并被吸引到一侧，这时，C（灰色）与 D 撞墙式传球，然后 D 快速转移球给 B，同时 A 插入禁区要球，可以形成射门机会。这个理论基础就是利用人数优势，当一边形成 2V2 时，另外一边肯定会形成 2V1 局面，通过快速传球，获得射门机会。

②5V4。5V4 战术也称"Power Play"，就是用 1 名场上球员替换守门员参与进攻，利用场上的人数优势，快速扳回比分或者是拖延比赛时间。替换守门员的球员在本方半场只有一次触球机会，除非多方触碰球，他才尽量要到对方半场去接球。在这样的情况下，即便感到慌乱，球员也要传球进攻、站好和传好球，通过耐心传球，调动对手的防守位置，使防守阵形不断移动，在这个移动中，进攻方通常利用 3 人在一边的战术，再局部利用 3V2 的机会，抓住防守

的空当传球射门得分（图 3-113）。传球要求要快，力量要足够，尽量减少触球次数。通过底线球员的横传球，然后包抄球门的中路和后门柱。

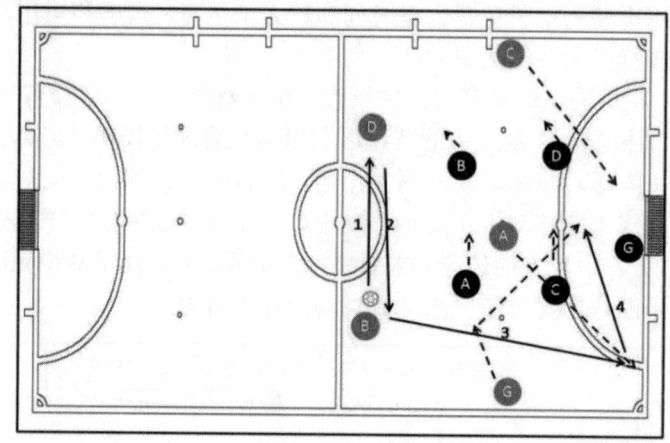

图 3-113　5V4

第三节　定位球的攻防原则

根据巴西联赛一个赛季的统计，总进球的 20%～30%都来自定位球。定位球是诸如角球、边线球、任意球、守门员手抛球、10 米点球、6 米点球以及中线开球的总称。

如何设计和运用定位球是每个教练员都要面临的问题。设计和运用定位球可以分为以下三个阶段。

1. 设计阶段

教练员在平面图上写出要执行的定位球的具体方法。图中要明确球员在场上的位置和任务，球的基本移动轨迹和球员移动的轨迹，以及应对可能出现的对抗情况的几种解决方法。在设计阶段，应当使用以下的原则。

（1）实用原则：设计必须实用，换句话说，就是一定要达到射门得分的目的。教练员必须在美学、美感和有效实用之间做出选择，定位球不应该设计成装点教练员门面的花哨动作，而是应该成为一次得分的机会。

（2）可操作原则：定位球的设计必须根据球员的能力，要在球员能力范围内完成所有动作。

（3）多重解决方案原则：每一个定位球，在执行时都要提供多重的射门方案,因为定位球本身难以预测。

(4)安全原则:设计定位球不但要设计多重射门得分的方案,还要设计防守保护的方案,因为要预防对手的反击。

2. 运用阶段

设计阶段结束后,就要到场地上把设计图变为实际。这个阶段非常重要,所有球员不但要学会这个定位球的打法,同时还要做出相应的调整,很多调整只能在实际场地中才能进行。在运用阶段,场上的球员应当使用以下原则。

(1)简单的原则:在执行定位球时,场上球员都会面临不同的解决方案,通常情况下,最简单的方案往往是最有效的方案。

(2)随机应变的原则:球员并不需要一味照着事先确定的方案来执行,而是要观察当时比赛的情景和对手的防守。要根据对手防守的反应来确定执行的最终方法。例如,定位球设计为先传球一次,然后直接射门。但是,防守方已经预测到进攻方的意图,先移动来阻止射门,但没盯住在后门柱的球员,这时发球球员就应该毫不犹豫地直接传球给后门柱的球员,也就是说要善于在瞬间抓住对手的失误。

(3)共识的原则:所有球员都要熟悉定位球的移动,不但是那些跑位的球员,其他的队友也都要熟悉这些移动。

(4)同步化原则:球员的移动和球的移动必须同步,要有效地执行定位球,就需要尊重定位球本身的节奏。

(5)出其不意原则:这一点非常重要,可使定位球难以判断,并能够消除对手主动防守的能力。这个原则通过球员当时的态度、站位和身体语言来实现,让对手难以掌握即将执行的所有移动。在比赛中常见的一个错误就是当一个设计好的定位球有一脚以上传球时,球员不是主动迎着球跑,单从这一点就可以让对手观察出不会直接射门,这样不仅无法使用出其不意的原则,而且也让自己丧失直接射门的机会。

3. 反馈阶段

实践是检验真理的唯一标准,只有在场地上实际运用,才能知道设计的战术是否有效,是否需要做出改变,以及如何才能使其更加有效。

除此之外,识别空间和防守站位也是定位球设计和运用原则中的两个重要因素:识别空间是指要识别罚球点在场地什么区域,对方人墙是怎么站的;防

守站位是指要识别对手的防守站位,对球门的保护有几层。

以下是几种定位球的设计模板。

(1)边线球。

目前,小场地足球的边线球是用脚踢的,国际足联在1994年开始执行这样的规则。当然,现在仍然有其他的世界性小场地足球组织还在沿用双手掷球的方法。发边线球时,球员要观察发球的区域是位于进攻区域,还是控制球区域,还是需要摆脱紧逼。快速发球有利于打乱防守阵形,但有时也需要在队友站好位以后才更有效。要留意球的摆放位置,现在要求把球放在边线上或是离边线不超过20厘米的区域,同时要注意4秒的限制时间,以及不要把支撑脚完全踏入场地内。当边线球在进攻区域时,发球球员要考虑队友的接球时机和队友射门时的习惯脚。所有球员都不要让自己的动作太明显,以免被对方防守球员了解意图;所有球员都要通过跑动来摆脱盯人,接应发球球员,不要静止不动。发球后,发球球员要迅速进入场地,提供接应机会,不能站在场外观看。

在防守边线球时,首先要避免被进攻方突然袭击,尽量快速组织防守。如同防守角球一样,盯人时的交流非常重要。在球和球门之间布置一名球员,但要符合离球5米的规定,否则会被裁判黄牌警告。要预判球的运动方向和进攻方的移动方向,随时要封堵进攻球员的射门。

设计边线球的一个好办法就是把场地至少分成三个区域,并在这些区域内设计各种移动的方法,这样分区可以给在各区域内的边线球确定不同的标准。如图3-114所示,Z1为摆脱紧逼区域,就是从球门线开始向前延伸15米的区域,这个区域的主要任务是通过摆脱紧逼来控球和进攻,射门不是首要的目的,因为离对手球员的距离还远。Z2是中间区域,大约为10~15米长度的区域,虽然离对方球门近了一点,但这个区域的主要任务仍然是控球和进攻,射门是次要目的。Z3是射门区域,就是场地的最后15米区域,因此这个区域的首要任务是射门,控球和进攻都是次要的目的。

①边线球1:如图3-115所示,这个边线球位于Z3区域,属于进攻射门区域,因此,在这个边线球的设计上要偏重进攻。要想获得射门机会,在设计上应该简略,射门前的传球最好不要超过三次。这个边线球的站位采用了倒"L"的形状,利于靠近发球点的球员直接冲上来射门或打后门柱。因此,在发球前,进攻方B和C(黑色)先移动,C用鱼钩跑形式包抄后门柱,B向前门柱方向靠近要球。A在发球后,应该立刻进入场地,向后移动做好进攻平衡。

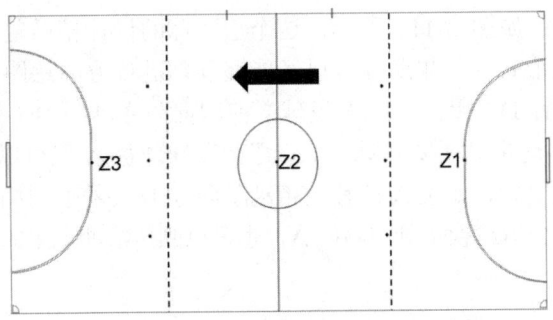

图 3-114 边线球的区域设计

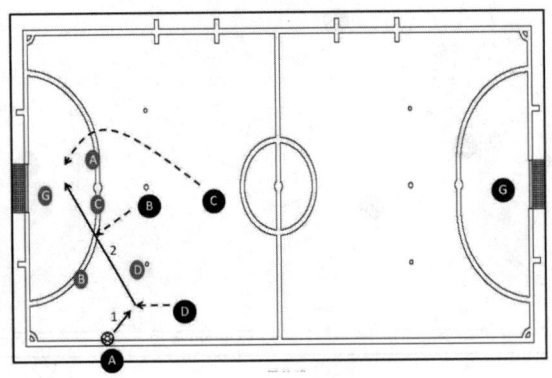

图 3-115 边线球 1

②边线球 2：如图 3-116 所示，这个边线球的设计也非常简单，球员站位成正三角形，利用靠近发球点的球员 C（黑色）冲上来迎球射门或打后门柱，同时，中锋 D（黑色）假跑后包抄后门柱。

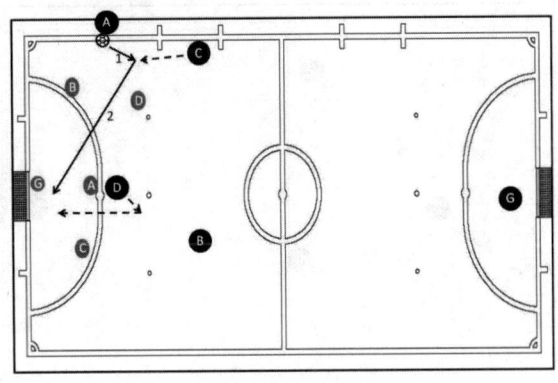

图 3-116 边线球 2

③边线球 3：如图 3-117 所示，这个边线球的设计稍微复杂一点，是上一个边线球的变化形式。如果防守方已经能够预判进攻方的意图，有时就立即需要变化队形。中锋 D（黑色）在 A 发球之前跑向防守球员 B（灰色），并要球。如果中锋 D 的移动带动了防守球员 A，那么发球球员 A 就可以和中锋 D 换位，跑到中锋的位置要球，如果 A 的移动带动了防守 D，这时，接球球员 D 有两个选择，他既可以分球给换位到中路的 A，也可以回传给冲上来的 C，A 和 C 都可以迎着球射门。

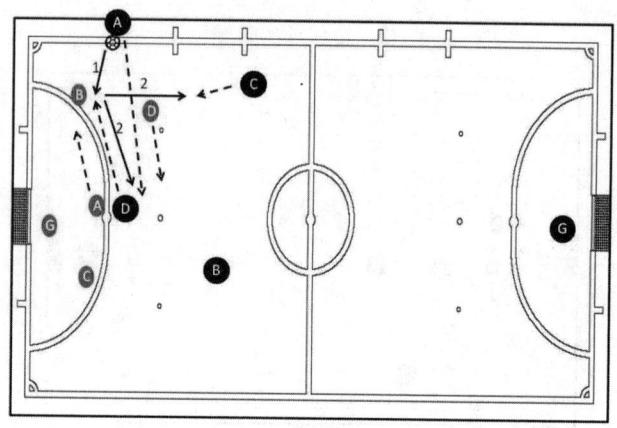

图 3-117　边线球 3

④边线球 4：如图 3-118 所示，这个球的位置在 Z2 区域，属于组织球区域，因此在传球数量上就不要拘泥于三脚球以内。A 传球给接应来的 B，B 接球后传球找中锋，并与中锋 D（黑色）做撞墙式二过一，获得机会射门。

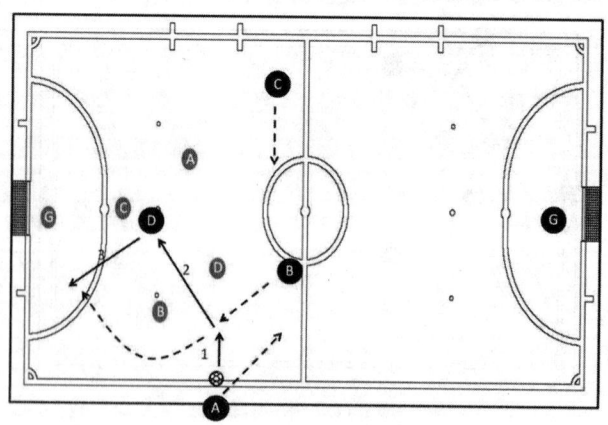

图 3-118　边线球 4

⑤边线球5：如图3-119所示，这是在组织球区域比较经典的边线球设计。A发球给接应的B（黑色），并与B做重叠式向后拉球。A在发球后立即进入场地，然后拉球，再传球给中路的C，C迎上来接球，将球传给包抄进入对方禁区的B，B接球后射门或者打后门柱，在C传球的瞬间，D跑进禁区包抄后门柱。

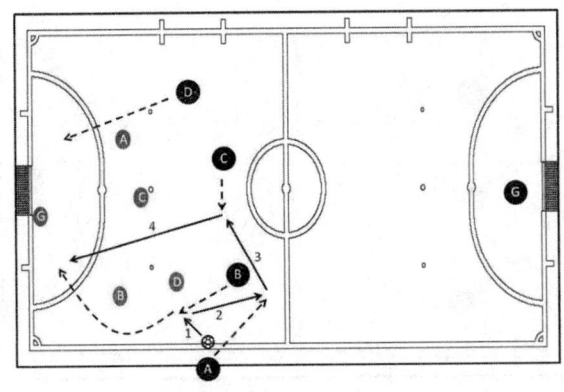

图3-119　边线球5

（2）角球。

角球是射门区域的定位球。每次比赛之前，准备好三种角球的战术方案，可以起到事半功倍的效果。发角球之前，进攻球员一定要做几次假的移动，这是为了干扰防守方的战术纪律。如果防守方跟随进攻方在发球之前移动，就可能露出几个防守漏洞，进攻方则可以利用这些漏洞达到射门的目的。由于有4秒的限制，因此，发球球员一旦犹豫，就把球回传给守门员。

防守角球时，防守方的站位基本是区域防守，即2-1-1站位方法，把球门前所有的空间都防住。一般守门员站在前门柱，在底线离角球5米处，设置一名防守球员，他通常离底线一个球的距离，便于守门员观察球。再安排另外一名球员与这个球员平行，站在禁区线上，他要负责防守靠近发球球员的另外一名进攻球员。在他们两名球员身后，前门柱区域是另外一名防守球员，负责防守往前门柱区域插上来的进攻球员。在他身后的后门柱前面区域，有一名防守球员，他通常稍微靠近禁区线，防守后门柱区域的进攻。所有防守球员要相互交流，分配好每人的盯人对象。由于在发球前，进攻方球员要做假移动，因此交流非常重要。另外，当球一旦被触动，防守方马上就要从区域防守转换成人盯人防守。

①角球1：除发球球员外，其余三名球员的初始站位也很重要，如图3-120所示，这个站位既可以是一条直线的站位，也可以是正三角形站位。A发球前，

B和D做交叉跑动，D可以跑到C前面，假装要A的传球，B也跑向后门柱，迫使防守球员A和C进行防守换人；A传球给向中路移动的C，C射门。注意C向中路移动时应该做弧形移动方便射门。由于场上3名球员都投入到进攻，A发完球后，应该立即向中后移动，做好进攻平衡。

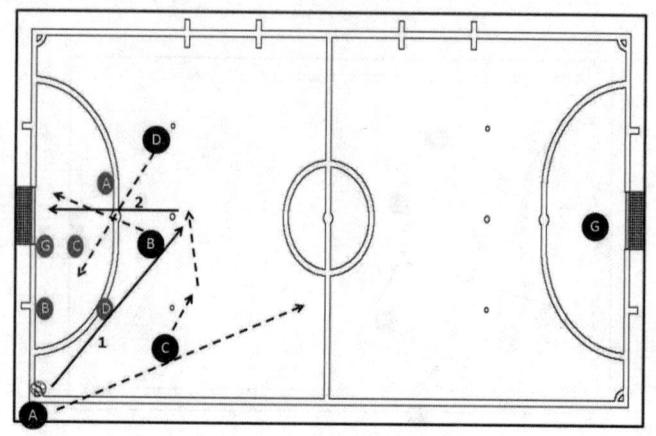

图 3-120　角球 1

②角球 2：如图 3-121 所示，这个站位既可以是一条直线的站位，也可以是正三角形站位。A发球前，进攻方C（黑色）和B都往前门柱和后门柱区域挤，尤其是C要用身体挤防守D（灰色），等D发力时，C突然收力滑进禁区，A这时既可以传球给C也可以传球给最远端的D，D接球后既可以射门，也可以和跟上的A做撞墙配合，A接球后射门或传给禁区内的C。

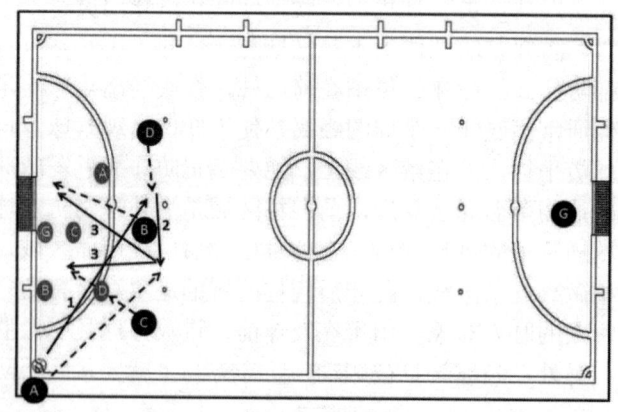

图 3-121　角球 2

③角球 3：场上进攻球员除了站成一条直线和正三角形外，也可以站成"L"

形。如图 3-122 所示，A 发球前，B 移动挡拆防守球员 C，与此同时，A 传球给 B 后面的跟上的 D，D 跟上射门。C 正好做进攻平衡。

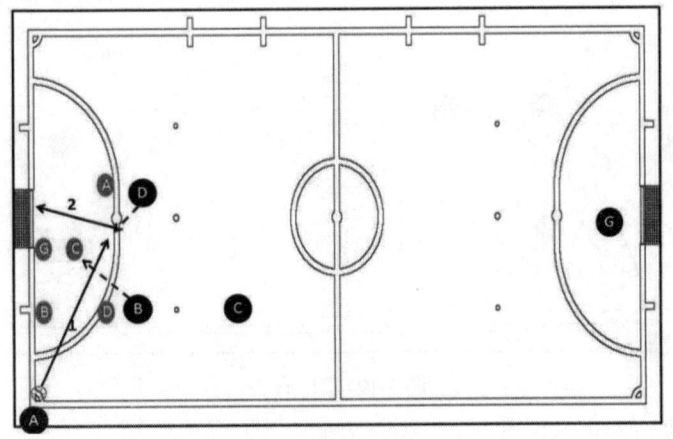

图 3-122　角球 3

④角球 4：如图 3-123 所示，在 A 发球前，B 和 D（黑色）交叉移动并做挡拆，A 挑高球给 C 到球门后侧，C 向侧前方移动，略带弧形，打凌空球射门。如果防守方的区域站位很好，并且防守纪律好，发球前不轻易跟随进攻方球员移动，这种挑高球打凌空是比较常用的进攻办法。

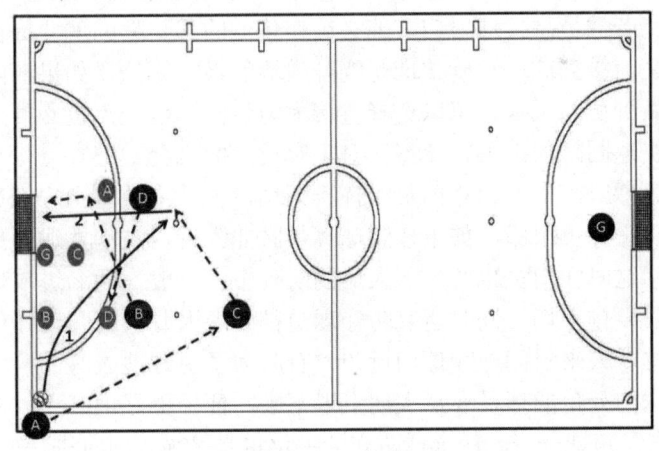

图 3-123　角球 4

⑤角球 5：如图 3-124 所示这是一种倒"L"的站位，也适合挑球打凌空射门。D 在发球前挡防守方的 C，给自己身后的 C 留出打凌空球的空间。A 发球后要注意进攻平衡。

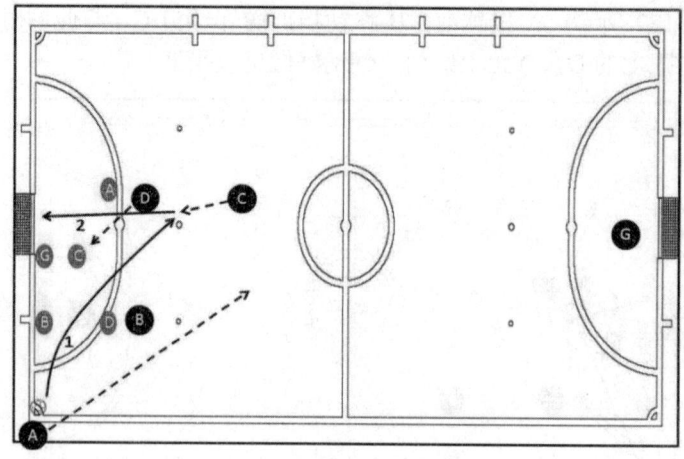

图 3-124　角球 5

（3）任意球。

小场地足球中直接任意球有五次累计，超过五次以后的犯规要被判罚 10 米点球（当犯规点在 10 米点球点之前且又在禁区之外时，进攻方可以选择在犯规地点罚球，也可以选择踢 10 米点球）。同时，任意球是一次得分的良机。进攻方要尝试模糊守门员的视线，尽量利用好时机出其不意地攻门。球员要迅速占位，发球前要通过移动或换位占据球门的近端和远端，要通过移动基本形成一个四方形。若球员想接球射门，他必须在传球的那一瞬间就要提前移动，使自己于防守之前接到球。精确传球是绕开人墙的最好方法。如果在限制 4 秒的时间内不能做到协同一致，可以选择直接大力射门，这一点也必须让所有队友明白，做好快速回防的准备，免得让对手有反击的机会。

防守任意球时，一般由守门员指挥排人墙，人墙人数也由守门员安排，由一名到三名防守球员组成。如果任意球离禁区非常近，人墙要退到离球门线约一米的位置，这时守门员也要加入人墙的队列中。一般当两名进攻球员靠近罚球点时，就需要排人墙，同时所有防守球员都要做人盯人分配。守门员组织人墙时，要安排专人来封闭球和球门近角，有时为了更好地人盯人，在排好人墙以后，靠近球门死角的球员要从人墙上退下来，便于更好地盯人，同时起到人墙的作用。与发角球一样，任意球防守的占位也是区域，同时进行人盯人分配，在发球前，进攻球员会佯动，同时要注意交流，一旦进攻方触动球以后，立即从区域转换成人盯人防守，对自己防守的球员要上前封堵其射门。

①任意球 1：如图 3-125 所示，这个任意球正好在 Z2 区的中心靠近禁区的地方。在这个区域，任意球的通常方法是横传，然后射门或打后门柱。A 在发

球前先横向移动,同时 C 也移动到人墙边做挡拆,准备和 D 做撞墙配合;D 传球给 A,同时 B 横向移动到球门后门柱,A 接球后射门或打后门柱。

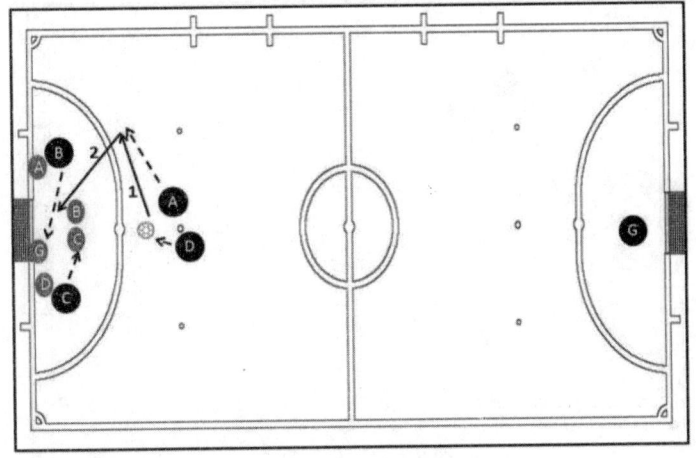

图 3-125　任意球 1

②任意球 2:如图 3-126 所示,这个任意球在 Z3 区域,进攻球员站位是 3-1。进攻方 D 先移动,与 B 进行换位,D 跑到人墙边上做挡拆,B 跑出禁区后迎着 A 的传球射门,或者传球给 D 做撞墙配合,也可以漏球给 C,让 C 射门或打后门柱,D 做包抄。

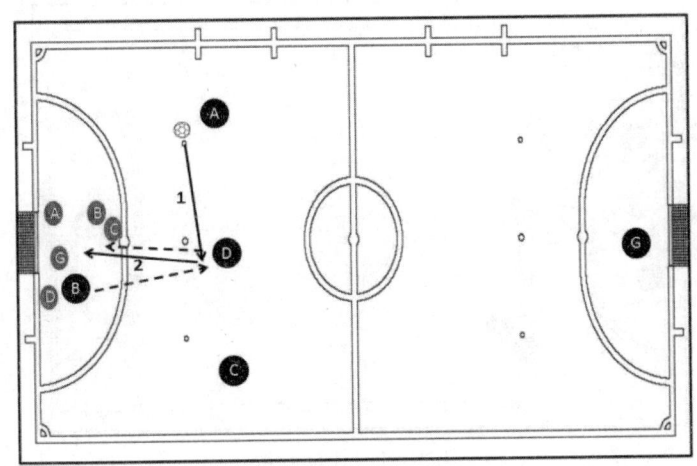

图 3-126　任意球 2

③任意球 3:与上个任意球的位置相同,但有两名球员靠近球,迫使对方做人墙。如图 3-127 所示,发球前,D 和 B 先移动换位,D 跑向人墙做挡拆动

作，B 跑出禁区要球准备射门。这时，D 做完挡拆动作后可以从侧面滑出，并转身接 A 传球，C 可以射门，也可以传球给 B，B 射门。

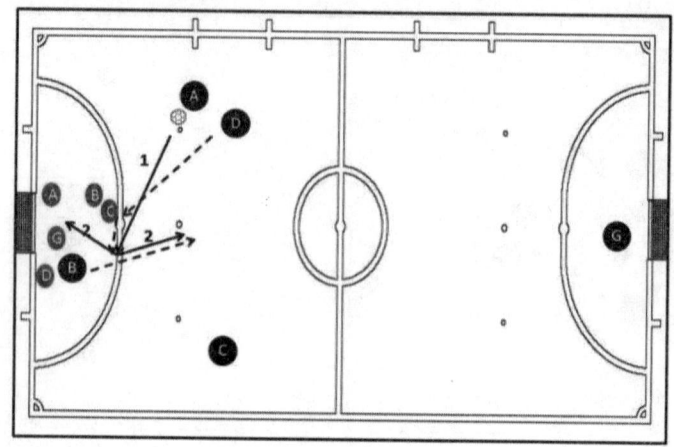

图 3-127　任意球 3

④任意球 4：如图 3-128 所示，这个任意球还在 Z3 区域，但在球门左侧。如果进攻球员 D 是左脚选手，可以这样设计。A 和 B 先移动，B 移动到人墙边做挡拆，挡住防守球员 C，A 假装要接球，突然变向跑挡住防守 A，与此同时，D 移动出禁区迎着来球射门。

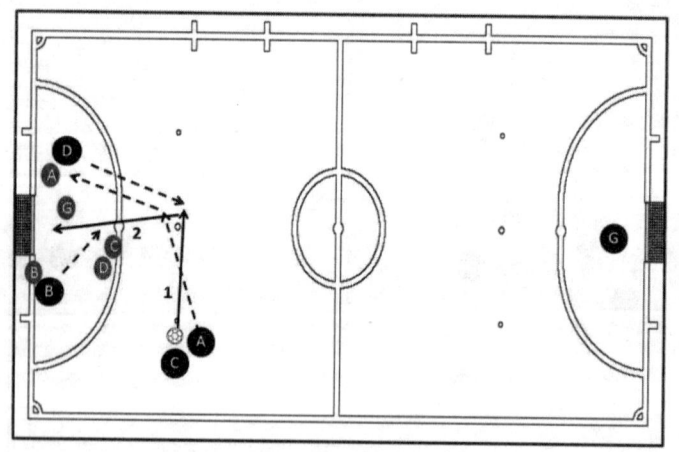

图 3-128　任意球 4

⑤任意球 5：如图 3-129 所示，这个任意球位置与上一个一样，当时进攻方 D 不是左脚选手，可以这样设计。A 横向移动，吸引人墙 C 的注意力，同时 B 拉开要求，C 传球给 B，与传球同时 D 包抄后门柱区域，接 B 的横传球。

第三章 小场地足球战术

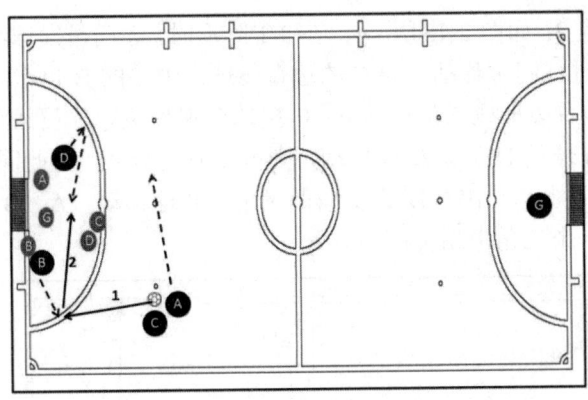

图 3-129　任意球 5

（4）球门球。

现代小场地足球在防守上的紧逼非常普遍，而且这种紧逼通常是全场，而通过发球门球可达到摆脱紧逼的效果。由于守门员发球有 4 秒的限制，因此，前场紧逼有时非常有效。进攻方一旦在移动上有迟疑或失误，就很容易让执行紧逼的防守方抢下球并射门得分。所以，每队都必须练习 1～3 种摆脱紧逼的方法，反复演练，才能取得效果。摆脱紧逼时，球员必须高速移动，传球必须准确、有力，而且尽量减少触球次数。

①摆脱紧逼 1：守门员应该在捡球时发出指令，让球员迅速站位，2-2 站位是普遍使用的方法。如图 3-130 所示，在守门员拿好球开始读秒时，4 名球员要高速移动。如果守门员往右边发球，高速回来的 B 迎着球可以长传球到场地的左前方，让换位上去的 A 接球；也可以横传给从左边路回来的 D，同时，右路的 C 斜向跑到场地中路和 4 名防守球员的中间，与 A、D 形成三角形，在场地的左边区域形成了 3V2 以多打少的局面。

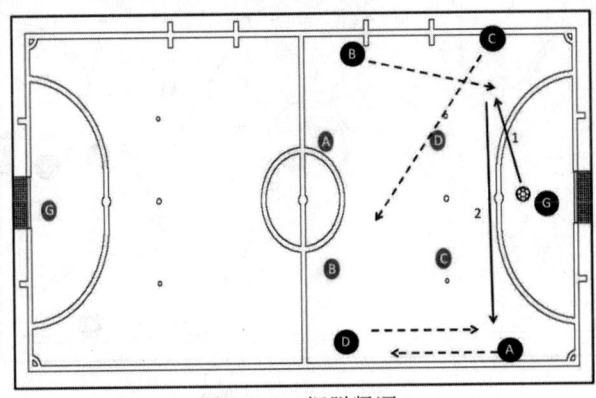

图 3-130　摆脱紧逼 1

· 157 ·

②摆脱紧逼 2：如图 3-131 所示，在 3-1 阵形时，守门员发球给左边路的 C，同时，中锋 D 进行同边移动，要 C 的边直线球；中路的 B 也在同时向前移动，与 C、D 在场地右边形成三角形站位；C 接球后观察防守球员 A 和 D 的移动和站位，如果防守球员 D 随队友 B 移动，则可以横传给 A，与此同时，进攻方 B 变向做斜向跑，同时，中锋 D 也变向做对角线要球移动，A、B、D 在场地的左边区域形成一个三角形站位。

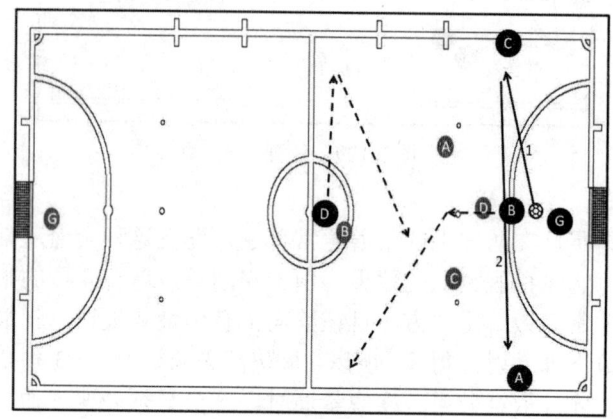

图 3-131　摆脱紧逼 2

③摆脱紧逼 3：这个方法和上一个类似。如图 3-132 所示，守门员发球给边路 C 的同时，中间 D 斜向跑要边直线球，如果防守球员 D 跟随，C 可以观察防守球员 A 的移动，如果 A 没有防横传，C 可以横传 A，同时中锋 D 拉边接应，B 折返到中路接应，B、D、A 在场地左边区域形成三角形站位。

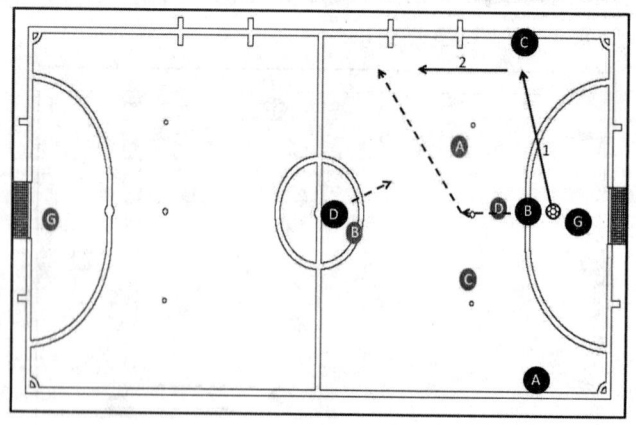

图 3-132　摆脱紧逼 3

④摆脱紧逼4：如图3-133所示，若本方球员是2-1-1站位，中锋D和中场球员B换位，B接球后可以直接突破射门。注意，如果B是左脚选手的话，他可以选择预先站在场地右边。

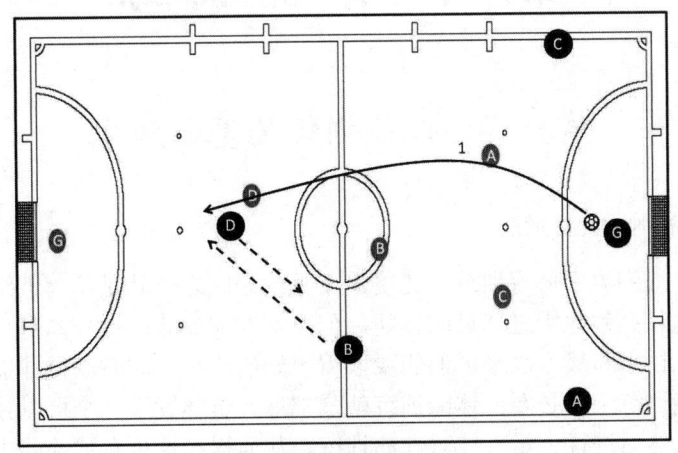

图3-133　摆脱紧逼4

⑤摆脱紧逼5：如图3-134所示，若本方球员是4-0站位，则可以采用圆形轮转的方法。守门员假装向左路回来的D发球，B做对角线接应以后，抛球给插上的C。

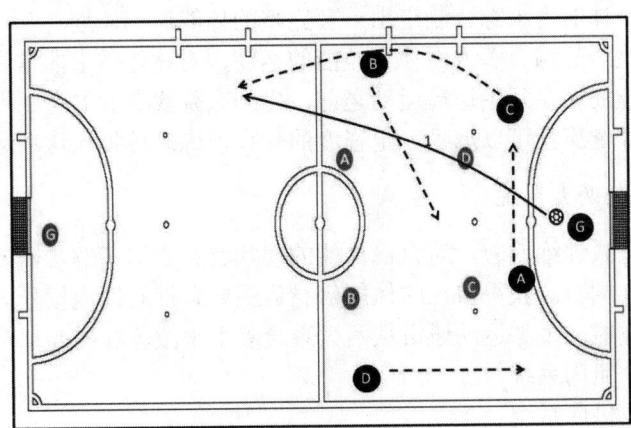

图3-134　摆脱紧逼5

第四章 体 能 训 练

第一节 体能训练的基础知识

1. 体能训练的目的

当下,人们对于体育训练、比赛最常见的误区之一就是认为训练及比赛本身可以快速且高效地增进球员的体能。但事实并非如此,比赛本身可以提高球员的技能、技术和战术水平,但想要取得更好的成绩,同时获得体能上最大的潜力,体能训练十分必要。体能训练就是把球员身体置于一个可以接受的身体压力范围,然后进行大量有针对性的训练,从而提高球员身体的能力。因为没有足够的体能训练,参加比赛会给球员带来很大的受伤风险。

体能训练是一个长期而又高度科学的过程。体能训练要因人而异,因为每个人都是不同的个体,都有自己的体能差异以及对训练的不同适应能力。聘用专业的体能专家是一件非常重要的事情,体能专家可以根据球队现有的体能水平针对每个个体的需求综合制定出一套完整的体能训练计划。

小场地足球是综合多方面体育技能的运动,对体能需求非常高,建议对这项运动感兴趣的人在开始这项运动之前,先到医院找专业的医生做一次体检,确认自己身体健康且可以承受一定强度的体育训练后再投入这项运动中。

2. 训练的两大系统

球员在正式训练前应,对自己体能的现状有初步的了解,需要专家用具体的测试方法来测验。获得自己的体能信息后就要有针对性地接受训练,以改善和提高自我体能。足球运动通常从两大系统着手来改善和提高球员的体能:能量供应系统、肌肉系统。

(1)能量供应系统。

我们在球场上的任何动作,如冲刺、运球急跑急停等,我们的骨骼肌都是由一种化学物来提供能量,就是三磷酸腺苷(Adenosine Triphosphate,ATP)。通过 ATP 的分解,为肌肉的收缩提供能量。而 ATP 的分解是由人脑内动能神经元发射的电磁脉冲来触发的。现在的问题是我们的身体只能储备很少量的能量来满足几秒钟的全额爆发力。

第四章 体能训练

当 ATP 被耗尽，肌肉还可以利用一种高能量化合物——磷酸肌酸（PC）。把 ATP 和 PC 混合起来，身体可以在全额爆发力的情况下提供 5~8 秒的能量。为了维持身体对能量的需求，人体必须即时重新合成新的 ATP，而新的能量主要是通过两个系统来进行补充：无氧系统、有氧系统。

①无氧系统。无氧系统就是分解碳水化合物形成 ATP 的过程，称为无氧糖酵解。也就是在无氧情况下产生的化学反应，所以人们通常把这个过程叫作无氧酵解。无氧系统可以给球员提供大约 45 秒钟的能量。

②有氧系统。在无氧系统之后，糖酵解的副产品乳酸也就随之而来，并在肌肉里面堆积，造成暂时的疲惫、不适和影响运动能力。身体摆脱乳酸的唯一办法就是减慢运动速度，利用有氧系统把乳酸转化成可用的燃料。如果某一个行为超过 2 分钟，身体就会逐渐转换能量供应系统到有氧系统，补充以前储备的 ATP。这个过程就是利用氧气来分解碳水化合物或者脂肪。有氧系统会非常有效地把燃料转换成能量，几乎没有任何浪费。这个转换的过程是无氧系统提供能量的 13 倍。

在足球运动中，这两套能量系统都非常重要，不论是慢步走还是 10 米快速冲刺，都要利用这两个系统。因此，不能只片面强调一种能量系统，而是要明白某些具体的身体行为是由哪个系统为主来提供所需的能量。

总的来说，有氧能量系统主要负责身体的耐力，而无氧能量系统主要负责身体的速度。

耐力可以通过有氧训练得到提高。耐力是在疲劳状况下保证高强度比赛的能力，是考察球员素质的重要因素。球员在每个位置上所需要的耐力不一样，在小场地足球当中，一项数据统计显示，守门员的跑动距离约 700 米，中锋约为 4000 米，其余场上球员跑动距离约为 7000 米。

速度是考察球员的第二个重要因素。据统计，小场地足球比赛中，球员所有冲刺都在 7 秒以下，基本在其最大能力的 90%~95%。小场地足球比赛中，空间是球员考虑的重要因素，以最快速度跑到需要的空间是这项运动的基本原则。小场地足球中的速度的概念一般指：快速加速、在 7 秒内就要达到最快速度、根据比赛情景快速反应、快速变向、急停急跑。

通过速度训练，可以提高球员接传球的效率，同时也能提高球员头脑思考的效率，足球以及小场地足球归根结底是一个动脑的游戏，随着速度的提高，球员必须同步提高思考和决策的速度。小场地足球比赛中时机非常重要，在正确的时机到达正确的位置，不早也不迟，这是非常重要的能力。

无氧由乳酸供应系统作为主要的供能系统为速度提供能量，针对这个系统的无氧训练主要有三个方面：忍耐乳酸堆积、缩短两次无氧行动之间的恢复时间、提高无氧系统运行的频率。

速度不仅仅受到大脑和神经系统的控制，肌肉力量同样在足球比赛中起到非常重要的作用。不但射门需要肌肉的力量，人体冲刺的能力、变向的能力以及急停急跑等的能力都可以随着肌肉力量的改变而改变。

（2）肌肉系统。

身体肌肉通过收缩来为身体产生力量。身体所有肌肉都是通过拉伸来进行工作，如一块肌肉或是一个肌肉群向一个方向收缩拉伸，与之相反的肌肉则放松并让拉伸得以完成。当我们弯腰用力拉伸膝关节，那么大腿前面的肌肉（四头肌）就要收缩，大腿后面的肌肉（大腿筋）就要放松，与前面的肌肉做相反方向的运动。身体的所有肌肉都是这样相互作用的。

通常情况下我们在训练肌肉系统时，都会考虑肌肉的四个方面：肌肉力量、肌肉耐力、肌肉爆发力和肌肉柔韧性。

①肌肉力量。肌肉力量是单块肌肉收缩时释放出来的最大力量的能力。肌肉力量对于从事足球和小场地足球运动的球员有特别意义，医学研究证明将适当的力量训练作为体能训练的补助训练，可以明显改善腿部的力量，使球员踢球的力量明显增加，同时可以减少受伤。现代美国体育医学强调，每日进行综合性的多部位肌肉同时协助的力量训练对于提高和保持肌肉力量非常有效，例如，每日进行引体向上运动和下蹲运动，辅助以缓慢重复的负重上拉练习等。

②肌肉耐力。肌肉耐力是一块肌肉或是一个肌肉群能够工作的最长时间的能力。通过肌肉耐力训练，可以提高血液在工作肌肉群内部的流动，起到促进消除由肌肉活动所产生的新陈代谢残留物、乳酸和二氧化碳等物质的作用。通过锻炼肌肉耐力，球员可以维持更长时间的高水平高强度比赛。

③肌肉爆发力。肌肉爆发力是肌肉在最短时间收缩时所产生的最大张力。提高肌肉爆发力可以提高球员在场上的运动速度。具体的训练有冲刺跑、连跳等力量训练。

④肌肉柔韧性。肌肉柔韧性指肌肉的放松和伸展能力。肌肉柔韧性不够好时，不仅有可能导致身体其他部位拉伤或承受过度的压力，还可能限制球员的移动能力。提高肌肉柔韧性的方法有静态拉伸、动态拉伸等。

第二节 体能训练的六个原则

通过长期的研究和试验，体育科研界的学者们将体能训练归纳为六个原则，这些原则既适用于体能训练中的能量供应系统训练，也适用于肌肉系统训练，无论我们采用哪种体能训练形式，这些原则都是提高体能的保障。它们对于职业球员或者是业余球员都是非常重要的。体能训练的六个原则分别是：热身与放松、超负荷训练、训练进展、专项训练、个人的反馈、训练成果可消退。

1. 热身与放松

身体在进行剧烈运动前必须要有逐渐适应的过程，热身活动就是逐渐提高心跳频率和呼吸系统频率的过程。同时，也有助于增加肌肉温度，让其在 40℃的条件下工作，从而促进肌肉血液流动，供应充足的氧气，也可以提高神经脉冲的速度，让速度更快，让关节的活动距离加大，从而避免肌肉和韧带的撕裂。

热身一般由以下两个部分组成。

（1）普通热身活动。

普通热身活动指先走路，然后每 10 秒后加速达到慢跑状态，在慢跑状态下依次从上肢开始做动态的牵拉，再做腰部动态的牵拉，踢腿（向前、向后、侧面），侧面滑步，正面滑步和背面滑步，高抬腿跑，向后踢腿跑，向前向后跑，向前跑转身向后跑等，让身体肌肉充分热起来。

（2）静力牵拉。

牵拉可以提高关节活动的距离。主要应高牵拉腰肌、四头肌、股二头肌、后背肌、内收肌，以及髋关节外侧。

普通热身活动加上牵拉的时间通常为 10～30 分钟，要根据球员的年龄、练习或者比赛的强度来决定。热身和训练（比赛）之间的间隙时间也不宜过长，最好不要超过 30 分钟，否则热身的效果将会失去。

在比赛结束和训练结束后，身体需要放松。放松的作用和热身的作用一样重要，因为在剧烈活动后，身体需要调整到休息状态。可以通过轻微的有氧活动来调整，通过慢跑，然后每隔 10 秒钟减速，直至到快步走来完成。

放松之后，同样需要轻微地牵拉身体各主要肌肉群，然后才淋浴和补水休息。通常在激烈比赛过后，或者在有强度的训练过后，部分球员感觉疲劳，不愿意做放松活动。所以需要教练给球员解释，通过放松活动，可以使身体得到有氧循环，可以清除在肌肉内残留的乳酸，减少血液在收缩肌肉群内的堆积，

也可以减少肌肉酸痛症状,加快恢复,有利于第二天的比赛或训练。牵拉是轻柔地拉伸肌肉的锻炼,可以提高肌肉组织的弹性和柔韧性。

2. 超负荷训练

如果想要改变身体的能量供应系统和肌肉系统,就需要对这些系统进行加压训练。身体系统通过对这些压力的适应,来提高自身的能力,因此,超负荷训练要逐步增加压力,不能太慢,也不能太快。太慢,身体各系统对压力的反应就慢;太快,容易直接导致身体受到伤害。可以通过观察在一段时间的适应后,身体对压力的表现来确定压力训练的情况。刚开始训练的人一定要选择在自身极限下的某个点作为出发点,循序渐进地增加压力。

训练者要明确超负荷强度是指比平常压力稍微大一点的负重,或身体的用力,让身体逐渐得到加压训练,使身体在受到压力刺激后训练。一旦这个加压程序开始后,就要不断地增加新压力来刺激身体。体能训练就是让身体超越目前的极限,直到一个超负荷的状态。为了增加肌肉耐力,肌肉超负荷的时间就要比平时承受压力的时间长,这是因为正常的训练量往往只能维持目前的体能状况。再次强调,超负荷训练要逐步增加压力,不能太慢,也不能太快。

(1)训练时间。

训练强度和训练时间是一对不得不考虑的因素。通常情况下,增加训练时间可以改善身体有氧能量制造系统和肌肉系统,但这个因素是相对的。就单次训练单元,或者一周的训练量,甚至是一个月的训练量而言,可以这样做,但这样做必须有限度。因为很显然,长时间增加训练时间,必然会导致训练强度下降。因此,建议单次的力量训练、爆发力训练和速度训练单元时间不要超过 1 个小时。并且在制订训练小周期时,也要采用多种的训练内容,因为片面高强度的神经刺激会让神经系统快速停滞,对于其他的训练内容不利。

(2)训练的频率。

训练频率就是在特定的时间内训练的重复次数。简单来说,如果在一次超负荷训练中增加重复次数的话,训练的效果就会从改善有氧能量制造系统和肌肉耐力向改善无氧能量制造系统和肌肉爆发力转变。这里有一些规律可以借鉴,例如,每天可以进行无氧活动的练习,但是爆发力训练则只能一周进行三次,这和训练恢复和休息有密切关系。

(3)训练恢复。

体能训练要留意休息的时间。如果肌肉群或单个肌肉从有点僵硬到僵硬,这就明显需要休息了。连续的加压练习和超负荷练习会导致人体力竭和受伤,过度的训练会给身体和心理造成损伤。

3. 训练进展

超负荷训练的原则就是要不断进展。从一个训练强度开始后，身体逐渐开始适应，得到足够休息后，就要开始新的增加负荷的练习。如果增加的负荷过大，身体就会受到损伤。例如，增加肌肉的力量，通常情况下超负荷训练会让肌肉纤维暂时被破坏，然后身体通过修复使其肌肉力量得到加强，这个过程通常需要 48 个小时。如果我们在身体修复前就又开始超负荷训练的话，势必会造成损伤，而不是得到修复和增强。

4. 专项训练

要使体能训练达到最好，必须根据各个专项项目的特点来进行一些专项训练。例如，小场地足球的体能专项训练，就需要各位教练员仔细思考，要根据小场地足球的特性来发展小场地足球的专项体能训练内容。从小场地足球的专用球开始，到小场地足球中运球的特性、踢球的特性、无球跑动时候的特性、在硬地面上面各类跑动、急停、变向等来专门制订体能训练的内容。要留意当设计增强肌肉力量练习时，并非通过同样的练习就可以增强肌肉的耐力。

5. 个人的反馈

每人对体能训练的反应都是不同的。反应有很多方面的因素，这些因素包括：遗传基因方面，包括体质、肌肉纤维的特性、心肺的大小等；感觉运动方面，如视觉、触觉、反应速度和关节肌肉的敏感度；发育成熟方面，发育得越早，越能承受更多训练；性别的因素，女性需要的恢复时间比男性要长；营养方面，根据不同年龄、性别和体型，所需要的营养不同；休息状况方面，有些球员在疲惫后需要更多的休息时间；健康状况方面，不健康的球员更易疲劳和受伤；环境因素，如精神压力、海拔和炎热造成身体不适；激励因素，获得鼓励的球员进步更大，且工作更努力。

6. 训练成果可消退

当体能达到一定高度以后，想通过比赛来保持体能是不够的。体能高峰很难保持，而且非常容易丢失。因此，维持获得的体能，使其不被轻易丢失才是必要的工作。维持体能的训练计划不需要同建设体能时的强度和频率一致，因为通过实验表明，体能获得和体能丢失的比率为 1∶3，即通过 18 周建设起来的体能可以在 6 周后丢失。原因是训练后，提供能量的糖原是正常情况下的三

倍，但是如果没有得到利用，几周后那些额外获得的糖原就自动消失了。这也说明体能训练要避免长时间的休息，长时间的度假以后就要重新从低级别的负荷开始训练。

第三节 运动损伤预防计划

国际足联在2003—2008年资助了一个计划，是预防足球运动伤害的研究计划。该研究结果证实有实施预防性热身运动的队伍能比没有实施预防性热身的队伍降低30%～50%的受伤率。这个计划的结果简称"FIFA 11+"。虽然这个计划是为足球设计的，但是其实用性已经延伸到小场地足球、手球、篮球等项目的伤害预防与训练当中。

这个计划分为三部分：第一部分为跑步练习8分钟；第二部分为力量、加强式训练、平衡能力练习10分钟，在这部分中，分为初级，中级和高级三个模块；第三部分为冲跑、跑跳和变向跑练习2分钟。

为了进行以上三部分的练习，可在场地中用标志碟摆出相对应的两列，同一列的标志碟之间相距5～6米。两名球员在场地内侧，同时从第一个标志碟开始跑动和做各种练习，到最后一个标志碟后，分别从场地外侧跑回。跑回的速度可以逐渐增加，起到热身的效果。第一部分和第三部分的练习在这样的场地做，第二部分的练习在另一块宽敞的矩形场地内进行。

一、跑步练习8分钟

1. 跑步，直线跑

沿直线慢跑到最后一组标志碟。行进间保持上身挺直，髋、膝、足成一直线，膝部内扣，回程稍加速。（2组）

2. 跑步，髋外展

慢跑至第一组标志碟，停下后单膝前屈，然后屈膝髋外展，足缓慢落地，再跑至下组标志碟，另一边膝重复该练习，直至最后一组标志碟。（2组）

3. 跑步，髋内收

慢跑至第一组标志碟，停下后单膝屈膝髋外展，然后屈膝髋内收，足缓慢落地，再跑至下组标志碟，另一边膝重复该练习，直至最后一组标志碟。（2组）

第四章　体能训练

4. 跑步，位置交换

慢跑至第一组标志碟，队员侧身向队友方移动，相互绕对方一圈（面向前方），然后回到原位。重复上述动作直至最后一组标志碟。（2组）

5. 跑步，碰肩

慢跑至第一组标志碟，队员侧身向队友方移动，然后相互朝对方方向挑起凌空肩碰肩，双足落地并保持髋和膝屈曲。退回原位，重复上述动作直至最后一组标志碟。（2组）

6. 跑步，快速前进后移

快速跑至第二组标志碟，然后快速跑回第一组标志碟，同时保持髋和膝微屈。再向前跑两组标志碟，向后跑一组，重复上述动作直至最后一组标志碟。（2组）

二、力量、加强式训练、平衡能力练习 10 分钟

（一）初级

1. 正面平板撑，静态

正面俯身以前臂支撑上身，肘关节在肩正下方。将上身、髋部和下肢提起，直至从头到足成一直线，并收紧腹肌和臀肌，保持该姿势 20~30 秒。（3组）注意：不要摇动或弓背，不要提臀，保持骨盆稳定不倾斜。

2. 侧面平板撑，静态

身体侧卧，倾斜侧屈膝 90°，以该侧前臂和小腿支撑身体，支撑肘在肩正下方。将骨盆和上方大腿提起，直至二者与肩成一直线，保持 20~30 秒，在另外一侧重复上述动作。（3组）注意：保持骨盆稳定不下倾，肩、骨盆和下肢不要前后倾斜。

3. 跪地前倾，初级

屈膝跪地，与肩同宽，队友用双手将足踝固定于地面，缓慢前倾，同时保持身体由头至膝笔直。当不能维持该姿势时，缓慢将体重转移至双手，成俯卧撑姿势，重复 3~5 次。注意：开始动作应放慢，练习熟练后可加速。

4. 单腿训练，持球站立

单腿站立，膝和髋微屈，双手持球。将重心放在前脚掌，维持平衡 30 秒，

换腿重复上述动作。通过微微提脚后跟、双手传球或在对侧胯下传球可增加动作难度。（每侧2组）注意：膝部内扣，骨盆保持水平位不侧倾。

5. 下蹲训练，足尖站立

双脚站立与肩同宽，双手叉腰。缓慢屈曲髋、膝和踝直至屈膝达90°，上体前倾。然后伸直上身，髋和膝，足尖站立，再缓慢回复。接着较快地再次伸直。重复动作30秒。（2组）注意：膝不内扣，上体前倾同时保持腰背挺直。

6. 跳跃练习，垂直跳跃

双脚站立与肩同宽，双手叉腰。缓慢屈髋，直至膝和踝呈90°，上体前倾。保持该姿势1秒，然后尽力挺身向上跳，以双脚掌轻柔着地，重复动作30秒。（2组）注意：双足同时跳下，屈膝以双脚掌轻柔着地。

（二）中级

1. 正面平板撑，交替提腿

正面俯身以前臂支撑上身，肘关节在肩正下方。将上身、髋部和下肢提起直至从头至足一直线，并收紧腹肌和臀肌，然后双腿缓慢轮流提起并保持2秒，重复动作40～60秒。（3组）注意：不要摇动或弓背，不要提臀，保持骨盆稳定不倾斜。

2. 侧面平板撑，髋提降

身体侧卧，双下肢伸直，以前臂支撑身体。支撑肘在肩正下方。将骨盆和下肢提起，直至体侧由肩至足成一直线。将髋降低至地面后再提高，重复动作20～30秒。在另外一侧重复上述动作。（3组）注意：肩和盆骨不要前后倾斜。头不要靠在肩上。

3. 跪地前倾，中级

屈膝跪地，与肩同宽，队友用双手将足踝固定于地面，缓慢前倾，同时保持身体由头至膝笔直。当不能维持该姿势时，缓慢将体重转移至双手，成俯卧撑姿势，重复7～10次。注意：开始动作应放慢，练习熟练后可加速。

4. 单脚训练，互相抛球

面向队友单脚站立，两人相距2～3米。相互传球时保持平衡，同时收腹并将重心放在前脚掌。持续练习30秒，换腿重复上述动作。通过微微提脚后跟增加动作难度。（每侧 2 组）注意：膝不内扣，骨盆保持水平位不侧倾。

5. 下蹲锻炼，前进正压腿

双脚站立与肩同宽，双手叉腰。缓慢匀速弓步前行，逐渐屈髋屈膝直至前膝屈曲达 90°，行进且膝不超过同侧足尖。练习 10 次。（2 组）注意：膝不内扣，保持上身挺直，骨盆水平位。

6. 跳跃练习，侧跳

单腿站立，微屈髋、膝和踝关节，上体前倾。从支撑腿开始侧跳约 1 米后落至另一腿。以脚掌轻柔着地，同时屈髋、膝和踝关节。保持该姿势约 1 秒，然后跳至另一腿。重复动作 30 秒。（2 组）注意：膝不内扣，保持上身面向前方，骨盆水平位。

（三）高级

1. 正面平板撑，提腿并保持

正面俯身以前臂支撑上身，肘关节在肩正下方。将上身、髋部和下肢提起，直至从头至足成一直线，并收紧腹肌和臀肌，然后单腿慢慢提起至离地 10～15 厘米并保持 20～30 秒，换腿重复上述动作。（3 组）注意：不要摇动或弓背，不要提臀。保持骨盆稳定不倾斜。

2. 侧面平板撑，单腿上提

身体侧卧，双下肢伸直，以前臂和下肢支撑身体。支撑肘在肩正下方。将骨盆和下肢提起，直至体侧由肩至足成一直线。外侧单腿提起，然后再缓慢降低。重复动作 20～30 秒。（3 组）注意：肩和骨盆不要前后倾斜，头不要靠在肩上。

3. 跪地前倾，屈膝跪地，与肩同宽

队友用双手将队员足踝固定于地面，缓慢前倾，同时保持身体由头至膝笔直。当不能维持该姿势时，缓慢将体重转移至双手，成俯卧撑姿势，重复 12～15 次。注意：开始动作应放慢，练习熟练后可加速。

4. 单脚训练，互相测试

单腿站立，同队友相距一臂远。与队友轮流相互从不同方向推开对手，使他失去平衡。同时努力保持平衡。持续练习 30 秒，换腿重复上述动作。（每侧

2组）注意：膝部内扣，骨盆保持水平位不倾斜。

5. 下蹲锻炼，单腿蹲

单腿站立，轻扶队友肩膀。缓慢屈膝，尽量屈至90°，再伸膝，接着再缓慢屈膝，然后稍加速伸膝，换腿重复上述动作，每侧10次。（2组）注意：膝不内扣，保持上身向前及骨盆水平位。

6. 跳跃练习，方形跳

双脚站立与肩同宽，想象自己站在一个"十"字的中心。双脚沿"十"字按前、后、左、右顺序跳跃。保持上身轻微前倾。跳跃时尽量快速和具有爆发力。重复动作30秒。（2组）注意：双脚掌轻柔着地，同时屈髋、膝、踝关节，膝不内扣。

三、冲跑、跑跳和变向跑练习2分钟

1. 跑步，冲跑直线

在球场上以最大速度的75%～80%跑出约40米，然后慢跑完剩余距离。保持上身挺直，髋、膝和足成一直线。膝不内扣。然后放松跑回起点。（2组）

2. 跑步，羚羊跳

可先热身散步，然后羚羊跳6～8步，尽量抬高前膝，同时随之大幅度摆动手臂。然后慢跑完剩余距离。保持上身挺直，脚掌着地，同时屈膝以准备第二次跳。膝不内扣。最后放松跑回起点以恢复体力。（2组）

3. 跑步，急速转向

向前慢跑4～5步。然后右脚急停转向左侧并加速。在减速前冲刺5～7步（最大速度的80%～90%），接着左脚急停转向右侧。膝不内扣。重复上述练习，直至到达球场的另一端，最后慢跑回起点。（2组）

第五章 守 门 员

在小场地足球中，守门员起到非常重要的作用。甚至有"守门员是半个球队"的说法，守门员不仅要具有和场上队员相同的技战术意识，也需要具有良好的脚下功夫，同时，守门员还要求掌握很多特殊的技能。例如，在小范围内的重复反应能力，用身体阻挡对方射门的能力，利用手和脚将球挡出界的能力，以及守门员自己射门的能力等。由于小场地足球比赛场地狭小，双方的射门次数多，因此，守门员的临场表现和心理素质，对于比赛的胜负至关重要。

小场地足球鼓励所有的球员都要练习守门员技术，尤其是在小学和初中阶段。一支球队只有一名到两名守门员是不够的，这不利于球队基本技术和战术的训练，同时，对守门员的训练也是不利的。不是所有的球队都有专业的守门员教练，在大多数情况下，学校球队往往只有一名主教练和助理教练，他们常常会忽略对守门员的技术训练。因此，鼓励所有的球员都要练习守门员技术，这样迫使教练们在平时训练中不至于忽略了守门员。另外，守门员除了要掌握正常的基本技术以外，守门员的心理素质训练和心理疏导更不能被忽略，要鼓励教练员多与守门员进行交谈。

第一节 守门员的基本素质

守门员的基本素质包含了几个层面，身体层面，心理层面和精神层面。这三个层面都要得到相应的训练和培养。平时教练训练的重点也可以安排在这些层面，一个具备良好基本素质的守门员应该具有以下几方面的特点。

1. 专注

守门员不要受外界的影响，也不要受自己情绪的影响，在压力下必须保持冷静。不论在比赛第一秒还是在比赛的最后一秒，即使终场哨已响起，只要球还在空中飞行，守门员都要时刻专注比赛。守门员尤其不要受丢球的影响，要习惯小场地足球比赛中会被攻入许多球的事实。

守门员一方面必须始终观察球，尤其是对手拥有控球权并且在本方半场时，

必须随时观察球的位置和球门的关系，找好球与门线中心点之间的连线，合理选择好站位；另一方面，要观察对手的移动，要做好在最危险区域做出正确反应的预判，正确选好站位。

2. 勇敢

守门员在球场上的首要法则就是勇敢果断，要成为球门前的统治者。要勇敢地阻挡对方多达几十次的劲射，甚至要用身体去阻挡这样的劲射，有时候还要从对方脚下鱼跃扑救。

3. 信心

守门员的信心来自比赛的经验，练习越多，比赛越多，信心就越强。守门员不但自己要充满信心，还要将信心传达给场上的队友。守门员的信心表现在迅速摆脱不利因素的影响，敢于面对新的挑战上。守门员在门前的心理因素甚至比守门员自身的基本技术还要重要，守门员要排除来自场内和场外所有因素的影响，尤其在赛前，要做好充分的心理准备，放弃患得患失的思想杂念。把自己的注意力集中在对手的战术打法、对手的关键球员、对手的定位球战术上来。守门员的信心可以起到极大地鼓舞士气的作用。

4. 领导魅力

守门员在某种程度上可以算作场上的教练。因为守门员是在比赛中站在最后的球员，因此，有利于他对比赛的观察和与队友的交流。同时，守门员是球门区的统治者，因此需要守门员在毫不犹豫地完成自己工作的同时，通过命令和指派的方式来和队友交流，甚至起到让对手紧张的作用。当然，赞扬和鼓励队友也是守门员必须做的事情。

5. 力量

除了很明显的上肢力量外，守门员下肢的力量也应该受到重视。因为在整个比赛中，甚至在训练中基本都是保持一个预备的站姿，即膝盖、髋关节和身体微微弯曲，两个膝盖稍微向内靠拢，两只手放在髋关节位置，肘部微微伸向身体两侧的姿势。保持这样站姿的目的是随时都可以做出脚、出腿和出手的快速反应，而不需要额外的预备时间。很大一部分被攻入的球都是因为守门员站得过于笔直，身体过于僵硬导致来不及反应。因此，长时间保持预备站姿，对于守门员的自身力量是一个考验，同时，也提醒守门员要加强自身力量的训练。

6. 爆发力

守门员不但在扑救过程中需要肌肉力量协助自身快速移动，同样，守门员在踢球、滑铲、蹲挡时都需要肌肉的爆发力。

7. 视觉反应能力

小场地足球对守门员在快速反应能力上的要求非常高。由于场地小，射门几乎都是近距离的，甚至在球门柱的附近，导致小场地足球守门员的视觉反应能力必须得到锻炼和提高。视觉反应是一个复杂的过程，首先是眼睛通过视觉神经捕捉到对手在某个角度和某个部位的移动，并把这些信息传递给大脑，大脑把这些碎片的单个信息加工到分块信息当中，然后再发出身体反应的信号。因此，守门员做出的反应基本就是取决于大脑的分块信息指令和对指令反应的记忆。对这个记忆的物理性训练也是小场地足球守门员的一项重要工作。

8. 平衡能力

为了保护好球门，守门员必须进行横向的移动，这种移动基本上是在守门员预备站姿下进行的。因此，要求守门员在随时准备反应的条件下，保持好身体的平衡，并随时准备向各个方向出击。而且在每次救球以后，要求守门员迅速恢复到预备站姿，为可能的下一次扑救做好准备。

9. 良好的柔韧性

由于守门员在扑救过程中的身体运用，良好的柔韧性可以很好地保护守门员不至于常常受伤。由于小场地足球中大多时候用脚和腿挡球，就需要守门员具有很好的下肢柔韧性，其中，后腿筋、腹股沟、腰肌、四头肌、小腿等的柔韧尤其重要，当然上肢的柔韧性也同样重要。

第二节 守门员的职责

在本方球队处于防守状态时，守门员的职责就是防止对方将球打入本方的球门。要完成好这项职责，守门员必须掌握以下几方面的技能。

1. 守门员的选位

守门员的选位包括：守门员预备站姿（静止）、守门员移动中的站姿和选位（动态）。

(1) 预备站姿。

双脚站立与肩同宽，前脚掌着力。膝盖弯曲，膝盖不要超过脚尖，上身稍微向前倾，双手在髋关节部位向两侧弯曲放松张开，做好快速反应的准备。这种站姿的目的是随时都可以做出脚、出腿和出手的快速反应，而不需要额外的预备时间。

(2) 守门员移动中的站姿和选位（动态）。

守门员的站位应该在球与球门柱形成的三角形的中心点。因为守门员越靠近球，射门球员的射门角度就越小。如果球在球门的正面位置，守门员首先要找到球门线中心点和球的连线，然后在对手准备射门的一刹那间，向前移动，减小对手的射门角度，移动的距离以尽量减小射门球员的射门角度为宜，通常情况下为球和球门线中心点连线的中间段。如果球在球门的侧面，越靠近底线，守门员所需的防守角度越小，因此，他可以根据球和球门线中心点连线的位置留在球门附近，甚至靠近前门柱而不需要向前移动。

在任何时候，守门员都必须要清楚球门的位置，找好球和球门线中心点的连线，因为在比赛的情况下，很多守门员都会忘记球门的正确位置。

2. 守门员的移动

(1) 守门员的横向移动。

当对手进攻到本方半场，守门员就要随时移动而不是静止不动，要保持自己的身体始终在球和球门之间的正确连线上，随时能做出移动救球的反应。守门员横向移动时，腿部的移动要小，双脚同时横向平行滑动，前脚掌着地。要避免做交叉步的横向移动，这样不利于做出扑救球的正确动作。当腿部在做横向滑动时，要配合手上的预备姿势，随时做出手和脚的扑救。

(2) 守门员的纵向移动。

守门员在观察到对方带球突破后，而且对手面对自己有较大的空间，同时又没有本方队友增援防守时，通常会向带球队员出击。这类的出击大多数情况下是向前爆发式移动。这类向前快速移动既可以让守门员快速靠近球，同时也给守门员恰当的角度来阻挡开那些用手救不了的球。通常在小场地足球比赛中，这类突破有很多，需要守门员敢于快速出击。若对方球员在这种情况下快速做出射门反应，小场地足球守门员就需要做出一个特殊的阻挡球的动作——"下蹲十字"动作。这个动作可以挡开对方的快速射门和延缓对方的射门意图。这个"下蹲十字"动作来源于手球守门员，守门员纵向出击后用于阻挡对手射门非常有效。

3. 救球

守门员的救球有以下几大类。

（1）挡球出界。

在小场地足球中，由于球门的尺寸为 3 m×2 m，同时绝大多数的射门是近距离劲射，因此，守门员想要用手接住球的难度非常高，通常的选择是将劲射来的球挡出横梁，挡出球门柱或者是挡出边线。挡球出界的方法不仅仅使用手、脚，还可以使用腿以及身体的任意部位。当然，要使用正确的挡球技术，不但要防止球被打进网，还要避免挡下的球被对手再次利用。因此，首要原则就是将球直接挡出界外。如果射门的角度小，守门员可以通过较小的移动，用手、臂和腿足以将球挡出界，但是，当球在场地中部时，守门员就要通过快速出击，利用展开的手臂和腿来减小对手射门的角度。

通常情况下，守门员的双手用来挡球门左右两边的上角，双脚是用来挡球门左右两边的下角。尤其是用脚来挡球出界，是小场地足球守门员最常见的技术，用脚挡球出界的速度要比用手来接和挡地滚球快得多。

（2）停住球。

如果对手在正前方射门，同时球正对着守门员飞来，这时，守门员应该停住这个球，而不是挡球出界。守门员接球需要强有力的双手和身体的平衡能力。要停住这样的球，守门员需要随时保持预备姿势，将双臂弯曲伸展在自己身体的前面两侧。

由于对手在正前方射门，通常射门的力量都很大，因此，守门员不要用手去接住这个球，而是可以用双手将球拍停在自己的身前的地面，然后再用手控制住球。

（3）接住球。

当球打在一名球员身上变向，而失去最初的速度后，或者对手射门的力量不大时，或者守门员的双手力量相当强大时，守门员可以用手接住球。接住球后可以更快速地发球和发起快攻。应当鼓励守门员多使用这样的技术和让守门员具有这样的能力。守门员能够接住球，可以给球队带来很多反击的机会。

要接住球首先就要用手迎球，再利用手、臂、胸和腿做缓冲，吸收来球的能量，让自己能够牢固地抓稳球。守门员可以将后背向后移动作为缓冲，但绝不能向后退步。守门员始终都要迎着球向前移动改变距离，绝不能向后退步来改变距离和做接球缓冲。

接住球的技术分为以下几类。

①"W"手型式。当来球的高度在腰以上，双手接球的方法就是左右手的大拇指和食指形成一个大写的英语字母"W"的样式，双手在来球的后面，尤其是两个大拇指一定要在球的后面，否则，守门员容易漏球。

②摇篮手型式。当来球的高度在腰以下，双手接球的方法就是双手手臂向下并拢，手掌向前翻开，形成一个摇篮状。确保手臂在球的后面，手指并拢向下指向。摇篮手型式接球有两种形式，即半蹲兜接球和站立抱接球。

当来球是地面球的时候，守门员应该选择好来球的线路，在球和球门线中心点连线上向球移动，在最后时刻降低身体，单腿跪地，跪地的腿要挡住球向前的运行线路，双手手臂向下并拢兜接住来球。确保手臂要并拢，不要让球从手臂之间滑出。当来球是齐腰高或者稍微高一点的时候，双手手臂靠拢向前迎球，然后兜接球后在胸前抱住。

③倒地扑球。由于小场地足球的场地狭小，场地为硬地，同时射门的距离较近，球速较快，守门员很难像足球守门员那样进行鱼跃扑球。守门员的身体不在空中飞跃，而采用一种"塌陷"式倒地扑球的方式来救球。即守门员靠近球一边的腿突然"塌陷"，导致守门员身体向下倒地，在倒地过程中不要用力。

这种倒地扑球是当球离身体很近的情况下才进行的，整个身体要在球的后面，并且让手处于很好的接球位置。守门员的脚要快速移动到恰当的倒地位置，最后向球的那边踏步，上身向前弯曲一定角度，靠近球那边的支撑脚用力推身体向球倒下，双手做"W"手型式接住球。

④人墙防守任意球。当对方任意球时，守门员一方面要高度警惕，因为对方可能在任何时间将球发出；另一方面，守门员要负责组织好人墙。组织的人墙要将球门近角度挡住一半，然后自己再防守一半的球门。如果对手将一名进攻球员放在守门员的前面时，守门员要找到自己的一个同伴来盯防这名进攻球员，守门员要确保自己在球门口不受阻挡并能自由移动。当任意球在禁区线上时，守门员组织的人墙在球门线前面一米处，所以守门员通常会站在人墙内。这时，如果对方是间接任意球，对方在触球后，守门员可以上前挡住射门球员，而此时其他的站墙球员尽量保持不动。

4. 发球

守门员的发球在小场地足球比赛中非常重要，一旦守门员接住球以后，守门员就是下一次进攻的发起者，他可以把球发给靠近他的同队场上球员，也可以手抛球或者抱踢球给在前场的队友。守门员的位置让他能观察到场上所有球员的位置，因此他可以决定进攻或反击的具体方式。总的来说，守门员的手抛球应该快速、准确,而且要尽量贴地。

(1) 手抛球。

①守门员手抛地滚球:守门员用手掌、前臂和手腕控制球,类似像打保龄球那样将球贴地面抛出去。

②守门员上手投掷球:也叫标枪式投掷球,即守门员手掌控制球于头部侧面,手指略微在球的上部,便于控制球飞行的水平轨道,投掷动作类似于标枪投掷。

③守门员侧手投掷球:守门员的持球手臂伸展到身体后,略微低于肩膀高度,在投掷过程中,出手时那一瞬间,手掌从球的后下侧向下侧扫动。

④守门员后手抛球:守门员的持球手臂完全伸展开至身体后侧,当要抛球时,守门员的上臂完全伸展,肘部不动,将手臂从下经过头顶呈圆形弧线将球抛出。这是在足球比赛中最常见的抛球动作。

守门员的手抛球中,从准确性方面来讲,依次为手抛地滚球,上手投掷球,侧手投掷球,后手抛球。从抛球的距离来看,正好与前者相反,抛球越远,准确度越低。

(2) 守门员的抱踢球。

守门员在接住球后,尤其在活球状态下,有时也可以通过抱踢球来恢复比赛。抱踢球是最快速的反击动作,有时在对方 5-0 战术时,是本方得分的一个手段,但抱踢球的准确度为 50%。

守门员通过助跑,通常是 2~3 步,向着发球的方向找到一点点角度,支撑脚指向目标,将球抛下,不要踢反弹球,应直接踢球,然后身体随踢球腿动,再后着地。踢球腿要伸直,指向目标,踢球后不要带动身体转动。

(3) 守门员脚弓推球。

守门员的踢球脚和球的运行方向应该垂直,收紧踝关节,抬高脚使其与球的中部平行。脚弓推球比较容易掌握,同时也有准确度要求。

守门员发球时,所有球员应该找好接球的位置,远离防守球员。如果位置不好,守门员有责任提醒和指挥,守门员的发球尽量直接发到队友的脚下,不要让球在地面不断反弹。尽量直接发到队友的脚下的好处是便于进攻球员迅速拉开,而不是等待。守门员发球时通常寻找刚才来球方向的反方向,因为那里的对方球员相对要少些。

第三节 守门员的技战练习

1. 救球的快速反应

场地为半场。时间为 5~10 分钟。1 名守门员，2 名球员。将球门移动到靠近墙处，离墙 3 米的地方。守门员站在球门里，面对墙，离墙 3 米距离。球门后面两边各站 1 名球员，守门员看不见球员。球员轮流有节奏地大力向墙踢球，让球反弹回来。守门员不要看球员，只关注反弹回来的球（图 5-1），用手或脚救球。变化：可以改用网球，用手扔或用网球拍打。

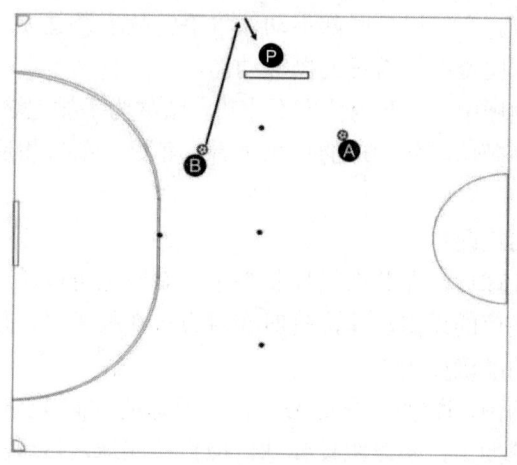

图 5-1 救球的快速反应

2. 横向移动救球

横向移动，保持身体平衡，随球运动，快速扑救。场地为禁区。时间为 5~15 分钟。共 3 名守门员，1 名守门员守门，其余 2 名在禁区内相互传球，1 脚触球。传 10 脚球，最后一脚果断射门。如果射门得分了，守门员继续防守，传球次数减少 1 次，即传球第 9 次时射门，如果再得分，传球数量依次递减。如果射门不成功，或者射偏，最后射门的球员当守门员。最先被射入 9 个球的队员被罚（图 5-2）。变化：守门员可以躺在地上，双手高举，等到要射门时起来救球。

第五章　守门员

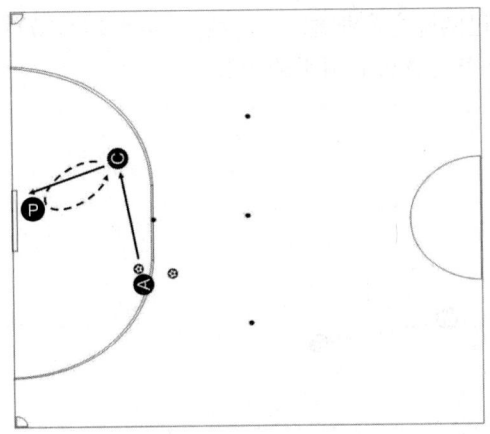

图 5-2　横向移动救球

3. 用脚挡球

练习用脚挡球的反应速度。场地为半场，时间为 5～15 分钟。2 名球员，1 名守门员。球员在球门的两边，相互传球，尽量穿越球门。成功穿越 1 次，得 1 分。守门员必须用脚挡球（图 5-3）。变化：可以在球门前规定一段距离，在此距离时必须射门穿越。

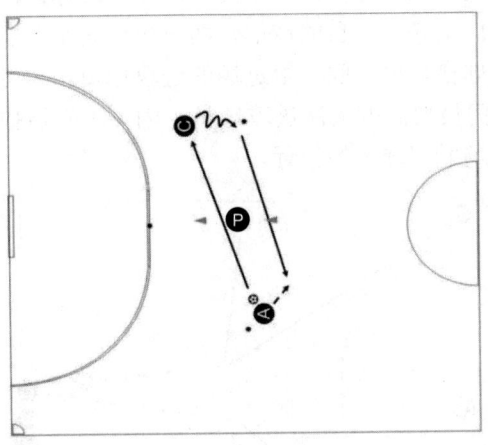

图 5-3　用脚挡球

4. 半转身救球

练习救球的反应时间。场地为半场。时间为 5～15 分钟。1 名救球员，1 名守门员。教练员刚好站在禁区边，守门员站在球门线上，背对教练员。守门

· 179 ·

员持球，弯腰从自己两腿之间把球扔给教练，然后转身救球，教练员射门（图5-4）。变化：规定守门员只能用手或用脚。

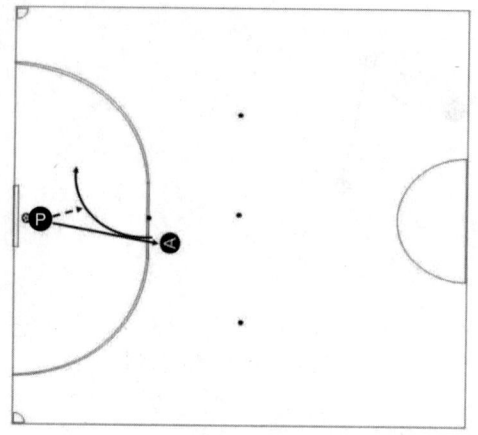

图 5-4　半转身救球

5. 三个门交叉射门

练习救球的反应速度和对球的关注度。场地为半场。时间为 5～10 分钟。3 名守门员，3 名球员。三个球门，其中两个放在标准球门的两侧边线上，和禁区线平行。每个守门员守住各自的球门，两个角球区站 2 名发球队员，准备传球。罚球区球员传球在场地中间，给进场的进攻球员。他可以选择任意球门射门（图 5-5）。守门员要高度关注进攻球员，因为不知道他要向哪边射门。变化：改变传球和进场射门球员的位置。

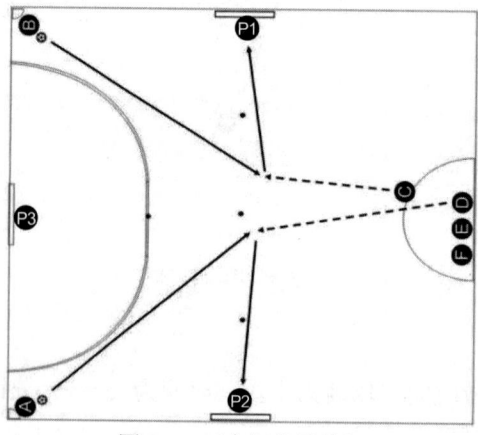

图 5-5　三个门交叉射门

第五章　守门员

6. 横向移动后救球

练习横向移动后救球。场地为半场。时间为 5～10 分钟。至少 1 名守门员，1 名球员。用两个颜色的标志碟在离球门柱 2 米处的底线上摆出 2 列。守门员站在球门线附近，球员离球门至少 8 米。球员大声指令标志碟的颜色，守门员依次在 2 列中触摸指令颜色的标志碟，触摸完后，再防守球员射门。同色的标志碟在 2 列中不要平行摆放，要错开，迫使守门员在横向移动中有斜向移动（图 5-6）。变化：任意改变标志碟的位置，或者多用几个颜色的标志碟。

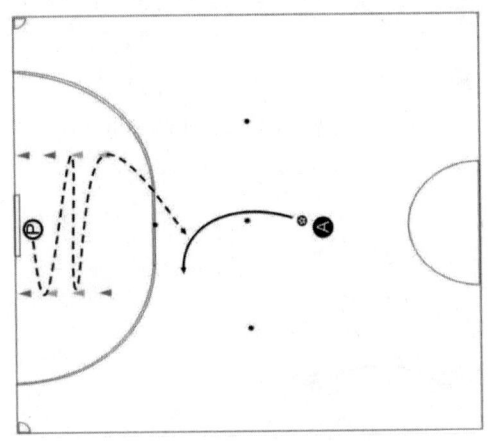

图 5-6　横向移动后救球

7. 3 个球门 "V" 形排列

练习救球的反应速度和专注度。场地为半场。时间为 5～10 分钟。3 名守门员，至少 3 名球员。将 3 个球门摆放成 "V" 字形，每个门都有 1 名守门员。两个角球区各有 1 名球员发球，发球到禁区前，另外 1 名球员接球，然后任意攻门。守门员守好各自的球门，同时也不能让其他守门员救出的球进入自己的门（图 5-7）。需要守门员极快的反应速度，因为附近的守门员可能在挡球出界中把球挡入自己的球门。变化：改变发球球员和进攻球员的位置。

8. 指定身体部位的救球

练习用不同的身体部位来救球。场地为半场。时间为 5～10 分钟。1 名守门员，1 名球员。要求守门员用不同的身体部位救球。

（1）只能用手和身体，不能用脚。

（2）只能用脚，不能用手，手在身后交叉（图 5-8）。

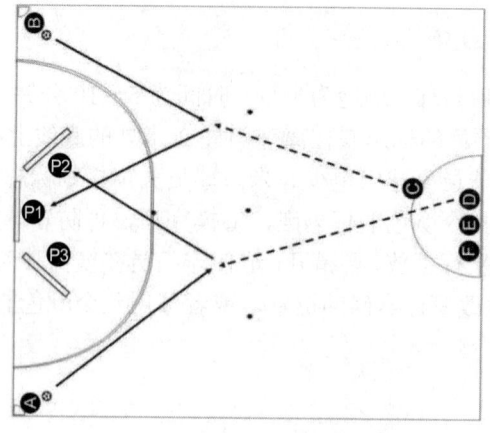

图 5-7 3 个球门 "V" 形排列下救球

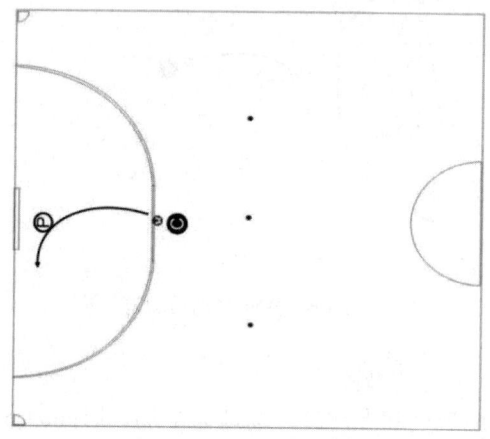

图 5-8 指定身体部位的救球

9. "十"字下蹲

练习挡球，做"十"字下蹲挡球动作。场地在禁区内。时间为 5~10 分钟。1 名守门员，1 名球员。守门员在球门前，球员用手轮流往守门员左右两边扔球，守门员用十字下蹲做挡球动作（图 5-9）。做十字下蹲动作练习时需要有节奏和规律。

10. 选位和"十"字下蹲

练习"十"字下蹲动作。场地在禁区内。时间为 5~10 分钟。1 名守门员，4 名球员。4 名球员都有球。守门员守住球门，4 名球员各自在禁区外运球，任意时候，其中 1 名球员可以运球进禁区进行 1V1（图 5-10）。守门员要在练习

"十"字下蹲的同时，练习眼睛一直盯住球。变化：开始时射门距离较近，然后距离加大。

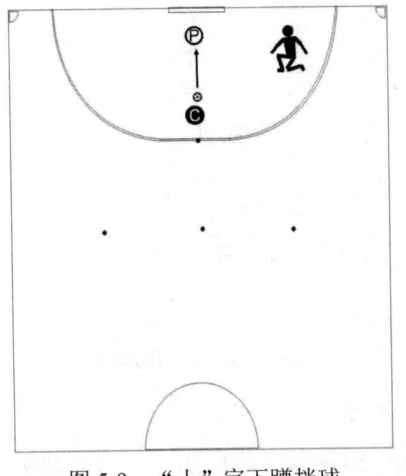

图 5-9 "十"字下蹲挡球

图 5-10 选位和"十"字下蹲

11. 防守三角形球门

训练守门员移动、选位、救球和发球的能力。场地为半场。时间为 5~15 分钟。1 名守门员，4 名球员。在半场中间用标志碟摆成一个等边三角形，边长为 4 米。守门员必须防守三角形的三个边。球员分为 2 组，以不同背心区分，进行 2V2。进攻球员可以在任意边射门，守门员必须快速移动，并维持平衡（图 5-11）。变化：调整球门的大小。

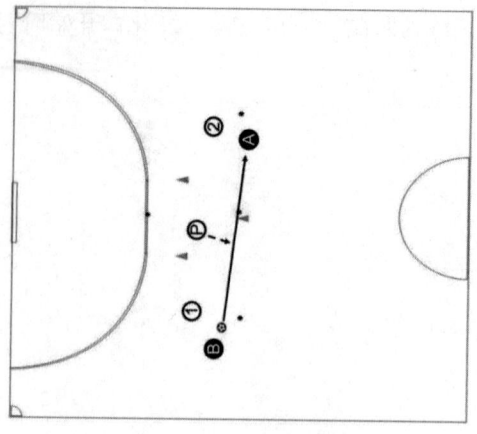

图 5-11　防守三角形球门

12. 守门员发中距离球

练习发球，抛或踢中距离球。场地为半场。时间为 5～10 分钟。3 名守门员。半场内，3 名守门员各占一个角，留出一个空位角。有球的守门员扔球给别的守门员后，跑向空位角，接球的守门员再扔给另外的守门员，还是跑向空位角，依次循环（图 5-12）。变化：可以用手扔，也可以用脚踢。

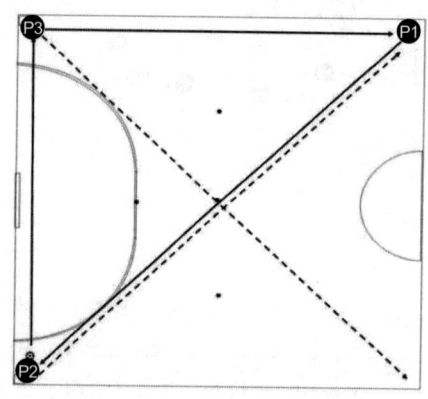

图 5-12　发中距离球

13. 守门员救球后 1V1

练习救球后 1V1 防守。场地为半场。时间为 5～10 分钟，3 名守门员。如图 5-13 所示，P1 守门员持球面向球门，转身，扔球给 P3 守门员的侧面，然后立即防守 P2 守门员的射门。P3 守门员运球进禁区，和 P1 守门员进行 1V1。P3 守门员运球越快越好。变化：改变进攻方的距离。

第五章 守门员

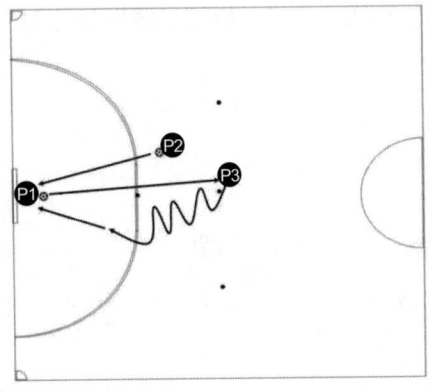

图 5-13 守门员救球后 1V1

14. 守门员扔球，2V1

练习手扔球，提高专注度，练习面对 2 名进攻球员时的关闭。场地为半场。时间为 5~15 分钟。3 名守门员。门前守门员转身扔球给球员或者用眼睛看着他的球员。该球员接球后，开始与另外一名球员配合 2V1 门前守门员。如果门前守门员转身没有发现可以扔球的队员，可以将球扔出界外，然后发界外球（图 5-14）。

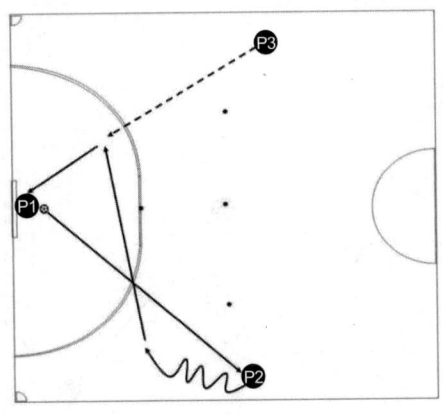

图 5-14 守门员扔球，2V1

15. 1V1 对守门员

练习连续救球，1V1+救球。场地为半场。时间为 5~10 分钟。3 名守门员（1 名守门，另外 2 名进攻）。1 名守门员背身向球门，听教练指挥，转身防守中路球员运球突破 1V1 射门，然后迅速恢复，防守侧面球员的射门（图 5-15）。

守门员必须警醒，在防守 1V1 以后，快速反应做第二组动作。

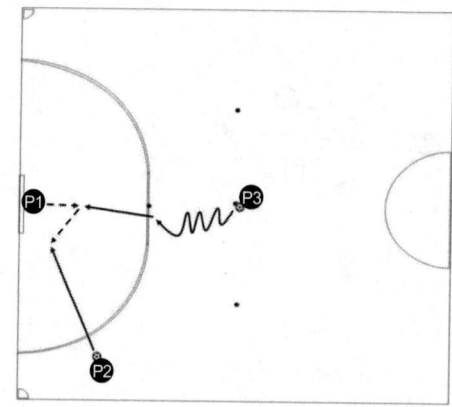

图 5-15　1V1 对守门员

16. 预判出击

守门员预判来球，出禁区挡球。场地为半场。时间为 5～10 分钟。3 名球员（1 名守门员，2 名球员）。如图 5-16 所示，进攻球员 P2 运球，同时，另 1 名球员 P3 跑向球门准备接他的传球，当球员 P2 传球后，守门员 P1 预判线路，出禁区拦截传球，并将球踢出界外。

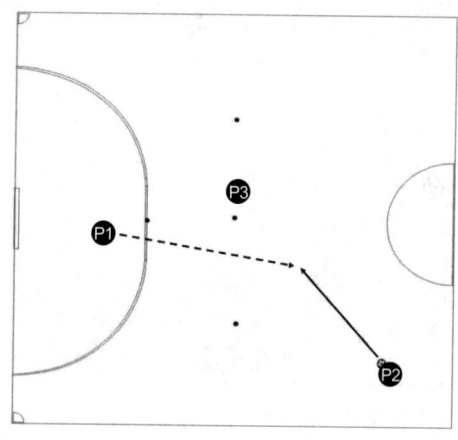

图 5-16　预判出击

17. 1V1+救球

出击防守 1V1，然后移动、救球。场地为半场。时间为 5～10 分钟。3 名球员（1 名守门员，2 名球员）。如图 5-17 所示，第一名球员 P2 运球到禁区，在与守门员 P1 1V1 情况下尽量射门得分,守门员 P1 在完成 1V1 防守后,立即恢复准备防守另外一名球员 P3 在中间地带的射门,射门的球员要等到守门员 P1 的 1V1 结束,移动后再射门。

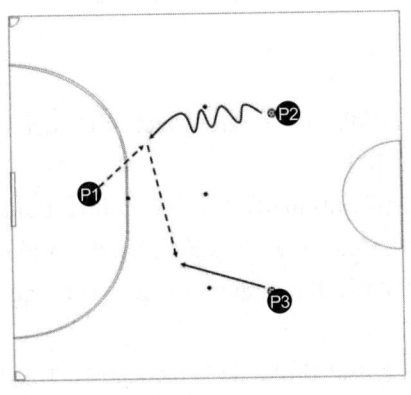

图 5-17　1V1+救球

18. 2 名球员对战 2 名守门员

练习守门员在对战 2 名进攻球员和 1 名进攻球员情况下的关闭动作。场地为半场。时间为 8~15 分钟。3 名守门员,2 名球员。两个球门,其中一个在半场中线上。如图 5-18 所示,守门员 P2 发球给任意球员,球员接球后进攻对面球门,有两个守门员防守(P1 和 P3),这两名守门员都可以在禁区内外用手抓球。进攻球员 2V1,一轮进攻结束后,向另外一边门进攻,此时中间的守门员要变换防守方向。外面防守的守门员一定要关闭传球线路,并学习在正确时机进行关闭。

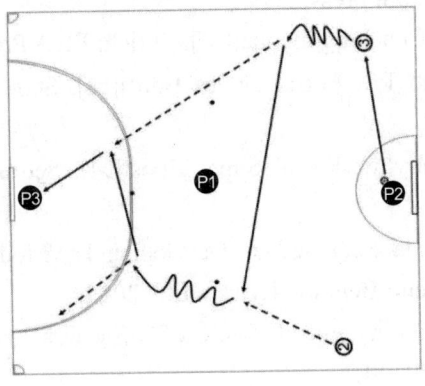

图 5-18　2 名球员对战 2 名守门员

参 考 文 献

[1] Roberto Osimani, Edizoni Correre. Calcio a Cinque ll manuale dell'allenatore[M]. Milano: Sport Italia, 2009.

[2] Tim Burns. Holistic Futsal[M]. North Carolina: Lulu. com, 2003.

[3] Anderson Maestri. Coaching Futsal[M]. South Carolina: Create Space, 2012.

[4] Vic Hermans. Futsal: Technique, Tactics, Training[M]. Aachen: Meyer & Meyer, 2010.

[5] Miguel Rodrigo. Futsal Biblia de la tactica[M]. Tokyo: Kanzen, 2011.

[6] Ricardo CanoVas Linares. Entrenamiento de base en el fútbol sala[M]. Barcelona: Paidotribo Editorial, 2009.

[7] 李敬，景志辉. 少年球星之路[M]. 成都：电子科技大学出版社，2005.

[8] Mauricio Marques. Inside Futsal: Beginners[M]. Brisbane: Queenland Futsal Association, 2003.

[9] Evert Teunissen. Indoor Soccer Tactics, Techniques & Teamwork[M]. New York: Sterling publishing, 1997.

[10] Klaas de Boar. Indoor Soccer[M]. Spring City: Reedswain Inc, 2001.

[11] Bobby Clark.The Baffled Parent's Guide tp Coaching Youth Soccer[M]. Camden: Ragged Mountain Press, 2000.

[12] FIFA. Futsal Coaching manual[M]. Zürich: FIFA Production, 2012.

[13] Artyom Samoylov. Futsal tactics Boost[M]. Scotts Valley: CreateSpace, 2017.

[14] Artyom Samoylov. Futsal Super Boost[M]. Scotts Valley: CreateSpace, 2017.

[15] Michael Skubala, Seth Burkett. Developing The Modern Footballer Through Futsal[M]. Stoke-on-Trent: Bennion Kearny Ltd, 2015.

[16] Rob Bell. Winning Futsal: Secrets To Success In The Youth Game[M]. Philadelphia: Robert Bell, 2015.

[17] 李欣，曾吉. 室内五人制足球教程[M]. 北京:科学出版社，2018.